# 천상입궁
天上入宮

천상입궁 天上入宮

초판 1쇄 인쇄 2012년 10월 25일
초판 1쇄 발행 2012년 10월 30일

지은이 I 인황
펴낸이 I 金泰奉
펴낸곳 I 한솜미디어
등 록 I 제5-213호

편 집 I 박창서, 김주영, 김수정, 이혜정
마케팅 I 김영길, 김명준
홍 보 I 김태일

주 소 I (우143-200) 서울시 광진구 구의동 243-22
전 화 I (02)454-0492(代)
팩 스 I (02)454-0493
이메일 hansom@hansom.co.kr
홈페이지 www.hansom.co.kr

ISBN 978-89-5959-331-6 (03150)

* 책값은 책 표지에 표기되어 있습니다.
* 잘못 만들어진 책은 구입하신 서점에서 친절하게 바꿔드립니다.

# 천상입궁

## 天上入宮

인황 지음

한솜미디어

## 목차

## 책을 집필하면서 - 살아있어 달라는 간절한 소원

조상님과 신, 영들의 최고 소원을 현실로 이루어줄 천상입궁!

육신의 삶보다 더 중요한 사후세계의 삶이 얼마나 중요한지 살아있는 사람들은 귀중함을 모른다. 육신의 삶보다 더 소중한 죽음 이후에 시작되는 끝없는 사후세계를 알려주고자 한다.

이분들의 천상입궁을 현실로 이루어줄 전 세계 유일한 인류의 수도 자미국 자미천궁. 처음 들어보는 낯선 이름이지만 장차 세상의 이목이 집중되고 인류의 횃불로 떠오를 것이다.

저자에게는 여러분과 다른 특별한 영적 능력이 있기는 하지만 이 능력은 모두 위대하신 하늘 자미천황님께서 주시는 천지조화라는 것을 밝혀둔다. 그러므로 저자를 위대하다고 할 필요도 없고 저자 앞에 줄을 서거나 마음을 줄 필요도 없다.

영원하시고 가장 존경스럽고 대단하신 분은 하늘이시다. 여러분은 하늘께 줄을 서고 하늘의 품 안에 안겨야지 저자 앞에 줄을 서면 안 된다. 오직 하늘께만 향하여야 행복과 기쁨이 있다.

그 이유는 저자가 육신을 갖고 있어서 언젠가는 세상을 떠나갈 것이기 때문에 저자 앞에 줄을 서면 사후에 하늘 자미천황님의 위대한 보호와 사랑을 받을 수 없다. 저자는 죽으면 여러분을 영원히 보호해 줄 수 있는 능력이 없기 때문이다.

이런 점을 염두에 두고 책을 구독하여 주기 바란다. 위대하시고 대단하신 하늘 자미천황님께서 현실로 존재하고 계신데도 인간, 신, 영, 조상님들이 찾지 않고 몰라보며 무시해서 힘든 삶을 살아가고 있는 모두를 하늘의 길로 보내주려고 한다.

영의 부모님이 계신데도 보이고 들리지 않아 부정하고, 하늘의 언어가 우리 인간과 달라 알아듣지 못하는 인간, 신, 영, 조상님들에게 널리 알리려고 책을 집필하는 것이지 저자에게 신비의 능력이 있다는 것을 자랑하고자 하는 것이 아님을 분명히 밝혀둔다.

물론 하늘 자미천황님의 기운이 저자 인황을 통해서만 인류에게 내려주신다고 하셨다. 인류 최초로 인황을 통해서는 하늘의 기운을 받을 수 있고, 사감을 통해서는 하늘의 말씀을 들을 수 있도록 해주시었다고 자미인황님께서 가르쳐주시었다. 하늘 자미천황님의 기운이 내리는 통로가 저자 인황이라고 하시었다.

그러므로 하늘의 천령정기, 천지기운, 신명정기, 천기, 지기, 명기, 서기를 받으려면 자미국을 방문하여 저자 인황을 만나야 하고 하늘의 말씀을 들으려면 사감을 만나야 한다.

두 저자는 하늘이 주신 역할을 해낼 뿐 하늘 자체는 아니다. 저자가 하늘은 아니지만 하늘과 땅의 진실 기운을 전하는 것이기에 현실에서 그대로 이루어진다.

자미국, 대한민국, 세계 각 나라의 운명은 하늘과 저자 인황이 설계하고 구상하는 대로 나타나게 된다. 천변만화의 무소불위하신 천지조화를 부리시는 하늘 자미천황님의 기운을 저자 인황을 통해서 받을 수 있기에 독자들은 행운아이다.

그리고 남북통일과 고구려 영토수복, 세계통일은 인황의 영역을 넘어선 영의 부모님이신 하늘 태상천존 자미천황님의 고유영역이시다. 따라서 하늘의 윤허가 있으셔야 남북통일, 고구려 영토수복, 세계통일의 천지대업이 현실로 이루어질 수 있다.

영의 부모님이신 하늘을 이 나라는 물론 인류의 구심점으로 추대하여 옹립해 드려야 이 나라 민족의 원대한 꿈이 현실로 앞당겨 이루어질 수 있다는 점도 밝힌다.

싸이의 강남 스타일이 갑자기 세계적으로 인기를 누리는 것도 하늘께서 부리시는 천지조화이시다. 자미국을 세상에 알리시기 위한 수순이시다. 지금 자미국을 말해 봐야 세계인류가 알 수 없기에 대한민국부터 알리시기 위한 천상지상 공무집행이시다. 대한민국의 국격과 위상이 자미국 개국 이후부터 급격히 부상하고 있다.

세상 사람들 모두가 믿음이 다르기에 마음에 맞는 사람도 있고 맞지 않는 사람도 있다. 이곳은 그 어떤 세계보다 훨씬 차원 높은 곳이기에 영적 차원이 높은 사람들에게 맞는 곳이다.

여자 옷이 아름다워도 남자가 입는다면 꼴불견이듯이 자미국의 이상이 높다 하되 영적 차원이 낮은 사람들에게는 그림의 떡이나 마찬가지이다. 소귀에 경 읽기, 개 발에 편자, 돼지에게 금목걸이를 걸어주는 것과 같다.

땅에 있는 나라는 자미국이고, 하늘에 있는 나라는 자미천궁이다. 인간 육신과 인간 몸 안에 함께하고 있으나 눈에 보이지 않아서 있는지조차 모르는 조상님, 신, 영들의 존재.

인간육신에게는 자미국이 최고이고 조상님, 신, 영들에게는 자미천궁이 최고이다. 모두에게 저마다의 소원이 있는데 각자의 노력만으로는 이루어지지 않는다.

인간은 인간대로의 소원이 있고, 조상님은 조상님대로 소원이 있고, 신은 신대로 소원이 있고, 영은 영대로 소원이 있고, 위대하시고 대단하신 하늘 자미천황님도 하늘 자미천황님대로 소원이 있으시지만 각기 뜻을 이루기가 쉽지 않았다.

인간, 조상님, 신, 영들의 소원을 이루어줄 수 있는 위대하신 영의 부모님이 태초의 하늘이시니 먼저 하늘의 소원을 이루어드려야 우리의 소원도 하늘이 이루어주신다.

저자가 33년간 하늘의 뜻을 전하면서 깨달은 참 진리는 인간의 노력만으로는 절대로 어떤 뜻도 이룰 수 없다는 값지고도 한편으로는 뼈아픈 진리의 교훈을 얻었다는 점이다.

다시 말하면 태초의 하늘 자미천황님과 신명님, 하나님, 미륵님, 자미인황님, 조상님, 신, 영의 도움 없이는 작은 일이든 큰일이든 원하는 소원을 이룰 수 없다.

그리고 평상시 독자 여러분이 말하는 모든 말들과 생각까지도 모두 이분들이 실시간으로 들으시어 알고 계신다는 경천동지할 진실도 알게 되었는데 한마디로 경이롭다.

즉, 하늘과 땅이 돕지 않으면 만사가 불통이고, 구원도 불통이고, 운도 불통이고, 금전도 불통이었다. 잘난 척하면 하늘과 땅도 외면한다는 뼈아픈 참 진리도 찾았다. 인간이 이 땅에 태어난 이래 가장 값진 하늘과 땅의 참 진리를 얻은 것이다.

영적 차원이 낮은 8~10등급의 인간, 신, 영, 조상님들에게는 이 책의 내용이 진실이 아닌 거짓의 세계, 상상의 세계, 꿈의 세계, 가상세계처럼 들릴 것이다.

하지만 이곳은 하늘과 땅이 인류 최초로 내려주신 진실의 세계이니 수많은 독자들이 책을 구독하고 하늘이 내신 시험에 합격하여 축생계, 지옥세계, 허공중천 구천세계가 아닌 영원한 기쁨과 행복 누리는 천상에서 아픔과 근심 걱정 없이 살아갔으면 좋겠다.

2천 년의 역사를 자랑하는 성경과 3천 년의 역사를 자랑하는 불경, 수천 년의 역사를 자랑하는 도경을 능가하는 훨씬 더 대단한 하늘과 땅의 살아있는 진리가 수록되어 있는 신비로운 값진 책이며 이곳에 실린 진실은 세상 그 어디에서도 들어본 적이 없는 내용들이 많다.

처음 들어보는 어마어마한 내용들이기에 믿어야 하나, 말아야 하나 고민과 갈등을 할 수는 있겠지만 하늘과 땅이 전해 주시는 최초의 진실세계이니 부정하지 말고 순수하게 그대로 받아들이면 현생은 물론 사후세계에 들어가더라도 좋은 일이 있을 것이다.

신과 영들에게 이제 꿈속의 추억이 되어버린 천상 자미천궁. 인간육신이 돌아가야 할 고향은 땅 속이고, 이분들이 언젠가는 돌아가야 할 고향이 천상 자미천궁이다. 이분들은 인간육신과 함께 땅에 있는 자미국에 들어와야만 자미천궁으로 올라가는 소원을 이룰 수 있다.

그러기에 이 책을 구입하여 읽는 모두는 지금까지 살아오면서 가장 큰 행운과 보물을 얻는 것이고 하늘이 내리시는 가장 큰 복과 하늘의 구원을 받을 수 있는 천상지상의 문이 열리는 순간이다.

우리 인간들이 좋아하는 커다란 재물과 높은 권력은 100년 미만의 짧은 인생을 행복하게 해주는 아주 작은 복이고, 끝이 없는 가장 큰 천복은 육신의 죽음 이후에 억만 겁(4해 3경 2천조 년)의 세월 동안 태초의 하늘 자미천황님의 영원한 보호와 사랑을 받아 근심 걱정 없이 영생과 행복을 누리는 것이다.

자미국에 들어와서 하늘의 보호와 사랑을 받는 인간, 조상님, 신, 영들이 하늘과 땅의 행운아이고 최고의 승리자이다. 인간세상의 재물과 권력에 너무 집착하지 마라. 사후세계의 문이 언제 활짝 열릴지 모르니 한시라도 빨리 사후대비책을 세워놓고 살아야 한다.

내일 갑자기 세상 떠날 줄을 모르고 오늘을 욕심내며 살아가는 것이 한치 앞도 모르는 인간들의 어리석은 삶이다. 개미들의 꿈과 이상이 크다 하되 인간을 능가할 수 없고, 인간들의 꿈과 이상이 크다 하되 하늘을 능가할 수 없다.

하늘이 인간들을 바라보실 때 개미의 꿈만도 못한 것이 인간들의 삶일 것이다. 개미가 성공하고 출세한들 인간들의 삶을 능가할 수 없듯이 대통령이 되고 재벌이 되어 출세하고 성공했다 한들 하늘이 보실 때는 개미의 성공과 출세만도 못하게 작은 것이다.

인간들 세상에서나 대통령과 재벌의 성공하고 출세한 삶을 부러워하고 알아주는 것이지 하늘이 원하시고 바라시는 진정한 성공과 출세는 아니라는 점을 깨달아야 한다.

인간들이 출세하고 성공하여 화려한 삶을 살아가고 있다 한들 100년 미만의 아주 짧은 일장춘몽일 뿐이다. 인간들의 영원한 성공과 출세는 하늘의 보호와 사랑을 영원히 받는 것뿐이다. 그것이 인간, 조상님, 신, 영들이 자미국에서 천상입궁의식을 행하는 일이다.

우리 인간들과 개미를 비교하는 것보다도 하늘은 더 위대하시고 대단하신 존재이시니 하늘을 찾지 않고 몰라보며 무시하는 어리석은 죄를 짓지 말았으면 좋겠다. 누구를 위해서가 아니라 자기 자신과 부모조상님, 신과 영들을 위해서이다.

자미국을 통해서 하늘의 보호와 사랑을 받으면 어느 날 갑자기 졸지에 세상 떠나는 불행한 일은 일어나지 않는다. 자기 자신과 부모조상님, 신과 영들을 사랑하지 않는 자는 하늘로부터 아무것도 받을 자격이 없다.

그리고 악신과 잡귀는 원초적으로 다른 뜻이다.

악신은 인간들 수준에서 붙여진 이름이고 하늘에서는 하늘, 조상님, 신, 영들을 찾아주지 않고 몰라보며 무시하고 거역하는 못된 인간들을 찾아가서 즉시즉시 응징하는 천상공무를 수행 중인 천신들이다. 때문에 잡귀와는 차원이 다르다.

잡귀는 자신의 사사로운 원과 한을 풀고자 괴롭히는 단순한 귀신인데 악신과 잡귀를 인간의 능력으로는 구분할 수가 없다. 악신은 인간 수준에서 바라볼 때 악신이지 사악한 인간들을 심판하는 천신들이시다.

## 제1부

# 인간 시험장

하늘과 땅, 산 자와 죽은 자
죄를 빌 수 있는 마지막 기회
질병과 죽음의 기운을 받은 곳
전생의 죄와 현생의 죄
죄부터 먼저 사면받고 살아야
하늘을 배신한 역천자와 도망자
인간세상은 하늘이 내신 시험장

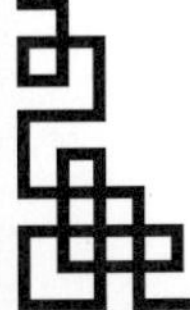

# 天 하늘과 땅, 산 자와 죽은 자

하늘이 내리시는 말씀을 거역하는 사람, 신, 생령, 조상님들은 역천자가 되어 하늘로부터 현생과 내생이 구원대상에서 제외된다. 육신의 뿌리인 부모조상님의 죄를 빌지 않고 구원하지 않는 것이 후손으로서 가장 부끄럽고 죄스러운 일이다.

인류는 죄인들이니 죽어서까지 죄를 빌어야 한다. 독자 여러분은 물론 돌아가신 조상님들도 살아생전 하늘을 찾지 않고 몰라보며 무시한 죄, 전생과 현생의 죄를 빌어야 구원받는다.

하늘과 조상님을 찾지 않고 몰라보며 무시한 전생과 현생의 죄를 빌지 않고, 전생과 현생에 진 빚을 갚지 않으면 축생계로 윤회하거나 지옥세계로 떨어진다. 인간으로 다시 태어나는 일은 결코 없으며, 있다면 그것은 윤회가 아니라 빙의이다.

천지를 창조하시고 모든 영의 태초 부모이신 자미천황님의 말씀을 신명님, 하나님, 미륵님께서 들려주신다.

신을 믿었거나 믿는 사람들, 기독교와 천주교를 믿었거나 믿는 사람들, 불교와 도교를 믿었거나 믿는 사람들에게 하늘세계, 사후세계, 영혼세계의 진실을 자세히 밝히시며 말씀해 주신다. 인류 모두가 태초부터 기도하며 열렬히 찾고 있던 대단하신 분들이신데 직접 음성으로 들어본 경험은 없을 것이다.

또한 돌아가신 조상님들의 혼령과 대화를 나누게 해주고, 자신의 몸 안에 있어도 존재를 밝혀주는 사람이 없어서 있는지 없는지조차도 모르고 살아가는 여러분의 생령과도 대화를 나누게 해준다. 듣도 보도 못한 처음 들어보는 경천동지할 말이기에 믿어야 하나 말아야 하나 갈등이 생길 수 있지만 진실이다.

이곳은 하늘과 땅, 산 자와 죽은 자가 함께하는 인류의 수도 자미국 자미천궁이다. 전 세계 최고로 대단한 이곳에 들어와서 존귀하신 태초 하늘의 말씀을 듣지 못한다면 구원도 받을 수 없기에 천추의 원과 한으로 남을 것이다.

또한 자신의 조상님이나 비명에 돌아간 부모, 배우자, 자녀, 형제들의 원과 한을 풀어주고 불효자의 죄를 마지막으로 빌 수 있는 상봉시간이 주어진다.

수많은 의식을 올려주어도 이승을 떠나지 못하고 가족들의 몸에 들어가 있는 원혼들이 땅을 치고 대성통곡을 하는데도 유가족들이 이론과 관습에 세뇌되어 망자들의 원과 한을 풀어주지 못해서 줄초상으로 이어지는 사례가 상당히 많다.

산 자의 생령이든 죽은 자의 혼령이든 하늘의 능력이 아니면 구원 자체가 불가능한데 사람들은 이런 진실을 모르고 있다. 구원이란 산 자든 죽은 자든 죄인들이기 때문에 하늘께서 죄 사면의 윤허가 없으시면 구원이 불가능하다.

산 자의 생령이나 죽은 자의 혼령을 위해 천상감찰신명님과 하나님, 미륵부처님께서 함께 구원을 해주시어야 한다.

세 분께서 하늘의 윤허를 받아주시지 않으면 구원 자체가 불가능하고, 조상님과 자손들이 하늘께 지은 죄를 진정으로 빌지 않는 조상님들은 죄를 사면해 주시지 않기 때문에 절대로 구원받을 수 없는 천상세계의 법도가 있다.

사람들은 이런 지엄한 천상세계 법도가 있는 줄도 모르고 조상님들이 스스로 천상세계를 찾아서 올라가는 줄 착각하고 있다. 수억만 리 멀고 먼 천상세계를 어찌 찾아갈 것인가?

이곳에서는 딱 한 번이면 이미 돌아가신 직계와 배우자의 당대부터 시조 조상님까지 일시에 천상 자미천궁으로 보내드린다. 낙태 유산영가와 어려서 죽은 이름 없는 형제영가까지 포함된다.

천상세계에서 대단하신 분들이 인류 최초로 구원해 주는 곳은 인류의 수도 자미국 자미천궁 한 곳뿐이다. 천상에서 대단하신 분들이 구원해 주시기 때문에 단 한 번이면 된다는 것이다. 이렇게 대단한 곳은 전 세계에서도 유례를 찾아볼 수 없을 것이다.

인간의 능력으로 도저히 구할 수 없는 인류를 현생과 죽은 후 다음 생까지 구원하여 살려주는 일이고 인류라 함은 인간, 신, 생령, 조상님들을 모두 일컬어 말한다.

인류 모두는 하늘께 패배자들이고 승자는 하늘 한 분뿐이시다. 성공하고 출세하여 돈 많이 벌어 재벌이 되고, 지도자와 고위공직자의 자리에 오른 제아무리 잘난 사람들과 생령들, 조상님들, 신들도 지엄하신 하늘 앞에서는 큰 죄인들이다.

세상에서 크게 성공한 부류들도 위대하신 하늘께는 모두가 패배자들이니 머리 숙이고 지은 죄를 살아생전에 용서를 빌어 사면받아야 하늘과 함께할 수 있다.

위대하신 자미천황님께 잘난 인간, 신, 생령, 조상님들 모두가 조건 없이 복종하여야 한다. 자만, 교만, 거만으로 가득 차서 나 잘났다고 복종하지 않는 인간, 신, 생령, 조상님들 모두는 지금부터 지옥 같은 고통과 불행 속에 살아갈 것이고 운과 복이 절대 따르지 않을 것이니 명심하고 자신들의 일상생활을 유심히 지켜보라.

하늘과 자미국을 부정하고 사이비로 매도하는 사람들, 책을 읽고 부정하는 사람들, 조상님을 구원하지 않는 사람들, 신과 영을 구원하지 않는 사람들은 당사자는 물론 자손들까지도 자자손손 잘되는 일이 하나도 없게 될 것이다.

이런 부류의 사람들은 악신들의 공무집행 대상들이기에 인생으로 끊임없는 재앙이 따른다. 하늘, 조상님, 신, 영을 무시하고 부정한 죄인들이 잘 사는 꼴을 절대로 못 보기에 순식간에 수십억, 수백억, 수천억 재산을 날아가게 만드는 신비한 재주를 부리는데 인간의 능력으로는 도저히 막을 길이 없다는 점이다.

4년 전에 자미국에서 발행한 책을 읽고도 "에이, 이런 게 어디 있어?"

하고 무시하며 부정하고 방문하지 않았던 독자가 찾아와서 살려달라고 빌었다.

자미국에서 집필한 여러 권의 책을 읽어보고도 지금까지 무시하며 부정하고 있는 독자들은 자신들의 인생을 뒤돌아보면 저자의 말이 맞는지 틀리는지 알 수 있다. 자미국을 욕하고 부정하면 할수록 재앙이 자신과 가족에게 속속 내려간다.

책을 구독할 때의 삶보다 더 나은 인생을 살고 있는지, 아니면 더 어려워졌는지 쉽게 확인될 것이다. 이것으로 끝나는 것이 아니라 앞으로 더욱 어려운 고통의 인생을 살게 될 것이다. 진실을 가르쳐주어도 거부하면 더 뒤집어진 후에 후회한다.

질병 없이 건강하고 근심 걱정하지 않는 가정을 이루며 사회적으로 많은 돈과 높은 벼슬자리에 올라 명성을 날리는 것이 성공 출세한 삶이라 할 수 있으나 이는 아주 작은 성공에 불과하다.

육신의 인생은 길어봐야 100년으로 그 안에 죽고 나면 끝없이 이어지는 사후세계에 비해 억만 분의 1에 해당하는 먼지만도 못한 성공과 출세를 믿고 자만, 교만, 거만으로 가득 차서 영의 부모님이신 하늘도 몰라보고 하늘을 찾으려 하지 않고, 하늘의 말씀을 받들지 않고 사는 사람들은 천추의 원과 한을 남기는 일이다.

하늘과 땅이 함께하고 산 자(생령)와 죽은 자(사령)가 함께하는 대단한 자미국은 일반적 전통관습과 이론을 세뇌시키고 전파하는 곳이 아니라 위대하신 태초의 하늘의 말씀을 인류 최초로 받아서 세상에 전해 주는 전 세계 유일한 곳이다.

그러기에 아무나 받아주지 않으며 인간육신만 잘 살기를 바라고 하늘과 조상님들의 말씀은 거역한 채 자신의 인생이 잘 되는 소원만 이루기 위한 사람들은 소원을 뒤로하고 순수한 마음으로 자미국 자미천궁에 들어와야 한다.

하늘로부터 구원의 사명을 받고 이 땅에 인간의 몸 안으로 태어난 신과 영들이 찾던 곳이며 높은 하늘의 길을 찾으려는 인간들과 자신의 부모조상님, 자신의 생령, 자신의 가족들을 구하려는 자들이 오매불망 기다리며 찾던 자미국이다.

자미국 자미천궁에는 한 가구당 하늘의 말씀을 받들어서 사명자 역할을 행할 한 명의 사람만이 들어올 수 있다. 그러므로 책을 읽고 공감했다 할지라도 부부동행, 자녀동행, 부모동행, 형제동행, 애인동행, 친구동행은 일절 금지하고 있다.

하늘과 땅이 함께하는 이곳에 들어올 수 있는 대상들은 하늘 자미천황님의 핏줄, 천상감찰신명님의 핏줄, 하나님의 핏줄, 미륵님의 핏줄, 자미인황님의 핏줄을 받고 태어난 사람들과 저자의 뜻에 절대 공감하며 함께할 사람들이다.

이분들의 핏줄인데 하늘을 찾지 못해서 다른 세계에서 방황하고 있는 인간, 신, 생령, 사령들이 들어올 대상들이고, 이론을 세뇌시키는 것에 실증을 느낀 사람들에게 맞는 곳이다.

하늘을 찾아다닌 사람들, 하늘을 알려고 하는 사람들, 하늘의 음성을 듣고 싶은 사람들과 조상님을 만나고 싶은 사람들, 조상님을 구원하고 싶은 사람들, 조상님의 사후세계가 궁금한 사람들, 자신의 생령을 만나고 싶은 사람들, 자신의 사후세계가 궁금한 사람들….

자신의 죄가 무엇인지 알고 싶은 사람들, 자신의 죄를 사면받고 싶은 사람들, 자신의 가족들을 구원하고 싶은 사람들, 자신의 전생이 궁금한 사람들, 자신이 누구인지 알고 싶은 사람들로서 선택받은 특별한 사람들만이 들어올 수 있는 곳이다.

하늘을 만날 필요가 없는 대상들은 종교이론으로 세뇌를 받아 하늘의 품으로 돌아오기를 스스로 거부하는 사람들이다.

돈만을 최고로 아는 사람들, 권력을 쥐려는 사람들, 부귀영화만 누리고 싶은 사람들, 출세하고 성공하려는 사람들, 하늘세계를 찾으려 하지 않고 알려하지 않고 인정하지 않는 사람들, 사후세계를 모르고 전혀 인정하지 않는 사람들….

영의 세계를 인정하지 않는 인간, 신, 생령, 사령(조상님)들이 하늘께 구원받으려면 세상에서 알고 들은 이론과 부정적인 고정관념을 모두 버려야 선택받는다.

세상 그 어느 누구도 하늘이 존재하심을 알지 못하고, 자신들의 몸 안에 신과 생령들이 있다는 것도 잘 모르고 있어서 대화가 안 되어 생령들이 너무나 답답해 한다. 하늘과 생령, 사령들의 분노가 폭발하면 삶이 곧 지옥세계로 변한다.

24시간 인간육신들의 일거수일투족 모든 행동과 말들을 실시간으로 알고 있는 하늘과 각자의 생령, 사령들이 그래서 가장 무서운 것이다. 하늘과 신, 생령, 사령(조상님)들의 존재를 무시하고 살아온 수많은 사람들이 심한 고통을 받고 산다.

자신의 생사여탈권을 실질적으로 좌우하고 있는 하늘과 신, 생령, 사령들을 발톱에 때만도 못하게 생각하고 살아가는 것이 대다수 인간들이다. 아니 하늘과 신, 생령, 사령 자체가 있는 줄도 모르고 있고 어떤 역할을 하는지조차 모른다.

# 죄를 빌 수 있는 마지막 기회

나 잘났다고 하는 사람, 재물과 권력, 성공과 출세를 하늘, 신, 영, 조상님의 보살핌 덕분으로 돌리지 않고 자신의 노력과 운으로 돌리는 사람, 이 분들의 말씀과 뜻을 무시하는 사람, 자만 · 교만 · 거만으로 가득한 사람, 하늘과 조상님을 몰라보고 찾지 않는 사람들, 신과 영의 존재를 모르는 사람들, 자신이 최고라고 자랑하는 사람들은 부귀영화를 오래 누리지 못하고 결국 무너진다.

하늘, 신, 영, 조상님의 심중은 전혀 헤아리지도 않고 아랑곳하지 않으며 인간육신 자기만의 출세와 성공, 부귀영화를 꿈꾸고 누리는 사람들을 천상에 계신 태초의 하늘 자미천황님, 신명님, 하나님, 미륵님께서 가장 싫어하신다.

하늘도 존재하고 계시고 조상님들도 존재하고 계시고 자신의 신과 생령도 존재하고 있지만 사람 눈에 보이지 않고 들리지 않기에 있는지 없는지조차 모르고 살아간다.

신과 생령들의 존재를 모르니까 당연히 무시할 수밖에 없는 것이 우리 인간들의 한계인데 천령(하늘), 생령(인간), 사령(조상)은 끝없이 어떤 메시지를 전하고 계신다.

천령, 생령, 사령의 메시지를 받아 말로 전해 줄 수 있는 전 세계 유일한 곳이다. 인류가 최초로 태어난 이래 경천동지할 신비스런 일이지만 인간들은 불신의 골이 깊어서 무조건 부정만 하거나 사이비 운운하는 지경에 이르렀다.

신, 생령, 사령과 대화할 수 있는 대단한 신비능력은 인간의 능력이 아닌 하늘께서나 행하실 수 있는 능력이다. 그런데 이런 신비 능력이 있다는 것은 하늘의 천령정기 기운이 저자와 함께하시고 계신다는 하나의 증표일 것이다.

인간과 신, 생령, 사령들은 하늘을 통하면 구원받을 수 있다. 죽으면 인생이 끝나서 아무 고통도 모르는 인간육신들과 다르게 신과 생령들에게는 영원한 목숨 줄이자 구원자가 하늘이시기 때문이다. 인간육신은 하늘이 보이지도 않기에 존재 자체도 모르며 인정도 하지 않고 살아가지만 신과 생령, 사령들은 입장이 다르다.

살아있는 인간육신들은 돈과 권력을 최고의 목표로 세우고 사는데 신, 생령, 사령들은 자신들의 생사여탈권을 실시간으로 행사하시는 대단하신 하늘 자미천황님께 구원받는 것을 최고의 목표로 삼고 있지만 인간육신들은 전혀 모른다.

인간육신들은 하늘이 눈에 안 보이기에 얼마나 대단하신 하늘이신지 모르고 각자 잘남과 자만, 교만, 거만으로 살아가고 있는데 육신이 죽으면 돈과 권력을 외치는 것이 아니라 오직 하늘께 구원받는 것이 가장 간절하고 처절한 소원으로 변한다.

생령들이 하늘께 죄를 용서 빌어 사면받지 못하고 육신의 집을 잃어버리면 축생계나 지옥세계로 떨어진다. 지노귀굿을 해본 경험이 있는 사람들은 조상님이 무엇으로 환생하였는지 알아보는 과정을 거친 사람들이 많을 것이다.

망자를 불러놓고 한 말 정도 들어가는 그릇에 쌀이나 밀가루를 부어놓고 반반하게 한 후에 하얀 창호지를 덮어놓고 법문을 하고 나서 창호지를 걷어내면 어떤 형상이 찍혀 있다. 가장 많이 나타나는 형상은 뱀이 기어가는 모습이고 그다음으로 많은 것이 새 발자국이고 그다음은 각종 동물 발자국이다.

사람으로 환생했다는 뜻의 사람 발자국은 없다. 이것은 무엇을 말해 주는가? 인간으로 태어난 것이 마지막 기회이자 종착역이란 뜻으로 인간(죄인)이 하늘께 죄를 빌어 천상세계로 다시 올라갈 수 있는 마지막 기회를 주신 시험장임을 입증하는 것이다.

인간세상에서 하늘께 죄를 빌어 구원받지 못하면 다음 생에는 사람이 아닌 축생으로 윤회한다는 것을 현실로 보여주는 장면이다. 나쁜 짓 안 하고 좋은 일하고 착하게 살았으니 죽으면 천당극락 갈 것이라 생각하는 사람들이 대다수이다.

하늘께서 착하게 산다는 심판 잣대의 기준은 인간 생각과는 전혀 다르시다. 착함의 기준은 인생을 착하게 살고 불우이웃을 돕고 사는 것이 착함의 기준이 아니라 자신들의 돌아가신 조상님들과 신과 영을 구원하는 것을 착함의 기준으로 보신다.

그래서 부모조상님을 구원하는 사람들에게 죽어서 축생계로 윤회하지 않고 지옥세계로 떨어지지 않도록 특별 선물을 하사하여 주시는데 그것이 천인합체 윤허이시다. 천인이 되어 천상 자미천궁으로 올라갈 수 있는 특별한 천인합체의식은 하늘의 사전 허락 없이는 아무나 행할 수 없는 귀한 의식이다.

자신의 조상님들이 추위와 배고픔에 힘들어하며 허공중천 구천세계를 하염없이 떠돌고 있거나 축생계로 윤회하여 있고 지옥세계에 떨어져 고통받고 있는 줄도 모르고 핏줄이 아닌 남을 돕고 산다는 것은 하늘이 분노할 일이고 조상님들이 뒤집힐 일이다. 이 땅에 태어나게 해주신 자신의 가장 가까운 핏줄인 조상님께 감사하고 구원해 드리는 것이 자손의 근본 도리이자 의무이다.

조상님을 무시하며 구원하지 않는 자는 착하게 사는 것이 아니라 조상님께 죄를 짓는 일이고 조상님, 신, 영은 구원하지 않고 피 한 방울 섞이지 않은 남을 도와주며 선행을 베푸는 것은 조상님, 신, 영을 슬프게 만들고 진노를 사는 일이다.

조상님은 당대 조상님만 계신 것이 아니라 시조까지 엄청 많은 조상님들이 계시고 언제 자손들이 이런 진실을 깨닫고 구원해 줄지 그날을 손꼽아 기다리고 있으시다. 자미국에서 행하는 의식은 이미 축생계로 윤회되어 버린 조상님들까지도 구원해서 천상세계로 보내드리는 아주 특별한 의식이다.

인간세상은 하늘이 내신 구원의 시험장이다. 자미국에서 의식을 행하여 하늘께 죄를 빌어 구원받으면 천상세계로 올라가서 신선선녀로 태어나 근심 걱정 없이 살 수 있다.

그리고 생령과 사령들은 하늘의 사랑을 받지 못하면 천상궁전에 올라가서 영원히 죽지 않는 영생의 삶을 누리며 살 수 없다. 하늘을 몰라보고 하늘의 존재 자체를 무시하며 하늘을 찾으려 하지 않는 자, 하늘을 알려 하지 않는 인간과 신, 생령, 사령들은 하늘께 구원받으려면 누군가는 하늘께 승복해야 한다.

하늘을 역천한 인간, 신, 생령, 사령들이 구원받을 길은 죄를 진정으로 인정하고 용서를 비는 것 하나뿐이다. 대단하신 하늘을 배신하고 역천한 죄인들은 인간육신을 데리고 들어와서 지은 죄를 진심으로 빌어야 구원받을 수 있다.

죄를 빌지 않는 하늘의 역천자는 영원히 구원받지 못하므로 하늘로부터 아무것도 받을 것이 없기에 육신이 살아서나 죽어서나 끝없는 고통과 불행의 굴레에서 스스로 벗어날 수 없다.

인간육신들은 신, 생령, 사령을 구해 줌에 있어서 아무것도 원하고 바라지 않으며 조건 없이 순수하게 구해 주어야 한다. 각자의 삶으로 일어나는 모든 고통과 불행, 슬픔과 괴로움은 이분들이 하늘께 구원받고 싶어 하는 긴박한 메시지이다.

하늘의 사명을 받고 태어난 사람들은 이미 돌아가신 부모조상님과 자신의 신, 생령, 가족의 생령을 지극정성으로 먼저 구원해 드려야 하늘이 내리신 사명을 완수하는 것이다.

33개의 하늘이 있지만 자미천황님의 천지기운을 받을 수 있는 자미국을 능가할 곳은 없다.

영의 부모가 누구인지도 모르고 남의 부모(숭배자)를 믿고 있다면 큰 죄가 되어 인생이 뒤집어져서 고달프다. 자신의 영의 부모님이 누구인지는 자미천황님의 말씀을 들어봐야만 밝혀진다.

진정으로 하늘을 갈구하면서 하늘을 찾으려 하고, 하늘을 알려 하며 하늘의 음성을 듣고 싶어 하는 인간, 신, 생령, 조상님들에게는 최고의 자미국이 되어줄 것이다.

전 세계 유일하게 지은 죄를 찾아주고 죄를 빌게 하는 곳이다. 자신의 고통과 불행을 벗어나고자, 성공과 출세를 위해서 의식하는 사람들이 많이 있는데 이는 자신의 조상님들을 이용하는 못난 행위이고, 자신의 조상님을 팔아먹는 불효자의 죄를 짓는 일이라는 것을 대다수 사람들은 잘 모르고 있다.

독자 여러분의 신, 생령, 조상님들의 부모님은 하늘이시다. 아무에게나 굴복하는 의식을 행하면 영의 부모를 바꾸는 엄청난 죄를 하늘께 짓는 일이고 이로 인해서 인생이 더 뒤집어져서 아프고 힘들다.

자신이 알고 있는 일반적 상식으로 비교하며 의심하지 말고 책을 정독한 후 하늘의 사랑을 받아야 현생과 사후세계까지 하늘의 보살핌을 받고 살아갈 수 있다.

대단하신 하늘 자미천황님은 독자 여러분이 알고 있는 이론과 일반상식으로 검증하며 대단하신 하늘이 내리시는 말씀을 감히 맞다 틀리다 논평할 수 없다.

너무나도 대단한 책을 읽고도 하늘의 말씀을 비난하고 부정하는 죄인들은 하늘을 이겨 먹고 능멸하는 구원받지 못할 대역죄를 지은 역천자들일 것이다.

하늘의 맑은 피가 흐르는 독자들은 하루라도 빨리 자신들에게 내려진 하늘의 사명이 무엇인지 찾아서 인간으로 태어난 근본 도리와 의무를 다하고 살아가야 한다.

하늘과 땅의 주인이시자 영을 창조해 주시고 전생의 죄와 현생의 죄를 빌 수 있는 기회를 마지막으로 허락하신 영의 부모 하늘 자미천황님의 존재를 몰라보고 살아간다는 것은 인간으로 태어나 가장 큰 불행이자 불운이다.

## 질병과 죽음의 기운을 받은 곳

2012년 9월 18일.

자미국 자미천궁에서 행하는 조상님 천상하단입궁의식.

천상입궁의식은 입천제의식과 같은 말이다.

왜 질병으로 죽는 것일까?

62세 된 여성의 남편이 작년 67세에 암으로 사망하였고 장남이 41세인데 암 3기로 투병 중이다. 청천벽력 같은 일이 터진 것인데 왜 이런 일이 생긴 것인지 천상궁전 자미천궁에 계신 분께서 그 진실을 자세히 밝혀주시었다.

이 여성은 절에 20년 이상 다니면서 천도재를 여러 번 하였고 무속인을 찾아가서 굿도 몇 번 하였다. 남편이 절이나 무속인을 찾아가서 천도재와 굿하는 것을 못마땅하게 여기면서 구박과 폭언이 시작되었다. 그러는 남편이 너무나 미웠고 어느 날부터인가 갑자기 무서워졌다.

남편이 갑자기 무서워지기 시작한 것은 여성의 몸 안에 생령이 천도재와 굿하러 다니는 것이 싫어서 남편 몸으로 들어가서 부인에게 폭언과 폭행을 했던 것이었다.

답답한 일이 생겨서 천도재와 굿을 시작하였는데 이것이 조상님을 이용하고 팔아먹는 죄를 짓게 되었다고 하신다. 순수하게 조상님을 구원해 드려야 하는데 자신의 인생이 너무나 답답하고 일이 안 풀리자 소원을 이루기 위한 천도재와 굿을 한 것이다.

조상님 구원은 뒷전이고 자신의 답답함을 풀어보고자 천도재와 굿을 하였는데 일이 풀어지는 것이 아니라 오히려 날이 갈수록 더 답답해진 것이다. 정성이 부족해서 그런가 하고 더 열심히 절과 무속을 찾아다니면서 천도재와 굿에 매달렸다.

이때부터 집안에 이상한 일이 벌어지기 시작한 것이다. 복을 받아온 것이 아니라 잡귀들을 집으로 불러들여 남편과 아들에게 옮겨주었던 것인데 결국 남편은 10년을 시름시름 앓다가 작년에 암으로 사망하였고 아들도 지금 생사를 알 수 없는 최악의 상황이다.

남편을 천도재 해준다고 굿을 여러 번 하면서 돌아가신 남편의 영혼과 만났는데 그때마다 남편의 말이 달랐다. 왜 다른 것인지 그 진실을 천상에서 밝히시었다. 진짜 남편의 혼령이 아니라 무속인들이 임의로 만든 혼령이었다고 하신다.

열 번의 굿을 하면 열 명의 가짜 남편 혼령을 만들어서 싣는다고 경천동지할 말씀을 하시었다. 무속인조차도 진짜 남편의 혼령인지 알지도 못하고 잡귀가 들어왔는데도 남편의 혼령이라고 생각하면서 천도굿을 해주었다는 것이다.

하늘이 아닌 이상 진짜 남편의 혼령인지 이 세상 그 어느 누구도 알 수 없다고 하신다. 끝이 보이지 않는 광활한 사막의 모래밭처럼 허공중천에는 헤아릴 수 없는 수억만 경의 혼령들이 있는데 무속인이 어떻게 이 여성의 남편 혼령을 불러올 수 있느냐고 하신다.

수많은 모래알처럼 많은 혼령 중에서 무슨 능력으로 진짜 남편의 혼령(모래알 하나)을 찾아내어 실을 수 있느냐는 뜻이다. 남편의 혼령이라고 불러서 실은 것은 남편이 아닌 무속인과 굿당에 머물고 있는 잡귀였던 것이다. 결국 이 여성은 남편을 만난 것이 아니라 잡귀를 만난 것이었다고 하신다.

산 자와 죽은 자의 영혼까지 창조하신 영의 부모 자미천황님의 허락 없이 혼령을 부른다고 그들 몸에 마음대로 실리겠는가? 조상님 혼령이 아닌 잡귀들을 실어도 세상 사람 아무도 구분할 수 없다.

이 세상에서 여러분의 진짜 조상님 혼령과 대화를 할 수 있는 곳은 전 세계에서 자미국 단 한 곳뿐이라는 진실을 알아야 한다. 조상님 혼령을 부른다고 실리는 것이 아니라 혼령을 창조하신 자미천황님께서 허락하시어야만 실린다고 하신다.

자미천황님께서 조상님 혼령과 대화하는 것을 자미국에만 허락해 주시었기 때문이다. 자미천황님께서 허락하지도 않은 가짜 조상님을 실어놓고 자손과 조상님을 갖고 장난친다며 진노하시면서 이들부터 심판할 것이라고 하시었다.

영의 부모님이신 자미천황님의 허락 없이는 어느 혼령들도 마음대로 오고 갈 수 없다는 하늘의 위대한 진실을 세상 어느 누가 알 것인가? 그래서 자미국이 아닌 다른 곳에서 행하는 모든 조상님 구원의식은 믿을 수도 없고 구원도 안 된다.

수억만 경의 영혼들을 태초로 창조하신 하늘 자미천황님 이외에는 진짜 조상님 혼령을 구분할 수 있는 능력이 없다는 인류 최초의 어마어마한 진실을 밝혀주시었다. 그래서 자미국이 아닌 다른 곳에서 조상님 구원한다고 의식한 것은 모두 가짜인 것이다.

지금까지 이런 진실을 몰라보고 수시로 절에서 천도재하고 무속에서 굿을 했던 수많은 사람들이 이 글을 읽는다면 참으로 허탈하고 분노를 느낄 것이다. 저자도 이런 무서운 혼령세계 진실이 있는지 오늘 처음 들어보는 상상을 초월한 말씀이었다.

질병에 걸려서 고통스러운 인생을 살아가고 있는 수많은 사람들도 자신의 과거를 둘러보면 해답을 찾을 수 있을 것이다. 환자 당사자나 가족들이 절에서 천도재하고 무속에서 굿을 해서 잡귀들을 집안으로 불러들여서 식구마다 옮겨주어서 질병(암)에 걸렸는지 말이다.

부부간에 자녀 간에 피 터지게 싸움하는 가정이 있다면 어느 곳에서 잡귀들을 불러들인 것이거나 각자의 생령이 바뀌어서 일어난 것이 틀림없다. 이로 인하여 이혼하고 별거하는 가정들이 부지기수이니 자미국에서 살 길을 찾아야 한다.

천수를 누리지 못하고 80세 이전에 질병, 사고, 심장마비, 급살, 자살, 뇌졸중, 우울증으로 단명하거나 비명횡사 당하여 사람이 죽는 것은 각자들이 다니고 있는 기존 세계에서 불러들인 잡귀들 때문이라는 최초의 진실을 전한다.

인류 최초로 천상에서 밝혀주시는 죽음에 대한 무서운 진실이다. 영의 부모님이신 자미천황님이 아니시면 조상님들의 구원 자체가 안 된다는 진실을 여러 번 전했지만 이런 어마어마한 진실이 숨어 있는 줄은 오늘 처음으로 알게 되었다.

영의 부모님이신 자미천황님께서 허락해 주시지 않는 모든 구원의식은 가짜라는 것인데 이를 어찌할 것인가? 독자 여러분은 정성 들이고 복을 받아온 것이 아니라 뒤집어지는 기운, 질병의 기운, 죽음의 기운을 받아왔으니 이를 어떻게 해결할 것인가?

그래서 가정에 우환, 우울증, 불면증, 질병, 자살, 단명, 구속, 사고, 사업실패, 이혼, 별거와 같은 고통과 불행, 슬픔과 괴로움이 계속 발생하고 있는 것인데 아무도 몰랐다. 의식을 행한 횟수만큼 인생이 뒤집어져 아플 것이라고 하신다.

이미 죽은 사람들이야 어찌하겠는가? 살아있는 가족들이라도 더 이상 불행을 막으려면 하루빨리 영혼의 부모이신 자미천황님께 살려달라고 죄를 빌어야 가정에 우환이 멈춘다.

인류 모두가 지금까지 하늘세계, 천상세계, 사후세계, 영혼세계에 대하여 완전 눈뜬장님들이었다. 끝없이 지극정성을 들이는데도 세상에 왜 그리 아픔이 많은 것인지 진실이 차례대로 밝혀지고 있으니 가정에 고통과 불행이 있는 독자들은 또 다른 불행이 닥치기 전에 방문해서 제2의 불행한 사태를 빨리 막아야 한다.

하늘 본체이신 자미천황님을 중심으로 함께 하지 않는 여러분의 인생은 살아있어도 살아있는 것이 아니고, 크게 성공하고 출세했어도 진짜 성공하고 출세한 것이 아닌 언제 사라질지 모르는 신기루 같은 인생을 살고 있는 것이다.

하늘의 보호를 받지 않고 사는 인생은 언제 죽을지 모르고, 언제 망할지 모르는 시한폭탄을 안고 살아가는 것과 같다. 하늘 본체이신 자미천황님을 몰라보고 자만, 교만, 거만, 아집으로 가득한 인생을 살아가는 사람들은 언제 터질지 모르는 시한폭탄이다.

인간육신이 살아서 자미천황님을 알 수 있고, 죄를 빌어 용서받고 구원을 받을 수 있다는 것은 억만 겁의 세월 동안 가장 큰 행운을 얻는 최고의 영광스런 일이다.

전 세계 어디를 가도 하늘 본체이신 자미천황님의 기운을 받을 수 있는 곳은 이 땅 어디에도 없고, 하늘께 인간, 생령, 신, 조상님들이 구원받을 수 있는 곳 또한 없다.

세상에 알려진 모든 이론을 초월한 곳이고 어떤 능력으로도 불가능한 인간, 생령, 신, 조상님들을 구원이 될 때까지 며칠 몇 달이 걸려도 구원해 준다. 당일 하루에 의식을 행해서 구원이 안 되면 다음 날 하고, 그래도 안 되면 일주일, 한 달, 두 달 후에라도 끝까지 구원을 책임져주는 대단한 곳이다.

인간의 삶이 끝난 후 축생계로 태어나지 않고, 지옥세계로 떨어지지 않도록 한 명이라도 더 구원해 주기 위해 최선을 다하고 있다. 인간과 언어가 달라서 소통이 안 되는 하늘과 신, 영 그리고 육신이 없어서 말 못하는 조상님의 입과 손발이 되어서 말씀을 대신 전해 주는 전 세계 유일한 곳이 자미국이다.

이렇게 조상님을 구원한 사람은 하늘의 백성을 뜻하는 자미국 백성의 신분이 되고, 백성이 된 후에 자신의 몸 안에 신과 영에게 하늘께서 천인합체 윤허가 있으시면 의식을 행해서 천상의 기운을 받는 천인으로 탄생시켜 준다.

하늘의 역천자, 하늘의 도망자 죄인 신분에서 용서를 빌어 천인으로 재탄생하였으니 이들이 바로 죄인의 굴레에서 벗어난 신선선녀인 자미국의 천인들이다.

천상입궁의식과 천인합체의시을 행해야 하는 원초적인 이유이다.

천상입궁의식으로 이미 돌아가시어 축생, 뱀, 미물, 곤충으로 윤회하였거나 지옥세계에 떨어져 무한한 고통을 받고 있을 여러분 부모조상님들이 지은 죄를 빌고 구원해서 천상궁전으로 보내드려 원과 한을 풀어주기 위함이다.

천인합체의식을 행하면 인간의 눈에 보이지 않아 무시되었던 자신의 몸 안에 있는 신과 영의 죄를 빌어 천인으로 재탄생시켜 천상궁전 입궁을 예약해서 원과 한을 풀어주고자 함이다.

이로 인하여 신, 영, 인간이 서로 화합하여 현생과 내생에서 하늘의 보호를 받아 행복을 누리게 해주는 것이다. 인간의 몸 안에는 신이 있는 사람이 있고, 영이 있는 사람이 있다.

## 전생의 죄와 현생의 죄

하늘의 위대하신 진실은 한도 끝도 없다.
각자 인간육신과 생령, 조상님들의 영적 수준이 모두 다르다.

하늘을 찾지 않은 죄!
하늘을 알려 하지 않은 죄!
하늘을 무시하며 살아온 죄!

조상님을 찾지 않은 죄!
조상님을 알려 하지 않은 죄!
조상님을 무시하며 살아온 죄!

신과 생령을 찾지 않은 죄!
신과 생령을 알려 하지 않은 죄!
신과 생령을 무시하며 살아온 죄!

인류 모두가 전생의 죄와 현생의 죄가 무궁무진한데 그중 가장 무거운 죄가 하늘을 찾지 않고 몰라보며 무시한 죄이고, 둘째가 부모조상님을 찾지 않고 몰라보며 무시한 죄이며, 셋째는 자신의 신과 생령을 찾지 않고 몰라보며 무시한 죄이며, 넷째는 일상생활에서 각자들이 말과 행동, 마음으로 지은 죄이다.

인간들 모두가 하늘을 무시한 죄인들이지만 도대체 뭐가 죄라고 말하는 것인지 이해하지 못하고 있다. 하늘이 계신지 안 계신지도 모르는데 하늘께 무슨 죄가 된다고 하는 것일까?

착하게 살고 나쁜 짓 안 하며 주위 사람들에게 손해를 끼치지 않고, 불우 이웃을 도우며 헌금, 시주, 성금을 많이 내고, 수많은 사람들에게 선행을 베풀고 살면 죽어서 좋은 세계 간다고 믿고 있는 것이 인간들 대다수의 생각들이다.

자신의 신과 영을 이 땅에 창조되게 해주신 자미천황님이 진짜 하늘이신데 하늘을 찾지 않고, 알려 하지 않고, 무시한 것이 근본 도리를 몰라본 죄라고 하는 것이다. 대다수 사람들이 자신만이 최고라고 생각하며 하늘과 신, 영, 조상님이 어디 있느냐고 반문하며 자만, 교만, 거만에 빠져서 살고 있다.

육신이 살아있을 때 자신들의 신과 영이 전생과 현생에 지은 수많은 죄를 하늘께 빌 수 있는 유일한 기회인데 소중한 기회를 놓쳐버리고 있다. 하루만 세상을 살아도 죄를 짓고 사는데 현생을 살아온 세월이 얼마이며 또한 전생에 지은 죄는 얼마일까?

전생에 지은 죄와 현생에 지은 죄를 하늘께 빌어서 용서받아야 억만 겁 동안 윤회에 종지부를 찍고 지옥세계가 아닌 꿈의 낙원인 천상궁전 자미천궁에 올라갈 수 있다.

죄를 빌지 않고 세상을 살다가 죽으면 모질고 가혹한 형벌이 기다리는 지옥세계로 떨어져서 억만 겁 동안 형벌을 당하는 고통의 굴레를 벗어날 수 없다. 억만 겁(4해 3경 2천조 년)은 1겁을 4억 3,200만 년이라 하니 상상을 초월한 장구한 세월이다.

8,000겁(3조 4,560년)을 지나야 부부인연이 맺어지고, 9,000겁(3조 8880년)은 형제인연, 10,000겁(4조3,200년)은 부모 자식으로 만날 수 있는 인연이라 한다. 이런 영혼세계 법도가 있건만 인간들은 자신의 육신만 죽으면 끝이라 생각하며 살아가고 있다.

각자 몸 안에 있는 신과 영(생령, 사령)들이 차원이 낮아서 영혼세계 법도가 어떤 것인지 잘 모르고 자만, 교만, 거만에 빠져 잘난 척하며 살고 있는데 육신이 살아서 죄를 용서 빌어서 하늘께 죄를 사면받지 못하면 바로 축생계, 아귀계, 지옥세계로 떨어진다.

영들은 육신이 살아있으면 생령 또는 정신(신)이라 부르고 육신이 죽음과 동시에 사령(조상님) 또는 귀신이라 한다. 살아서 돈과 권력만을 좋아하는 인간육신들과 깨닫지 못한 저급한 영들은 하늘께 구원받지 못하므로 축생계, 아귀계, 지옥세계를 면할 수 없다.

말로만 지옥세계가 존재하는 것이 아니라 실제로 있다. 전생은 물론 현생에서 각자가 하늘을 찾지 않고 몰라보며 무시한 죄를 빌지 않으면 하늘께 구원받을 길이 사라진다.

대다수의 사람들이 인간세상 법에만 위배되지 않으면 된다고 생각하며 살고 있는데 하늘과 신, 영, 조상님에게 지은 죄가 얼마나 커다란 죄인지 심각하게 받아들이지 않고 있다.

하늘과 조상님, 신, 영들이 자신들 눈에 보이지 않기에 죄가 된다 하여도 전혀 두려워하지도 않고 무감각하며 말해 주어도 관심조차 갖지 않는 것이 현재의 인간들 조상님들 생령들의 모습이다.

하지만 각자들이 일상에서 겪고 있는 고통과 불행, 슬픔과 괴로움이 연속되는 것은 하늘을 몰라보고 무시한 죄인들이기 때문이고, 각자의 조상님을 몰라보고 무시한 대가이고 자신의 몸 안에 있는 신과 생령들의 존재를 몰라보고 무시한 대가이다.

저자는 육신이 없어 말 못하시는 영의 부모님이신 하늘 태상천존 자미천황님의 입과 손발이 되어 드리고 여러분 조상님과 신과 생령들의 말을 대변하고자 한다. 살아있는 인간들과 말하는 법이 달라 답답해 하시는 하늘의 말씀을 세상에 전해 드리고 독자 여러분의 돌아가신 조상님과 대화를 하게 해준다.

자신의 몸 인에 있지만 대화가 되지 않아 힘들어하는 자신들의 신이나 생령과 대화를 시켜주어 원과 한을 풀어주고 있다. 인간육신들이 자신의 조상님들과 신, 생령들이 오랜 세월 동안 하늘께 지은 죄를 용서받을 때까지 열심히 빌어야 한다.

하늘께 빌어야 할 죄가 있고 조상님들께 빌어야 할 죄가 따로 있다. 또한 자신의 신과 생령에게 빌어야 할 죄도 있다. 생령이란 자신의 영혼인데 대다수 사람들은 존재 자체가 있는지 없는지조차 모르고 살아가고 있는데 가르쳐주어도 완전 남남처럼 여기고 있다.

신과 생령이 있기에 이 세상에 인간으로 태어날 수 있는 행운과 영광을 얻은 것인데 육신들이 신과 영들을 너무나 무시하며 살아간다. 결국 분노가 폭발하여 인생사가 뒤집히고 구속, 사업실패, 부부싸움, 이혼 등 고통과 불행으로 아파하고 있다.

자신들의 신과 생령은 육신이 죽으면 정신에서 귀신으로 신분이 바뀌게 되고 자손들에게는 조상님이란 명칭으로 불린다.

한마디로 자신의 부모조상님과 자신의 생령을 찾아주지 않고 무시하며 박대하면 세상사 일들 모두가 운이 막히고 재수가 없다는 진실은 알고 있는지 모르겠다. 3년 재수가 없는 게 아니라 일평생 재수가 없고 죽어서도 자식들이나 후손들의 몸으로 들어가서 원과 한을 폭발하기에 가정이 풍비박산 난다.

자신의 생령들은 육신의 일거수일투족 모두를 실시간으로 지켜보며 듣고 있기에 속일 수가 없는데 인간육신들은 모른다. 생령과 육신의 뜻이 같을 것 같지만 너무나 다르다.

육신은 물질인 돈과 권력, 명예, 건강을 평생 동안 추구하지만 신과 생령들은 육신이 죽은 이후 사후세계에 들어가기 전에 어떻게 하면 하늘께 구원받아 지옥세계를 면하고 천상세계로 올라갈지가 최대의 목표이자 꿈이다. 그래서 육신을 깨닫게 하여 굴복시키고자 인간육신의 삶으로 불행한 일을 발생시켜 고통스럽게 만든다.

육신 따로, 영혼 따로의 삶을 살아가는 사람들이 거의 전부이고 이런 사람들이 많이 힘들어한다. 이들 신과 영들이 전생에 죄를 많이 짓고 이 세상에 태어났는데 인간육신이라도 책을 읽고 깨달아서 하늘께 신과 생령이 지은 죄를 빌어야 한다.

수많은 사람들이 죄를 일방적으로 빌고 있지만 죄를 받아주고 하늘께서 용서하여 준다는 것인지는 알 수가 없다.

각자의 영들을 창조한 영의 부모님도 하늘 자미천황님이시고, 영들의 죄 사면권을 행사하시는 분도 하늘 자미천황님뿐이신데 세상 어느 누구도 이런 진실을 알 수가 없었다.

죄를 빌라고 하는 것은 자신들이 세상을 살아가면서 지은 죄도 빌어야 하겠지만 하늘과 조상님, 신, 생령의 존재를 몰라보고 무시한 원초적인 큰 죄부터 먼저 빌라는 뜻이다.

물론 인간세상 살아가면서 지은 죄도 열심히 빌어야 한다. 하지만 그것은 죄가 작다. 원초적인 죄는 한두 번 빌어서 되는 것이 아니고 육신이 살아서도 죽어서도 끊이지 않게 빌어야 한다. 각자의 신과 영들이 억만 겁(43,200경 년=4해 3경 2천조 년)의 세월 동안 하늘께 잘못 행한 것이 너무 많기 때문에 몇 번 빌어서는 통하지도 않는다.

죄를 빌 때는 자신의 죄를 사면해 주실 수 있는 죄 사면권자인 하늘 자미천황님께 자미국에서 빌어야 하고 죄를 사면해 주신다는 것인지에 대한 응답의 말씀을 들어야 한다. 인간육신이 지은 죄는 100년 미만의 작은 죄이지만 영들이 지은 죄는 억만 겁이다.

자신의 죄를 용서 빌고 응답을 받을 수 있는 전 세계 유일한 곳이다. 죄를 살아생전에 빌어서 용서받지 못하면 육신이 죽는 순간 축생계, 아귀계, 지옥세계로 떨어질 수밖에 없다.

인간육신이 살아서 하늘 자미천황님께 죄를 용서 빌어 사면받을 수만 있다면 그 두렵고 무서운 축생계, 아귀계, 지옥세계로 떨어지지 않고 천상궁전으로 올라가서 편히 지내고 윤회의 굴레에서 완전히 벗어날 수 있는 특권이 부여된다.

죄를 열심히 빌어서 두터운 죄업이 얇아지면 그만큼 하늘이 내려주시는 복록을 자연스럽게 받고 살 수 있다. 가장 두터운 업장의 죄가 하늘을 찾지 않고 몰라보며 무시한 채 살아온 죄이며 다음이 육신의 부모조상님과 자신의 몸 안에 신과 생령을 찾지 않은 죄이다.

밤낮으로 억만년 동안 죄를 빌어도 죄 사면권자이신 자미천황님의 윤허가 없으시면 전생과 현생의 죄를 용서받지 못한다. 하늘께 죄를 빌어서 사면받을 수 있는 자미국이 있음에 독자 여러분과 신, 생령, 조상님들은 세세생생 수십억만 년 동안 매일같이 무한한 감사를 올려도 모자란다고 하신다.

이곳에서 하늘께 죄를 빌 수 있다는 것은 억겁(4경 3조 2천조 년)의 인연이 있어야 가능하기 때문이다.

전 세계 어디를 가도 하늘의 음성을 들을 수 있고, 죄를 용서 빌어 사면받을 수 있는 곳은 그 어디에도 없다. 그래서 이 책을 읽어보고 공감하고 감명받아 의식을 행하여 하늘의 음성을 들을 수 있음은 인간으로 태어나서 선택받는 가장 큰 행운아인 것이다.

독자 여러분이 원하고 바라는 인간사의 모든 소원은 억겁의 세월 동안 지은 자신의 죄를 빌어 하늘로부터 사면받아야만 이루어질 수 있다. 죄를 빨리 사면받으면 그만큼 복록도 빨리 받을 수 있고, 죄가 크면 그만큼 세월이 더 걸리므로 각자의 죄 사면 시기도 모두 다르다 보니 복록을 받음도 각자 다를 수밖에 없다.

죄를 빌면 빌수록 두터운 업장이 얇아지게 되므로 그만큼 죄가 소멸되어 인생살이가 편해질 것이다. 이제 자신들의 삶이 왜 고통스러운지 이해가 된 사람들은 하늘께 뽑힌 행운아 중의 행운아이고 이번 면책 기회를 놓치면 억만 겁을 후회한다.

세 가지 죄가 풀리지 않아서 인생이 고통스러운 것이니 인정하는 사람들은 방문하고, 자신의 죄가 없다고 생각하는 사람들은 하늘의 면책을 받을 필요가 없다.

하지만 현재 살아있는 70억 인류뿐만이 아니라 이미 태어났다가 죽은 모두가 죄인들이라고 하시며 지구에서 하늘께 죄인이 아닌 자는 단 두 명뿐이라고 하신다.

육신이 살아서 죄를 빌 수 있고 하늘께 죄를 사면받을 수 있다 함은 감히 상상도 못해 본 일이니 이 또한 경천동지할 일이다. 자미천황님께 죄를 빌어 사면받으면 무서운 축생계, 아귀계, 지옥세계로 떨어져서 억겁의 세월 동안 형벌을 받지 않으며 천상궁전 자미천궁으로 올라가서 시종과 시녀를 두고 살아가게 된다.

지옥세계를 면하게 해주시는 위대하신 자미천황님이 최고의 구원자이시고 면죄받게 천상의식을 행해주는 지구 상 유일한 곳이다. 복을 비는 것보다 죄를 먼저 빌어야 인생의 얽힌 문제가 풀리기 시작한다. 죄를 지어온 세월이 길고도 길다.

너무나 오랜 세월 동안 위대하신 하늘을 몰라보고 무시한 죄를 지어왔기에 하루아침에 모든 죄가 사면되기는 쉽지 않다. 물론 각자 나름대로 죄를 빌은 세월도 있고, 죄업의 두께가 모두 다르기에 면죄받는 시간 차이도 많이 난다.

# 죄부터 먼저 사면받고 살아야

전생과 현생에 지은 죄를 빌고 자신의 신과 생령, 사령(조상님)을 먼저 구하고 살아야 한다.

살아 계신 부모님 봉양 지극하게 하고, 돌아가신 조상님 정성껏 받들고, 천상세계의 주인이시고 인간, 조상님, 신, 영들의 생사여탈권을 쥐고 계신 자미천황님께 전생의 죄와 현생의 죄를 빌어 사면받는 것이 하늘이 주시는 가장 큰 천복이시다.

인간들이 가장 원하고 바라는 큰돈과 높은 권력, 높은 명예가 전부가 아니라 자미천황님께 구원받아 지옥세계, 아귀계, 축생계, 아수라계로 태어나는 것을 면하는 것이 가장 큰 사랑이자 천복인 줄도 모르고 돈복만 많이 내려달라며 빌고 있다.

위대하신 하늘께는 죄를 빌 수 있게 인간으로 태어나게 해주신 감사함과 육신이 살아서 이 책을 보게 하여 주심에 대한 감사함, 성공하고 출세한 삶에 대한 감사함을 올리고, 죄를 빌어서 하루라도 빨리 구원받아 천상입궁을 예약해야 하는데 어리석게도 100년 미만의 짧은 행복을 위하여 돈복을 내려달라고 빌고 있으니 하늘이 진노하실 일이고 조상님과 신, 영이 뒤집힐 일이다.

죄를 빌 수 있게 인간으로 태어나게 해주신 마지막 기회를 주신 하늘의 사랑과 배려도 몰라보고 소원타령, 권력타령, 재물타령, 건강타령, 출세타령, 성공타령, 행복타령, 복타령만 하고 있는데 이는 죄인의 신분을 망각한 못난 행동이다.

전생과 현생의 죄업이 태산처럼 쌓여 있는데 의식비용 준비했다고 해서 인간, 신, 생령, 조상님들이 하늘께 무조건 구원받는 것이 아니다. 자미국에서 행하는 천상의식은 자신들이 평생 번 재산을 몽땅 올려서 행해도 작다고 할 만큼 아주 대단한 의식이다.

재산이 많고 벼슬이 높다는 것은 그만큼 갚아야 할 전생의 죄와 갚아야 할 빚이 많다는 것을 현실로 보여주는 것인데도 사람들은 벼슬이 높고 돈이 많으면 자랑하고 싶어 하며 자만, 교만, 거만이 가득한 채로 하늘을 몰라보고 무시한 죄는 빌지 않고 있다.

하늘과 땅이 함께 세우는 자미국의 천지대업에 참여하지 않는 사람들 중에서 축생계, 아귀계, 지옥세계로 마지막 길 떠나는 사람들에게 마음껏 먹고 쓰며 놀라고 내려주신 하늘의 배려이지만 사람들은 이런 무서운 진실을 알지 못한다.

지금이라도 이 책을 읽고 뉘우치며 반성하고 깨달았거든 속히 자미국에 들어와서 자미천황님께 전생과 현생의 죄를 빌어야 하고 빚을 갚아야 축생계 윤회와 지옥세계를 면한다.

자신들이 하늘의 대역죄인 신분인 줄도 모르고 끝없이 하늘께 복을 달라고 빌은 죄, 하늘을 찾지 않고 몰라보며 무시한 죄, 조상님을 몰라보고 무시한 죄, 자신의 신과 생령을 찾지 않고 몰라본 죄, 하늘을 팔아먹은 죄, 조상님을 팔아먹은 죄, 부모조상님을 박대한 죄, 하늘과 조상님을 능멸하고 속인 죄를 용서 빌어서 사면받아야 한다.

부정비리를 저지른 죄, 뇌물을 받은 죄, 금품수수하고 청탁받은 죄, 사령(조상님)을 구원하지 않은 죄, 신과 생령을 구원하지 않은 죄, 낙태 유신시킨 죄, 알고도 지은 죄, 모르고 지은 죄, 살생한 죄, 마음으로 지은 죄, 행동으로 지은 죄를 진정으로 뉘우치며 반성하는 모습을 보여주어야 하늘께서 구원해 주신다.

자미국 의식에 참가해서 몰라서 그랬다고 영의 부모님이신 자미천황님께 변명하지 말고 무조건 '예, 잘못했습니다. 다시는 안 그러겠습니다. 잘못을 인정하고 죄를 비니 용서해 주세요'라고 해야 한다. 하늘 앞에 변명은 일체 필요 없다.

변명은 인간세상에서나 필요한 것이지 하늘께서는 들어주지도 않고 인정해 주시지도 않는다. 자신의 죄를 인정하지 않고 끝까지 변명하는 것은 하늘을 능멸하는 것이고 하늘께 대드는 격이 되기 때문에 구원 자체가 무산되고 의식이 중단되는 불행한 사태가 일어난다.

몸 안에는 존재를 알 수 없는 수많은 신과 영, 조상님, 따라 들어온 수많은 잡귀들이 함께하고 있어서 인간들이 무조건 잘못했다고 죄를 인정해야 몸 안에 있는 존재들도 인간이 말하는 대로 따라서 죄를 빌 때 구원이 이루어진다.

인간육신과 몸 안의 조상님과 신, 영들이 모두 사면받아야 인간의 삶이 행복하게 변한다. 저자를 통하여 여러분의 죄를 빌어야 하늘께서 죄업을 사면해 주시고 천상 자미천궁의 문을 열어주신다.

육신이 살아서 지은 죄를 사면받을 수 있다는 것은 인류 최초의 경천동지할 일이고 하늘의 행운아, 인생의 행운아가 되는 길이다.

죄인들은 하늘께서 내려주시는 사랑과 복을 받을 수 없기 때문에 저자를 통하여 죄를 비는 자체가 광영이고 행운아인 것이다. 어느 누가 죄를 사면받게 해주겠는가? 죄를 빌어 사면받은 자들만이 하늘께 구원받을 수 있다는 진실은 아무도 모른다.

인간육신이 살아서 죄를 용서 빌어 사면받으면 천상세계의 문이 활짝 열려 행복한 세상에서 살게 되고, 죄를 빌지 않으면 지옥세계 명부전의 문이 활짝 열려서 가혹한 형벌을 받게 된다. 지옥세계에서 받는 형벌은 드라마 사극에서 죄인을 모질게 국문하는 형장의 모습보다 몇천 배 더 참혹하고 끝없이 이어진다.

전생과 현생을 살면서 죄를 짓지 않은 자들이 없다. 이 세상이 끝이 아니고 어느 날 갑자기 사후세계 지옥문이 활짝 열릴 것이니 머뭇거리지 말고 육신이 살아있을 때 죄를 먼저 용서 빌어 사면받고 살아가야 한다. 구원받지 못한 인간, 신, 생령들은 육신이 죽으면 모두가 지옥세계 명부전에서 가혹한 심판을 받는다.

살아서 죄를 빌어서 용서받을 것인가, 아니면 죽어서 지옥세계 명부전의 가혹한 형벌을 끝없이 받을 것인가?

살아생전에 죄를 빌어 사면받으면 지옥세계 명부전에 떨어져 가혹한 형벌을 받지 않고 천상 자미천궁으로 즉시 천상입궁하게 되는 특혜를 받는다.

## 하늘을 배신한 역천자와 도망자

마지막 불꽃을 태우고 있는 인간세상.

천상세계가 아닌 이 세상에 태어났다 함은 무슨 의미인가? 인간으로 태어난 최초의 진실이다. 현재 70억 인류와 이미 왔다간 조상님들 모두가 하늘을 배신하고 도망친 자들과 천상법도를 어긴 죄로 인하여 하계로 쫓겨난 자들이 인간이라고 하신다.

천상세계에서 도망치고 인간세계로 쫓겨난 죄인들인데 이러한 진실을 잊어버리고 죄는 빌지 않고 잘 살기에만 급급하다. 죄를 알려주는 지도자가 없어서 죄의 심각성을 몰라보며 살고 있다. 하늘로부터 전생에 지은 죄를 용서받을 것인가 말 것인가? 축생이 아닌 죄를 빌 수 있는 인간으로 태어났다는 것은 행운아이다.

이제 이 세상에서 죄를 빌어 용서받지 못한 자들은 천상세계로 돌아갈 길이 영원히 없어지고 기다리는 곳은 지옥세계 형장뿐이다. 죄의 진실에 대하여 이 책을 읽고 뉘우친다며 각자들이 집안에서 열심히 빌어봐야 하늘에 올라가지 않는다.

자미국에 들어와서 정식으로 의식을 행해서 빌어야 천상에서 지은 죄를 용서받을 수 있다. 자신들이 지은 죄를 빌면 용서를 받아주신다는 것인지 여부를 하늘의 말씀을 통하여 들어봐야 한다. 혼자서 비는 것은 아무런 응답을 받을 수가 없다.

인간들이 모두 죄인들이란 엄청난 진실 앞에 당혹스러워할 독자들이 대다수일 것이다. 죄가 얼마나 무서운 것인지 현실감을 느끼지 못하며 살아가고 있다. 무슨 죄를 지었는지 하늘께서 가르쳐주시는 죄를 용서 빌어야 사면받는다.

돈 많이 벌고 높은 벼슬자리에 올라서 잘 먹고 잘살려고 인간으로 이 땅에 태어난 것이 아니라 전생의 죄를 용서 빌어 다시 천상세계로 돌아가기 위하여 인간으로 태어났다는 점을 인류 최초로 밝힌다. 법 없이도 살아갈 정도로 아무리 착하게 살아가고 있다 할지라도 인간의 모습을 하고 있는 그 자체가 하늘에 죄인들이다.

선행을 베풀고 주위 사람들로부터 선망의 대상이 되고 있다 한들 그것으로 전생(천상세계)에서 하늘을 배신하고 도망친 죄를 대신할 수 없고 천상에서 지은 역천자의 죄를 대신할 수 없다는 점이다.

살아서 죽을 때까지 죄를 빌고 빌어도 끝이 없는데 진실을 알려주어도 죄를 빌기보다는 자신들 출세하고 성공하는 데만 눈이 멀어 있으니 구제불능의 죄인들이다.

각자들이 무슨 죄를 짓고 이 땅으로 쫓겨났는지 그 진실은 자미국에 들어와서 정식으로 의식을 행해서 하늘의 말씀을 들어봐야만 자세한 진실을 알 수 있다.

인간육신이 돌아가신 조상님들께 지은 죄를 빌고, 살아생전 하늘을 몰라보고 무시하며 조상님들을 팔아먹은 죄도 빌어야 한다.

조상님들은 하늘에서 지상으로 도망친 죄와 하늘을 배신하고 역천한 전생의 죄 그리고 현생을 살다가 지은 죄를 빌어서 용서받게 해서 천상세계로 다시 돌아가게 해드리는 의식이 전 세계 유일한 조상님 천상입궁의식이다.

자신의 죄는 빌지 않고 잘되게 해달라는 의식은 이 역시 자신이 대역죄인이라는 신분도 몰라보고 하늘을 능멸하는 역천 행위이다. 인생사의 풀리지 않는 답답한 문제는 죄를 빌어 죄가 하나씩 소멸될 때마다 자연적으로 풀리게 된다.

그리고 지신의 신과 생령들이 천상에서 하늘께 지은 죄를 비는 의식이 천인합체의식인데 하늘께서 허락하시어야만 의식을 행할 수 있다. 용서를 빌어도 모두 받아주시지 않기 때문에 아무나 죄를 빌 수 없다. 용서받을 죄가 있고 용서받지 못할 죄가 있다.

하늘의 마음과 하늘의 맑고 깨끗한 피가 흐르는 순수한 자손과 죄의 경중에 따라서 천인합체의식 윤허 여부를 정해 주신다. 하늘은 의식을 행하려는 자들의 마음이 순수한지, 죄를 진정으로 용서 빌 마음이 있는지 여부를 미리 알고 계신다.

조상님들의 천상입궁의식을 행하여 죄를 빌어 사면받으면 조상님들은 조상님 신분에서 천손 신분으로 바뀌고, 육신은 인간(죄인) 신분에서 자미국 백성(하늘백성) 신분이 주어진다.

그리고 천상입궁의식 때 천인합체를 윤허하여 주시면 별도로 천상의식을 행하여 죄를 용서받아 주시면 하늘께서 그 증표로 ○○천인이란 관명을 내려주신다. 죄가 면죄되었음을 관명으로 내려주신 것이고, 천인들은 육신이 수명을 다하고 죽으면 지옥세계가 아닌 원래의 고향 천상 자미천궁으로 다시 돌아갈 수 있다.

살아서 착한 일 많이 했다고 천상세계 올라갔으리라 생각하고 있는 사람들이 거의 전부인데 하늘에서 죄를 용서해 주신다는 말씀도 없으신데 누구 마음대로 천상으로 올라가나?

그리고 도판에서 도통하려고 수많은 사람들이 기 수련하고, 도를 닦은들 무엇하겠는가? 다 부질없는 일이다. 죄를 빌지 않고 도통해서 무엇하려는가? 이제 죄인들의 굴레에서 벗어나 천상으로 오르려면 땅에 있는 자미국을 찾아야 한다.

비록 천상세계 법도를 어겨서 인간세계로 쫓겨난 죄인과 도망자 죄인들 신분이지만 인간 몸 안에 있는 신과 영들에게 하늘께서는 언제라도 뉘우치며 죄를 진심으로 빌어 천상 자미천궁으로 올라오기를 오늘도 기다려주고 계신다.

하늘께서 창조하신 신과 영들이기에 죄를 빌면 받아주시겠다는 영의 부모님의 마음은 항상 자애롭고 한결같으시다.

## 인간세상은 하늘이 내신 시험장

왜, 수많은 동물 중에서 사람으로 태어났는지 궁금할 것이고 죽어서 어디로 갈 것인지가 가장 두렵고 무서울 것이다. 왜 태어났을까?에 대한 정답이다.

죄를 빌고 천상으로 다시 올라올 기회를 주시고자 마지막 사랑을 내려주신 것이 인간세상이다. 죄를 빌라고 인간으로 태어나게 해주었더니 죄는 빌지 않고 한세상 잘 먹고 잘살려는 생각만 하고 있는 것이 현재 인류 모두의 잘난 모습들이다.

인간세상은 하늘이 내신 구원의 시험장인데 전생(천상세계)에서 하늘에 지은 죄는 빌지도 않고, 돈 많이 벌고 권력 잡아 부귀영화 누리며 한세상 잘 살려는 생각만 하고 있다.

인간으로 태어나서 죄를 빌라는 하늘의 말씀을 무시하고 잊어버린 채로 망각의 세월을 살아가고 있는 인간, 조상님, 신, 영들은 촌각이 급하니 서둘러 죄를 빌어야 한다.

인간으로 태어난 자체가 죄인이란 신분임을 몰라보고 복을 내려달라고 기도하는 수많은 사람들이 오늘도 엄청난 죄를 짓고 있다. 복 달라고 기도하는 자체가 죄이다.

인간세상이 구원의 시험장인데 하늘께 복을 달라고 기도하는 것은 구원 대상에서 탈락할 정신 못 차린 죄인들이다. 마음으로 고통을 받는 것, 질병으로 고통받는 것, 구속으로 고통받는 것은 살아서 지옥세계를 미리 보여주는 것이다. 자미국을 통하여 죄를 빌어서 용서받을 수 있음이 가장 성공 출세한 인생을 사는 것이다.

세상에서 수많은 사람들이 부자와 권력자의 삶을 부러워한다. 하지만 천상에서 지은 전생의 죄를 하나라도 더 비는 것이 인간으로 태어난 사명

(죄를 비는 것)을 완수하는 길이다.

하늘에 복을 달라고 비는 것이 아니라 죄를 용서해 달라고 빌어야 한다.

천상 자미천궁에서 살고 있어야 하는데 죄를 지어 천상에서 쫓겨나 인간으로 태어났으니 천상세계에서 지은 죄를 자미국에서 열심히 빌어 다시 천상으로 올라오라는 하늘의 말씀이시다.

하늘은 죄인들까지도 배신하시지 않고 이제라도 죄의 진실을 알고 인정하며 진정으로 죄를 빌면 하늘께서는 받아주신다. 하지만 용서받지 못할 죄인들까지 다 구원해 주시지는 않으신다.

인간으로 태어나게 해주심은 천상에서 지은 죄를 빌라고 인간으로 태어나게 마지막 기회를 주시며 배려해 주신 하늘의 크나큰 사랑이신데 재벌총수, 대통령, 고위공직자, 부자, 권력자, 정치인이 되는 것이 인생의 목표로 바뀌었다.

당사자들이 더 잘 알고 있을 테지만 부자와 권력자들이 지은 죄가 크다. 이들에게 숨겨진 천상의 비밀이 있는데 이 세상에서 가장 많은 죄, 가장 큰 죄, 거짓말을 가장 많이 한 죄, 수단 방법 안 가리고 죄를 지은 사람들이라는 점이다.

천상장부에 기록된 수많은 죄목들이 있다. 하늘 무서운지 모르고 돈이 많고 벼슬이 높아 잘났다며 사는 사람들이다. 이들이 현재의 자리에 오르기까지에는 수백 수천 가지의 죄를 지었다.

당사자들은 무슨 죄를 지었는지 죄의식도 느끼지 못하고 부귀영화 누리는 것에만 만족해 한다. 부자, 권력자들 모두 하늘의 시험에 들어 있는 것임을 최초로 밝힌다.

이번 생에 자미국에 들어오지 않아 구원받지 못하는 신과 영들은 축생계, 아귀계, 끝도 없는 형벌이 기다리는 고통의 지옥세계로 들어가서 억만겁의 벌을 받고 살아가야 한다.

지구는 분명 아름다운 별이지만 인간, 신, 생령, 조상님, 동물, 미물, 곤충들의 교화소, 구치소, 교도소이다. 말 그대로 천상에서 죄를 짓고 지구로 쫓겨나서 벌을 받고 있지만 하늘의 높고 귀한 진실을 알아보는 이가 없었다.

하늘을 몰라보고 무시한 죄도 빌지 않고 살아가는 인간들에게 하늘은 마지막으로 죄를 빌 수 있는 기회(자미국)를 주시어 천상으로 다시 돌아올 수 있는 길을 열어주고 계신다.

자손들이 조상님 구원 천상입궁의식을 행하면 가장 먼저 구치소에 수감 중인 죄인(독자들의 수많은 조상님)들을 자미국으로 불러들여 전생의 죄를 밝혀주고 죄를 빌라고 가르쳐준다.

교화되는 조상님들은 천상세계로 돌아갈 수 있고 교화가 안 되는 조상님들은 구치소가 아닌 교도소(지옥세계)로 떨어지게 된다. 사람들의 눈에는 사후세계 모습이 보이지 않기 때문에 지옥세계가 얼마나 무서운지 실감이 안 날 것이다.

조상님들의 구원 역시 그 후손의 육신이 살아있어야 하는데 절손된 가문이 많다. 얼마나 죄가 크면 후손의 핏줄이 끊어졌을까? 아직 육신이 살아있을 때 자미국에서 발행한 책을 읽어보는 것은 경사스런 일이고 하늘의 행운아, 인생의 행운아이다.

천상에서 죄를 지어 지구로 쫓겨나면 죄의 크고 작음에 따라서 인간, 동물, 뱀, 미물, 곤충으로 탄생한다. 인간으로 태어났더라도 고통받는 가정이나 힘든 직업을 갖게 되고, 죽을 때까지 죄의 대가로 고생만 하다가 일생을 마치게 된다.

죄를 빌라는 하늘의 말씀을 받들지 않으면 불행이 끊이지 않고, 윤회의 굴레를 벗어나지 못한다는 진실을 알아야 한다. 이 세상에 존재하는 모든 인간, 가축, 동물, 뱀, 조류, 어류, 미물, 곤충들은 천상에서 하늘을 몰라보고 무시한 벌을 받고 있는 죄인들의 모습이다.

자연 속에 살아있는 축생, 동물, 뱀, 미물, 곤충들을 바라보며 너희 인간들도 살아서 죄를 빌어 구원받지 못하면 다음 생에는 이들처럼 태어난다는 것을 현실로 보여주시는 것이다. 마지막으로 죄를 빌 수 있는 기회를 무시하고 끝까지 하늘을 몰라보고 무시하면 축생계나 지옥세계로 떨어지는 것은 어느 누구도 막을 수 없다.

도망자와 역천자들이 죄를 빌지 않아 죄인들의 굴레를 벗어나지 못해서 윤회한 축생, 동물, 뱀, 미물, 곤충들을 인간들에게 눈으로 보고 들으라고 형상으로 알려주시는 것이며 인간들을 교화시키기 위한 학습교재로 이들을 탄생시키셨다.

집에서 기르는 애완동물인 개, 고양이, 새는 물론 산과 들에서 살아가는 천지의 모든 생명체가 전생에는 지상에서 인간으로 살다가 하늘께 죄를 빌지 않아서 축생계로 태어난 모습들이다.

음식으로 즐겨 먹는 소고기, 돼지고기, 닭고기, 오리고기, 개고기, 물고기들이 인간들에게 살육당하고 있는 모습이 죄를 용서받지 못하여 인간들에게 끝없는 죽임을 계속 당하는 지옥세계의 형벌 장면을 현실에서 보여주시는 것이다.

바퀴벌레, 개미, 파리, 모기로 태어나는 영들도 수없이 많다. 자연의 생명체를 통하여 죄를 지으면 저렇게 동물, 뱀, 미물, 곤충으로 태어난다는 것을 현실로 보여주시며 수많은 인간들이 깨달으라는 것인데 이런 위대한 하늘의 진실을 전하는 지도자가 없어서 그저 한세상 왔다가 잘 먹고 잘살다가 죽으면 그만이라며 자만하고 있다.

인간육신으로 태어나 살아서 이 책을 볼 수 있음은 행운 중의 행운이다. 자미국을 통하여 죄를 빌 수 있는 마지막 기회를 주심이니 망설이지 말고 즉시 하늘의 말씀을 받들어 전생의 죄와 전생의 빚을 속히 갚아서 가축, 동물, 뱀, 미물, 곤충으로 태어나는 무서운 윤회의 고리를 먼저 끊어 놓고 살아가야 한다.

현생에 인간으로 태어난 것은 하늘을 몰라보고 무시한 죄를 빌 수 있는 유일한 기회를 주신 하늘의 사랑이란 진실을 세상 어느 누가 알겠는가? 천상에서 하늘 자미천황님을 배신한 역천자 죄인들의 모습이 현생을 살고 있는 독자 여러분 인간을 비롯해서 가축, 동물, 뱀, 미물, 곤충이라는 무서운 진실을 전한다.

집에서 기르는 개, 고양이, 새 같은 애완동물들이 사람을 잘 따르고 사람 말을 알아듣는 이치를 어디까지 알고 있을까? 이들의 모습은 현재 짐승이지만 전생에는 인간이었다. 그랬기 때문에 사람들이 하는 말을 잘 알아듣는 것이다.

애완견들이 슬퍼하며 눈물을 흘리는 불쌍한 모습을 가끔 볼 수 있을 것이다. 이것은 자신의 전생을 회상하며 통한의 눈물을 흘리는 모습이다. 그래도 개의 몸으로 태어나 집에 애완견으로 살아가고 있는 신과 영들은 선택받은 윤회이다.

뱀으로 윤회하고 쥐, 소, 범, 토끼, 말, 양, 원숭이, 닭, 개, 돼지, 고양이, 두더지, 지네, 물고기, 새, 송충이, 바퀴벌레, 개미, 파리, 모기, 하루살이 등으로 윤회한다. 이들도 전생에 인간이었다가 하늘께 구원받지 못하여 천상으로 오르지 못한 불쌍한 존재들이다.

지금까지는 천상세계로 돌아가는 방법을 몰라서 짐승이나 곤충으로 윤회할 수밖에 없었지만 이제는 자미국을 통해 신과 영들이 하늘의 구원을 받아 천인합체를 행하여 천인으로 탄생하면 죽어서 짐승의 몸으로 윤회하지 않고 천상궁전 자미천궁으로 즉시 올라갈 수 있다.

자미국을 통하여 하늘이 주신 마지막 구원의 기회(천상입궁, 천인합체)를 놓치면 인간의 삶이 끝나면 이 세상에 존재하는 모든 짐승과 곤충, 벌레로 윤회할 수밖에 없다.

이미 여러분의 돌아가신 조상님들도 이런 모습으로 윤회하여 있거나 지옥세계에 떨어져서 모진 형벌을 받고 있기 때문에 아직 후손이 살아있다면 먼저 가신 조상님들부터 구원해 드림이 자손의 근본 도리이다. 조상님들을 구원하는 의식이 천상입궁의식이고 자신의 몸 안에 신과 영들을 구원하는 의식이 천인합체의식이다.

천상입궁의식과 친인합체의식은 어러분이 행해도 그만, 안 행해도 그만이 아닌 여러분과 조상님들의 현생과 사후세계 운명이 천지개벽하는 중차대한 문제이기 때문에 구원의식은 근본 도리이자 의무사항이다. 천상궁전 자미천궁으로의 입궁은 자미국을 통해서만 가능하다.

교회를 80년 다녀도 구원받지 못했고, 절에서 1천 년을 빌어도 구원받지 못하고 빌고 있는 조상님들의 모습이 이를 잘 증명해 주고 있다. 오직 자미국을 통해서만 조상님과 신, 영들이 구원받아 꽃피고 새 우는 천상궁전 자미천궁으로 올라갈 수 있다.

제2부

# 천상입궁

태어나서 가장 잘하는 일
천륜을 어기면 재앙이 내린다
조상님들의 죄를 비는 천상입궁
조상님들의 소원은 오직 한 가지
낙태 유산 영가의 지주
신과 생령들의 죄를 비는 천인합체
대단한 천상의식
조상님이 복주머니이다
자빠지는 무서운 기운의 정체
천제(天祭)

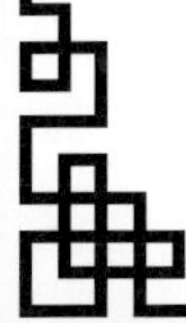
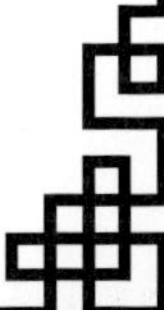

## 天 태어나서 가장 잘하는 일

천상에서 지은 죄에 대한 면책의 사명을 완수하고 올라오라며 인간세계로 내려온 신과 영들이 인간 몸 안에 있다. 죄인(신과 영)들이 지은 죄도 특단죄인, 상단죄인, 중단죄인, 하단죄인으로 저마다 죄를 지은 등급이 천차만별 다르다.

비록 천상세계에서 죄를 지어 그 벌로 인간세계로 쫓겨온 죄인들의 신분이지만 이 책을 읽고 깨달은 인간 몸 안에 있는 존재들은 천상 자미천궁으로 다시 올라갈 수 있는 마지막 기회를 잡은 행운아라는 것을 알고 구독해야 한다.

만물의 영장이 인간이라 하지만 정말 인간으로 태어나면 안 되었던 것이다. 천상세계에서 신선선녀(천인)로 영생을 누리며 살고 있었어야 하는데 죄를 짓고 벌을 받아 인간세계로 쫓겨서 내려왔거나 인간세계가 너무나 궁금하고 그리워서 하늘 자미천황님의 허락도 받지 않고 도망쳐 나온 존재들이다.

인간육신들은 100년 이내에 잘 살든 못살든 죽어야 하는데 인간육신이 죽기 전에 하늘이 내리시는 죄 사면을 받아야 천상세계로 올라갈 수 있다. 육신 없이는 하늘께서 내리신 구원받을 수 있는 면책의식(천상입궁)을 행할 수 없기 때문이다.

천상에서 지은 벌에 대한 면책(죄 사면)을 인간육신과 함께 이번 생애에서 받지 못하면 육신이 죽음과 동시에 축생, 동물, 뱀, 미물, 곤충으로 태어나거나 억만 겁의 세월 동안 허공중천을 떠돌거나 형장이 기다리는 지옥세계로 떨어져야 한다.

인간세상의 부귀영화에 재미를 붙이고 눈이 멀어서 인간과 함께 동고동락하고 있는 신과 영들이 육신을 굴복시키지 못해서 자미국에 들어오지 못하면 천상으로 오르지 못하고 지옥세계로 떨어지고 축생계의 몸으로 들어가서 태어난다. 이 세상은 인간, 조상님, 신, 영들에게 구원받을 수 있는 마지막 기회로 내려주신 면책의 시험장인데 하늘로부터 받은 사명을 망각하고 있다.

인간육신이 죽는 순간 끔찍한 형벌이 기다리고 있는 줄도 모르고 자만, 교만, 거만으로 가득 차 있다. 조상님과 신, 영들도 재물과 권력, 명예를 좋아하고 있지만 다가오는 죽음 이후에 가혹한 형벌이 기다리고 있음도 알아야 한다.

인간육신이 깨우치든 이분들이 정신 차려서 자미국에 방문해 면책(천상입궁 윤허)을 하루속히 받아놓고 마음 편히 살아야 한다. 인간육신이 어느 날 갑자기 죽을지 모르기 때문이다. 육신이 죽고 나서 천상 자미천궁으로 입궁은 불가하다.

인간육신이야 잘살든 못살든 길어봐야 100년의 세월밖에 살 수 없어서 인생의 고통을 받더라도 육신이 살아있는 잠시 동안만 참고 견뎌내면 되지만 조상님, 신, 영들에게는 헤아릴 수 없는 사후세계의 모진 고통과 형벌이 기다리고 있다.

인간육신들이 우환, 질병, 암, 우울증, 불면증, 구속, 슬픔, 괴로움, 불행으로 고통받고 사는 것은 몸 안에 있는 분들이 인간육신을 굴복시켜 하늘로부터 면책을 받게 하고자 아주 다급하게 보내는 긴급 메시지라는 것도 알아야 한다.

긴급 메시지를 무시하면 줄초상과 사건사고로 이어져 가문이 풍비박산이 나서 멸문당한다. 지금 현재 각자들이 물질적 정신적으로 고통받고 있는 것도 구원을 호소하는 메시지이다.

인간육신들은 눈에 보이는 것과 들리는 것만 인정하기에 육신의 고집을 꺾기가 너무 어렵게 되자 온갖 조화를 부려 인생을 뒤집어서 아픔을 주고 있다.

절박한 고통을 몰라보고 인간육신들만 편히 잘살기를 바라고 있으니 각자의 인생이 어찌 뒤집어지지 않겠는가? 세상 어느 누구도 알 수 없는 최초 비밀이다.

이제까지 진실을 몰라보고 외면하며 살아왔기에 인생이 뒤집어지고 풍파가 멈추지 않고 있는 것이다. 이분들의 소원은 오직 하나이다. 자신이 이 땅으로 내려오기 전에 살았던 천상궁전 자미천궁으로 다시 올라가는 천상입궁이 유일한 소원이다.

인간들의 죄는 법에서 심판하고 벌을 주지만 조상님, 신, 영들의 심판과 면책의 죄 사면권은 하늘 자미천황님께서만이 행사하시기에 생사여탈권을 행사하시는 하늘께 면책을 받으려면 책을 읽고 자미국으로 속히 들어와야 한다.

세상 그 어느 곳에서도 면책을 받을 수 없다. 그래서 자미국이 전 세계에서 최고로 대단하다고 하는 것인데 인간, 조상님, 신, 영들이 알아듣지 못하고 있다.

육신이 살아있는 동안은 재물과 권력, 명예가 최고이지만 육신이 죽는 순간 모든 것이 물거품이 되고 태산 같은 재물과 권력은 아무짝에도 쓸모없는 무용지물이 된다.

죽어서 울부짖으며 잘못했다고 살려달라 생전의 죄를 용서 빌며 찾는 존재는 위대하신 죄 사면권자이시고 생사여탈권을 행사하시는 구원자이신 자미천황님 한 분뿐이다.

인간육신을 늦게 데리고 들어오면 면책받으려 기다리는 세월이 너무 길어서 육신이 먼저 죽어버릴지도 모른다. 육신이 죽으면 면책받을 수 있는 길이 사라진다.

자미천황님으로부터 죄 사면의 면책을 받을 수 있는 인원이 하루에 1명으로 제한되어 있기 때문이다. 천상입궁의식 시간이 6~8시간 정도 걸리므로 하루에 1명 이외에는 죄 사면의식을 행할 수 없다. 그러므로 하루라도 늦게 들어오면 언제 면책받는 날이 잡힐지 모른다.

1년에 면책을 받을 수 있는 한계인원이 제한되어 있고 자미국의 위상이 높아질수록 기다려야 하는 시간은 더 길어질 수밖에 없다는 점을 염두에 두어야 한다.

인간의 노력으로 안 되는 불가사의한 일들과 상상을 초월하는 인간사의 아픔과 고통, 불행은 자미국에 들어와야 실마리를 찾을 수 있다. 자기 몸 안에 있는 분들의 생사여탈권을 행사하시는 유일한 면책 사면권자는 위대하신 태초의 하늘이시다.

혹시 날짜가 너무 늦게 잡혀서 그날을 기다리다가 육신이 갑자기 먼저 죽으면 어쩌나 하는 신과 영들의 한숨 쉬는 소리가 들려온다. 면책을 받는 그날까지 제발 살아있어 달라는 간절한 소원이다.

조상님도 자손 잘 만나야 구원받고, 자손도 조상님 잘 만나야 복을 받는다. 또한 신과 영도 인간을 잘 만나야 빨리 구원받고, 인간도 신과 영을 잘 만나야 큰 복을 받는다.

인간육신을 굴복시켜 자미국에 데리고 오지 못해 포기하고 육신을 떠나버려서 인생이 뒤집힌 경우가 대다수이고, 이미 육신이 죽어서 귀신이 되어 축생계로 태어났거나 지옥세계로 떨어져서 통곡의 눈물을 흘리며 고통스러워하고 있다.

자손을 지키지 않고 떠나버린 조상님이 대다수이고, 조상님을 지키지 않고 이용하고 팔아버린 자손 역시도 상당히 많다고 가르쳐주시었다. 이들 모두가 서로 죄인들이라 그 죄를 하늘께 빌어야 한다.

서로가 잘 못 만나면 인생이 뒤집어지고 서로 구원받지 못해서 모두가 고통스럽다.

자미국의 문을 열어서는 천상입궁의식을 행하여 조상님들을 구원하고, 천인합체의식을 행해서는 천상의 문을 열어 하늘의 보호와 사랑을 영원히 받는 자가 인간으로 태어나 사명을 완수한 최후의 승리자이다. 사랑하는 가족들과 천상재회를 할 수 있는 유일한 길이다.

천상에서 말씀하시기를 이 땅에 인간으로 태어나서 가장 잘하는 일이 천상입궁과 천인합체라 하시며 이 의식은 땅이 생긴 이래 최초라 하시고 살아서나 죽어서나 수억만 년 동안 하늘 자미천황님께 매일같이 감사함을 올려도 모자라는 대단한 천상의식이라고 밝히시었다.

# 천륜을 어기면 재앙이 내린다

2012년 9월 26일 자미국에서 조상님 천상벼슬입궁의식 때 귀한 진실을 천상에서 세 분이 가르쳐주시었다.

오늘 의식의 주인공은 50대 중반 남자인데 어머니가 작년 85세에 돌아가시었는데 다섯 살부터 교회에 다니며 권사의 직함을 갖고 있었다고 한다. 장례식 때 목사들이 찾아와서 천국에 편안히 잘 올라가시었다며 말했다고 한다.

자미국에서 행하는 천상입궁의식은 돌아가신 조상님 중에서 대표 조상님의 혼령을 청하여 자손과 만나게 해주는 귀한 상봉시간이 있다. 저자가 주인공의 대표 조상님을 여자 천인의 몸으로 청하자 어머니가 응감하시어 말씀하시었다.

어머니는 살아생전에 자식을 교회에 데려가지 못한 것이 원과 한이 되어서 지금 당장 이곳에서 나가 교회로 가자고 아들을 끊임없이 설득하고 계시었다. 예수나 하나님보다 더 높은 하늘이 계시다고 말하였지만 막무가내였고, 아들(50대)을 교회로만 데려가려 했다.

주인공은 80년을 교회에 다닌 외골수 어머니의 모습을 바라보며 천상 자미천궁으로 올라가시라고 통사정하였다. 그러나 어머니는 끝내 뜻을 굽히지 않았지만 위대하신 하늘께서는 고집쟁이 어머니를 천상 자미천궁으로 구원해 주시는 사랑을 내려주시었다.

위대하신 자미천황님께서는 조상님들이 하늘을 몰라보고 교회가 좋다고 고집을 피워도 사랑으로 구원해 주시는 대단하신 분이시다. 교회는 예수를 믿어야 구원이 된다고 말하지만 하늘 자미천황님께서는 당신을 믿지 않아도 구원해 주시는 대단한 분이시다.

목사들이 장례식에 참석하여 어머니가 천국에 올라가 편히 계신다고 말하여 정말 천국에 올라가 계신 줄 알았는데 여자 천인의 몸으로 함께하신 행동과 말투가 생전에 자신의 어머니와 똑같음을 알아보고서는 분노를 터트렸다.

80년을 교회에 열심히 다니며 헌금도 많이 했기에 천국에 올라가신 줄 알았다면서 허탈해 하며 교회와 목사들을 원망하였다. 80년을 열심히 믿어도 천국에 올라가지 못한다는 진실을 천상의식 때 현실로 보여주는 장면이었다.

지금도 예수와 하나님을 열심히 믿으며 교회에 다니고 있을 수많은 교인들에게 뭐라고 말해 주어야 좋을지 모르겠다. 아마 이 글을 읽고도 인정하지 않고 끝까지 부정할 사람들이 많을 것이다.

종교가 공산주의보다 더 무서운 세계라는 진실을 오늘 처음 알았다. 자식의 말도 믿지 않고, 듣지 않는 주인공 어머니의 모습을 보고 세뇌라는 것이 이리도 무서운지 미처 몰랐었다.

천상에 계신 신명님 하나님 미륵님께서 다른 것은 다해도 좋으나 왜 함부로 아무 세계나 믿지 말라고 말씀하시었는지 오늘 그 위대한 진실을 알게 되어 천만다행이었다.

부모와 자식 사이에 마땅히 지켜야 할 도리가 천륜이다. 부모는 영의 부모님과 육의 부모님이 계시는데 영의 부모님은 인간육신의 눈에는 보이지 않는 하늘 자미천황님이시고, 육의 부모님은 여러분을 이 땅에 태어나게 해주신 조상님들이다.

영의 부모님이신 하늘 자미천황님과 인연을 끊은 인간과 육의 부모님이신 자신의 조상님과 인연을 끊은 인간, 자식과 인연을 끊은 부모조상님들이 천륜을 어긴 독한 자들이라 하시면서 천륜은 하늘 자미천황님도 막지 못하고 끊을 수 없다 말씀하신다.

천륜을 어긴 자들은 하늘과 땅이 벌을 내리시고 자자손손 세세생생 뒤집어져서 고통과 불행의 질곡에서 벗어날 수 없다고 하시며, 천륜을 어긴 독한 인간들은 마땅히 대가를 치르고 당대는 물론 후대 자자손손까지 재앙이 이어질 것이라 하시었다.

하늘(영)의 끈, 조상님(육)의 끈, 자식의 끈을 끊어버린 독한 자들이 지금 살아있는 사람들 거의 전부라는 진실에 대하여 어디까지 인정하고 받아들일지 모르겠다. 세상이 너무나 더럽게 오염되어 천상에서 진실을 가르쳐주시어도 외면하고 있다.

하늘(영)의 끈을 끊은 독한 자들은 과연 누구이고, 조상님(육)의 끈을 끊은 독한 자들은 과연 누구일까? 이들이 모두 나 잘났다는 외골수 사람들이다.

하늘(영)의 끈을 끊은 자들이 절에서 부처만 찾고, 무속에서 신만 찾는 자들이고, 조상님(육)의 끈을 끊은 자들이 성당과 교회에서 예수와 하나님만 찾는 자들이라 하신다.

조상님만 섬기면서 하늘을 섬기지 않는 불교인과 무속인, 하늘만 섬기면서 조상님을 섬기지 않는 기독교인과 천주교인들에 대하여 비유하시기를 어느 한 쪽만 믿으면 한쪽 팔과 한쪽 다리가 끊어진 불구자 병신과 같다고 말씀하시면서 영(하늘)의 부모님과 육(조상님)의 부모님을 함께 섬겨야 한다고 하시었다.

어느 한 쪽만 섬기면 당사자는 물론 가족까지 재앙이 내려서 고통스러운 인생을 살게 된다고 하신다.

여러분이 하늘을 배신한 햇수만큼 인생이 뒤집어진다고 말씀하시며 진실을 알았으면 지난날의 잘못을 진정으로 뉘우치고 영의 부모님이신 하늘 자미천황님과 육의 부모님이신 자신의 조상님께 지은 죄를 자미국에 방문해서 속히 빌어야 한다.

또한 자식의 끈을 끊어버리고 자신들만 구원받겠다고 예수와 성모만 믿으며 자식들을 돌보지 않는 조상님들도 천륜을 어긴 독한 자라 하시면서 진노하시었다.

인간은 영과 육의 결합체로서 어느 한 쪽이 빠지면 인간으로 태어날 수 없는데 어찌 하늘만 찾고 조상님은 찾지 않으며, 어찌 조상님만 찾고 하늘은 찾지 않느냐고 하신다. 그래서 종교는 반쪽짜리이고 하늘의 뜻이 아니라고 하시었단다.

아버지(영)와 어머니(육)가 만나서 합궁을 해야 아이를 낳는 것이 천지의 이치이듯이 영만 있어도 인간이 될 수 없고, 육만 있어도 인간으로 탄생할 수 없다. 영만 있으면 흔히 말하는 귀신이고, 육만 있고 영이 없으면 식물 인간으로 몸조차 움직일 수 없다.

또 다른 비유를 하자면 아이가 아버지만 좋아하면 어머니가 삐칠 것이고, 어머니만 좋아하면 아버지가 삐칠 것이니 눈치 없는 이런 아이를 미운 오리 새끼라고 하지 않는가?

지금 독자 여러분이 어느 종교에 심취하여 다니고 있는 것이 이렇게 한쪽만 편애하고 있다는 것이니 한쪽 팔과 한쪽 다리가 없는 불구자처럼 고통스러운 인생을 살고 있는 것이다.

교회와 성당을 다니면 구원 기회를 박탈당한 조상님들이 뒤집어져 그 원성이 자신의 삶으로 나타날 것이며, 절과 무속에만 다니면 신과 영들이 천상입궁을 못해서 뒤집어지니 각자의 인생 또한 지옥 같은 인생을 살아가고 있을 것이다.

대단하신 태초의 하늘 태상천존 자미천황님께서도 천상입궁의식을 행하여 조상님들이 천상 자미천궁에 올라오면 일일이 닦아주시고 보살펴주시며 자리를 손수 마련해 주신다고 하신다.

위대하신 하늘조차도 직접 조상님들을 마중 나와 사랑으로 극진히 보살펴주시는데 어찌 인간들이 육의 부모인 조상님들을 박대하고 무시하며 찾지 말라 하는가? 이런 독한 인간들은 자신의 조상님들을 박대하고 무시한 만큼 인생이 뒤집어지고 살아서나 죽어서나 억만 겁 동안 고통 속에 살아간다고 가르쳐주시었다.

또한 인간의 눈에 보이지 않는다고 신과 영이 존재한다는 자체를 부정하고 무시하며 신과 영의 부모님이신 하늘 태상천존 자미천황님을 찾으려 하지 않고, 알려 하지 않으며 몰라보는 독한 인간들도 자신들이 신과 영을 부정하고 무시한 만큼 인생이 뒤집어져 억만 겁 동안 고통 속에 살아간다고 밝히시었다.

천상입궁의식은 굿이나 천도재처럼 일회성 의식이 아니라 평생 단 한

번만 행하면 세세생생 하늘의 사랑과 보호가 억만 겁 동안 계속 이어지는 귀한 천상의식이기에 돈이 얼마가 들어가더라도 의식비용이 비싼 것이 아니라 하신다.

이 책을 읽고도 자신의 조상님 천상입궁의식을 행하여 구원하지 않는 독한 자, 천인합체의식을 행하여 자신의 신과 영을 구원하지 않는 독한 자들은 이 땅에서 살아갈 길이 막막해지고, 지금보다도 더 답답하게 앞뒤가 막혀서 힘들어질 것이다.

하늘과 조상님들의 위대한 진실을 끝까지 부정하며 몰라보고 살아가면 이제부터는 자신과 가정으로 무서운 저주와 재앙이 내려간다. 하늘과 조상님을 무시하면 살아있어도 살아있는 것이 아니라는 값진 참 진리의 교훈을 얻는 귀한 천상입궁의식이었다.

자미국의 천지대업에 참여할 수 없는 대상들이다.

몸을 더럽힌 자, 마음이 깨끗지 못한 자, 죄가 큰 자, 살인범, 창녀, 상습 폭력범, 절도범, 성 폭행자에게는 천상입궁의식이나 천인합체 허락을 내려 주시지 않으신다고 하시며 가끔 의식이 중단되는 이유도 가르쳐주시었다.

천인합체의식을 행하여 천인으로 탄생하면 몸 안에 신과 영들이 육신이 살아있을 때는 물론 죽어서도 천상 자미천궁에 자유로이 왕래할 수 있고, 천상입궁하신 조상님들과도 만나볼 수 있고, 조상님들이 하늘 자미천황님께 받아놓은 하늘의 복도 받아올 수 있다는 엄청난 진실을 처음으로 말씀해 주시었다.

천상 자미천궁에는 인간들이 원하고 바라는 금은보화와 수천 가지의 천복만복이 가득 쌓여 있다고 하시면서 인간들은 천복만복을 어떻게 받는 것인지 몰라서 받을 수 없다고 하신다.

천상 자미천궁에 이미 입궁하신 여러분의 조상님들이 복을 받아서 자손에게 전해 주거나 인간 자신들 몸 안에 신과 영들이 복을 받아와야 하는데 천인합체를 행하지 않으면 신과 영들이 천상 자미천궁에 올라가서 받아올 수 없다고 하신다.

또한 죽어서 축생계로 윤회하지 않고, 아귀계, 지옥세계로 떨어질 염려를 하지 않아도 된다. 허공중천 구천세계나 자손들의 몸으로 찾아가지 않고 육신이 죽음과 동시에 천상 자미천궁에 오르게 되니 이보다 더 좋은 사후세계 준비는 없다.

육신이 살아서는 천상 자미천궁에 금은보화와 갖가지 보물(건강, 장수, 성공, 출세, 권력, 명예, 영전, 화목, 기쁨, 행복)을 가져다 인간육신에게 전해 줄 수도 있고, 죽어서는 천상입궁의식을 별도로 행하지 않아도 바로 천상궁전 자미천궁에 오를 수 있으니 이보다 더 좋은 천상의식이 어디 있겠는가?

## 조상님들의 죄를 비는 천상입궁

하늘 자미천황님을 찾지 않고 몰라보며 무시하면 하늘 아래 고아이고, 조상님을 찾지 않고 몰라보며 인정하지 않아도 고아이다.

조상님이란 죽은 배우자, 자녀, 형제, 낙태 유산 영가, 당대 직계 부모, 조부모, 증조부모, 고조부모, 현조부모뿐만이 아니라 시조까지 모두를 말하는 것이고 제사나 차례, 성묘 잘한다고 효를 다하는 것이 아니며 천상궁전 자미천궁으로 입궁의식을 해드리는 것이 참 효도이다.

천상입궁이란 인간육신 자손이 돌아가신 자기 조상님들께 지은 죄를 빌고, 살아생전 하늘을 찾지 않고 몰라보며 무시한 채 조상님들을 이용하고 팔아먹은 죄를 비는 의식이다.

조상님들은 하늘을 무시하며 지상으로 도망친 죄와 하늘을 배신하고 역천한 전생의 죄 그리고 현생을 살다가 지은 죄를 빌어 용서받게 해서 천상세계로 다시 돌아가게 해드리는 의식이 전 세계 유일한 조상님 천상입궁의식이다.

조상님들의 천상입궁의식을 행하여 죄를 빌어 사면받으면 조상님들은 조상님 신분에서 천손 신분으로 바뀌고, 육신은 인간(죄인) 신분에서 자미국 백성(하늘백성) 신분이 된다.

돌아가신 독자 여러분의 조상님들은 전생과 현생에서 살다가 지은 죄 때문에 지옥세계에 떨어져 형벌을 받고 있는 조상님도 있고 가축, 동물, 뱀, 미물, 곤충으로 윤회한 조상님들이 대다수이며, 자손들 몸에 들어와 있는 조상님들도 많다.

이렇게 사후세계에서 고통받고 있는 자기 조상님들이 지은 죄를 자손이나 후손이 자미국에 들어와서 하늘에 빌어서 지옥세계나 축생계에 있는 조상님들을 인간과 신, 생령들이 함께 천상입궁의식을 올려야 하는데 이들이 하늘의 사명자들이다.

조상님 천상입궁의식을 행하여 육신의 부모조상님을 구하면 하늘께서 어여삐 여기시어 인간, 신, 생령들에게 살아서 죄를 빌 수 있는 선물을 하사하여 주시니 그것이 천인합체의식 윤허이다.

육신이 살아서 천인합체의식을 통해 하늘에 죄를 빌어 천인으로 관명을 하사받는 것이 인간으로 탄생한 최고의 성공이고 최고의 출세이다. 천상의식을 행하여 천인의 관명을 하사받지 못하고 세상을 떠나면 끝없는 고통의 세계로 들어간다.

자신들이 전생과 현생에 지은 죄에 따라서 축생계인 가축, 동물, 뱀, 미물, 곤충으로 태어나 끝없는 죗값을 치러야 하고, 죄가 너무 커서 윤회의 단계를 생략하고 지옥세계로 직행하게 되니 죄를 용서 비는 것이 살아서 가장 급한 일이다.

자신들의 조상님을 구하는 천상입궁의식을 행하지 않고는 하늘로부터 천인합체 윤허의 선물을 받을 수 없다. 천인합체의식 윤허는 전생과 현생의 죄를 용서하여 주실 마음이 있다는 뜻이고, 천상궁전 자미천궁으로 입궁을 윤허하여 주시는 최고의 의식이다.

자미국에서 행하는 천상의식은 자신이 평생 번 재산과 돈을 몽땅 올려서 행해도 만분의 1도 죗값을 치르지 못한다. 자신들이 현생과 전생에서 진 빚과 죄는 천문학적인 것이기에 몇 생의 윤회를 통해서도 갚을 수가 없지만 천상의식을 행하면 죄가 완전 소멸되거나 전생의 빚이 크게 줄어든다.

이번 생에서 자미국을 통해 구원의식을 행한다는 자체만으로도 커다란 영광이고 하늘의 말씀을 직접 들어볼 수 있다. 천상입궁의식을 행해서 구원해 주시어도 조상님들의 죄와 자신들이 지은 전생과 현생의 죄는 끝없이 빌어야 한다. 구해 주심에 감사해야 하고 전생의 죄를 가르쳐주심에 감사해야 한다.

## 天 조상님들의 소원은 오직 한 가지

많은 조상님들이 살아있는 자손들에게 바라는 것은 과연 무엇일까?

사람들은 목숨이 다한 뒤에는 모든 것이 끝난다고 생각하며 살아가겠지만 그 이후의 사후세계는 분명히 존재하고 있고 저자는 그 세계를 보았고 또한 그분들의 말씀을 들었다.

오래전에 돌아가신 조상님 중에는 이미 깨달은 조상님이 되어 있는 분도 계시지만 아직도 축생계, 지옥세계, 허공을 떠돌며 생전의 습성을 잊지 못하고 배고픔과 추위로 고통받으며 힘센 깡패 조상님들에게 쫓겨 다니는 조상님들도 헤아릴 수 없이 많다.

대다수 사람들이 살아서 열심히 믿고 죽으면 천당극락으로 올라갈 것이라고 생각하고 있을 테지만 그것은 착각이었다. 수많은 굿과 천도재 의식을 행하여도 천상천궁 자미천궁에 올라갈 수 없어서 자손들 몸으로 다시 내려와 함께 살 수밖에 없는 것이 현실이다.

우환과 이상한 사건사고에 자주 휘말리는가 하면 갑작스럽게 큰 질병을 앓게 되고, 잘 나가던 사업이 부도 위기에 처하며 금전 풍파와 관재가 발생하여 검찰에 구속 수감되거나 가정불화가 끊이지 않아 이혼이나 별거하게 된다.

죽은 자는 말이 없다고 하지만 아니다. 계속 가족들에게 조상님의 간절한 뜻을 말하고 있는데 조상님들이 하는 말을 자손들이 알아들을 수 없을 뿐이다.

하지만 여러분의 조상님들이 어떤 뜻을 자손에게 전하는 기운은 사람들이 느끼고 있으나 해석을 하지 못하고 인정을 안 하고 있을 뿐이다. 질병은 병명이 있든 없든 조상님들이 자신의 가족에게 말을 하고 있다는 증표이다.

조상님이 머물고 있는 부위가 아픈 것이지만 그런 조화를 알지 못해 모두들 병원에만 의지하다 보니 젊은 나이에 목숨을 잃는다. 우울증, 조울증, 암, 중풍, 당뇨, 불치병 등은 모두 자신의 조상님과 다른 영가들이 자신 몸에 들어왔을 때 생기는 병이다.

자살을 하는 경우도 조상님이나 자살했던 영들이 자기도 모르게 들어와 빙의 되면 자살하게 마음을 먹게 만든다. 한 집안에서 정상적이지 않게 돌아간 조상님이나 부모 형제 자녀가 있으면 시한폭탄을 안고 살아가는 것이나 마찬가지이다.

대부분 줄초상으로 이어지는 사례가 많이 있다. 죄 많고 원혼이 된 조상님들이 있으면 천상궁전 자미천궁으로 보내드려야 한다. 몰라서 또는 믿지 못해서 주저하고 있는 사람들이 많이 있는데 가문의 흥망성쇠가 달려 있는 문제이다.

다른 곳에서 구원의식을 아무리 해주어도 가지 못하는 원혼들이 수도 없이 많다. 죽은 혼령들을 천상세계로 올려드리는 구원은 하늘, 신명님, 하나님, 미륵님이 아니시면 행할 수 없는 의식이다.

조상님이 천상천궁에 오른다는 것은 천상의 주인이신 자미천황님의 입궁 허락이 없고서는 아무도 들어갈 수 없는 대단한 곳임을 어느 누구도 알지 못한다.

천상세계는 의식한다고 조상님들이 함부로 올라가는 곳이 아니다. 전생과 현생의 죄를 빌어 하늘의 윤허가 내려진 아주 특별한 영가에 한해서만 천상입궁이 허락된다.

생전에 지은 죄를 용서 빌어 하늘로부터 사면받지 못하고는 감히 들어갈 수가 없다. 하지만 자미국에서는 하늘의 말씀을 직접 받들어 행하는 곳이기에 각자의 죄를 빌게 하여 사면을 청할 수 있다.

16회의 굿과 천도재 의식을 올렸던 사람도 너무 속이 시원하다 말했고, 그동안 천상에 오르지 못했던 조상님들도 원과 한을 말끔히 풀고 천상궁전에 도착하여 기뻐하였다.

조상님들의 소원은 오직 한 가지이다. 죄를 용서받아 전생에 살았던 천상천궁으로 다시 입궁하고 싶은 것이 1차 소망이고, 2차 소망은 높은 벼슬을 달고 천상천궁으로 올라가는 것이다.

천상입궁의식은 특단의식, 상단의식, 중단의식, 하단의식이 있는데 조상님들이나 자손들이 가장 선호하는 의식이 조상님들에게 벼슬을 달아 입궁시킬 수 있는 특단의식이다. 천상천궁에도 인간세계처럼 상하 신분과 서열이 엄격하다.

어떤 의식으로 행하는가에 따라서 조상님들이 천상천궁에서 신분과 서열이 특단천손, 상단천손, 중단천손, 하단천손으로 정해지기 때문인데 신분이 낮으면 상전들이 많아서 기가 눌린다. 군대로 표현하자면 병장, 상병, 일병, 이등병의 서열과 같다.

누구나 벼슬을 달고 올라가는 특단의식을 행하고 싶지만 이 또한 쌓은 공덕이 있어야 특단의식을 행하여 특단천손으로 탄생할 수 있는 것이지 아무나 행할 수 있는 의식이 아니다. 특별한 조상님들에 한해서 특단의식을 윤허해 주신다.

돈이 없어서 하단의식으로 했다가 나중에 돈이 생겨 특단의식으로 하려 해도 할 수가 없다. 천상입궁의식은 단 1회만 할 수 있기 때문에 선택을 잘해야 한다. 조상님 스스로 진급할 수 있는 방법이 없고 오직 자손들에 의해서만 벼슬이 높아질 수 있다.

살아서는 아무것도 몰랐지만 죽어보니 자기 스스로는 아무것도 할 수 없다는 것을 깨닫게 되자 가족들을 찾아와 조상님들이 고통을 호소한다. 조상님들이 천상에 오르지 못하고 구천을 방황하거나 축생계, 지옥세계에 가 있으면 자손을 도와줄 수가 없다.

조상님들이 자손에게 복을 주려면 천상천궁으로 올라가 하늘께 죄를 많이 빌어야 하고, 자손들이 편히 살려면 자신의 조상님을 천상천궁으로 입궁시켜 드려야 한다.

조상님들이 천상에 오르시면 무엇보다도 핏줄인 자손이 잘되는 것을 최고로 생각하며 하늘에 죄를 빌어서 복을 타 오신다. 핏줄은 못 속인다고 하듯이 내 자손이 최고이다.

가정에 부부간 또는 부모자식 간 불화의 원인도 조상님과 생령이 보내주는 메시지이니 누구의 원과 한인지 하늘께 의뢰하여 찾아내면 해결방법을 얻을 수 있다.

하늘의 조화는 일반적인 상상을 초월하여 일어나고 있다. 사람이 먼저 마음의 문을 열고 행해 드려야 하늘과 땅의 문이 열려 천지조화가 일어난다. 마음의 문을 열고 죄를 빌어 하늘이 내리시는 말씀을 받아들이면 정기가 몸 가득히 들어오고 마음이 편해진다.

인류가 늘 가슴속 깊이 기다리는 자미국 세상은 과연 현실로 올 것인가? 하늘은 알아주는 자의 편이다. 지혜뿐만 아니라 하늘의 천지기운도 내려주신다. 인류가 바라는 질병, 근심 걱정 없는 자미국 세상을 현실로 이루어 내려면 죄를 빌어 하늘의 사랑을 받아야 한다.

# 낙태 유산 영가의 저주

유산이나 낙태를 현실의 법에서는 크게 다루지 않지만 생명과 영혼의 법칙에는 살인죄가 되는데도 사람들은 아무렇지도 않게 생각하고 지금까지 살아왔다.

죽은 어린 영혼들은 약 3억대 1의 경쟁률을 뚫고 잉태가 되었지만 원하지 않는 임신으로 살생을 자행할 수밖에 없었던 사람들의 불가피한 선택도 있지만 어린 생명은 육신만 핏덩이지 영혼까지 핏덩이가 아니란 사실은 모를 것이다.

오히려 엄마 · 아빠보다도 영적 수준이 더 고차원적인 영혼도 있으며 천상의 신이 내려와 탄생한 어린 신동들이 우리나라는 물론 세계 각국으로부터 목격되고 있다. 큰일을 해나갈 인재가 허무하게 엄마아빠로부터 갑자기 살인을 당했다면 원과 한이 얼마나 크겠으며 그들이 퍼붓는 증오와 저주 또한 어떠할까?

엄마 · 아빠는 그 어린것이 무엇을 알며 본인에게 어찌 피해를 주겠는가 하고 반문할 독자들도 있겠지만 그것이 잘못된 생각임을 살아가면서 크게 알게 될 것이다.

여성들은 임신 사실을 알고부터 몸가짐을 조심하면서 장래의 아이를 훌륭히 키우려고 태교를 한다. 핏덩이에 불과한 생명체의 영혼이 엄마의 말을 알아들을 수 있기에 태교를 하는 것이다.

부인병은 낙태영가들이 엄마에 대한 저주와 증오의 원한으로 발생하며 본인이 낙태 경험이 없는데도 자궁암, 유방암에 걸렸다면 부모조상님 중에서 낙태된 영가가 들어온 것이다.

잉태되었는데 햇빛도 보지 못하고 살인을 당했으니 얼마나 억울할까? 분노가 극에 달하니 암에 걸릴 수밖에 없으며 자연 유산도 원과 한은 다르지 않다. 죽어서라도 엄마의 젖 한 모금 먹어보고자 유방에 가장 많이 자리 잡게 된다.

낙태 수술 시 의사는 육신과 핏덩어리는 흡입기로 빨아낼 수 있어도 영혼까지 소멸시킬 능력이 없기 때문이다. 임산부가 수술을 생각하고 있으면 영혼은 이미 핏줄기를 타고 유방으로 가서 정착하거나, 수술이 끝난 후 다시 자궁으로 회귀하여 그곳에서 자리 잡고 원한과 저주의 암을 발생시키기 시작한다.

유방암과 자궁암은 자신들이 살생하여 버린 아기 혼령들의 원과 한이고 저주이다. 아기혼령들은 엄마에게 복수의 칼을 품고 암을 발생시켜 수술을 하여도 자꾸만 재발케 한다. 암 환자들이 수술할 때는 아기혼령부터 구원하는 천상입궁의식을 행해 주어야 한다.

암을 유발하지 않는 혼령들은 몸을 아프게 하며 병원에 가서 종합 진단을 받아도 병명이 나오지 않고 전신이 노곤하고 힘이 없다. 또한 하는 사업이나 어떤 일들이 될 것 같으면서도 빗나가고 부도나 각종 사고로 이어진다. 자주 무엇에 걸려 넘어지거나 그릇을 깨뜨리고 헛발을 내디디게도 하며 간혹 정신이 혼미하면서 멍해질 때가 많다.

아기혼령 천상입궁의식을 하지 않으면 자녀들에게도 계속 빙의 되어 누군가는 풀어야 할 숙제 중의 하나로 남는다. 여성이라면 유산이나 낙태 안 한 사람이 어디 있느냐고 항변하며 반문하는 독자들도 있으나 몰라도 너무 모른다.

인간은 보이지 않는 영가세계의 지배를 받으며 그 기운 속에 살아가고 있는데 원한 혼령들의 기운이 얼마나 무서운지 너무나 모르고 있다. 천상입궁의식을 올리면서 보고 들은 낙태 아기혼령의 슬프고도 독기에 가득 찬 모습과 말이다.

몸이 정상이 아니고 살을 바늘로 기워놓은 흉한 모습이었는데 첫마디가 "엄마 아빠 다치게 할 거야, 내 손과 발, 입, 코, 눈, 귀가 없어, 내 팔다리 빨리 찾아줘, 엄마!" 얼마나 원과 한이 깊었으면 이 말을 수십 번 되풀이하면서 발버둥치고 통곡하며 울부짖고 있었다.

엄마의 얼굴이 금방 사색이 되어버려 어찌할 바를 모른다. 남녀 간에 사랑의 산물이지만 원치 않는 임신으로 낙태시킬 수밖에 없었던 엄마 · 아빠는 살인죄를 지었다.

그러고도 뻔뻔하게 죄의식도 전혀 느끼지도 못하고 고상한척 이 세상을 살아가고 있으니 이 살인죄를 어찌 빌 것인가? 그러니 당사자도 죽어서 동물이나 가축, 곤충으로 태어나 수없이 살생을 당하며 산다.

낙태 유산한 영의 부모님이 하늘이신데 과연 독자들이 살생한 죄를 그냥 이해하시고 덮어주실까? 인과응보의 법칙에 따라서 행하고 뿌린 대로 벌을 받아야 한다.

피임에 실패하여 불가피하게 중절수술을 하게 되면 뱃속의 아이에게 엄마의 부득이한 사정을 고하는 아기영가 천상입궁의식을 행해야 본인과 자녀 모두가 아기영가에게 빙의 되지 않는다.

아기영가에게 사죄하며 천상천궁으로 올라가도록 반드시 천상입궁의식을 행해 주어야 한다. 그러면 아기영혼은 원망스러우면서도 엄마의 불가피한 사정을 헤아려 피해를 덜 준다.

아기영혼이라고 우습게 생각하면 큰 사고가 터지고 이들은 살아있는 동안 엄청난 저주를 하며 엄마 · 아빠의 신체 부위 어느 곳이든 붙어서 따라다니며 불행과 저주를 한다.

낙태 유산한 아이의 영가는 태어나지 못한 생에 대한 집착과 원망 때문에 아기귀신으로 오랫동안 떠돌며 부모나 형제자매의 몸으로 들어가 상상을 초월하는 장애와 불행을 일으킨다.

낙태 유산은 곧 살인죄이기에 아기영가들로부터 수많은 영적 장애를 받아서 건강이 악화되고 사업이 막히고 부부간이나 부모자식 사이에 싸움이 잦아지거나 이혼, 별거로 이어지는 경우가 대부분이다.

낙태 유산을 많이 한 사람과 관계를 맺으면 원한 맺힌 아기영가들이 합궁 시에 들어오는데 이로 인해서 사람들이 겪어야 하는 피해는 상상을 초월한다.

운이 막혀서 매사 되는 일이 없고 돈이 모이지 않는다. 불행이 소리 없이 찾아와 우환이 잦고 질병으로 고생하는 사람들은 낙태 유산 영가들의 원과 한을 풀어주어 천상으로 보내는 천상입궁의식을 행해야 한다.

원인 없는 결과 없으니 자신의 인생을 뒤돌아봐야 한다. 어느 사람과 합궁하고부터 일이 안 풀리고 몸이 아프다면 아기영가들이 들어와 저주하고 있는 것이라 보면 된다.

## 天 신과 생령들의 죄를 비는 천인합체

자신의 신과 생령들이 천상에서 하늘께 지은 죄를 비는 의식이 천인합체 의식인데 하늘께서 허락을 하시어야만 의식을 행할 수 있다. 용서를 빌어도 아무나 받아주시지 않기 때문이다. 용서받을 죄가 있고 용서받지 못할 죄가 있다.

천상입궁의식 때 천인합체를 윤허하여 주시면 별도로 의식을 행하여 하늘이 내리시는 사랑을 받으면 그 증표로 하늘에서 '천인'으로 관명을 내려주신다. 죄가 면죄되었음을 관명으로 내려주신 것이고, 천인들은 육신이 수명을 다하고 죽으면 지옥세계가 아닌 원래의 고향인 천상 자미천궁으로 다시 돌아갈 수 있다.

하지만 '천인'으로 관명을 받지 아니한 백성들은 육신이 죽어도 천상 자미천궁으로 입궁할 수 없고 사후세계 법도에 따라서 축생계로 윤회하거나 지옥세계의 명부전으로 가서 별도의 심판을 받아야 한다.

천지에 모든 물체들은 생멸을 거듭하여 태어나고 죽는다. 태어남은 곧 죽음을 의미하고 죽음은 다시 태어남을 의미한다. 생명체가 가장 두려워하는 것이 죽음이다. 육신은 죽으면 불에 타거나 땅속으로 묻혀버리지만 영혼은 사후세계에 다시 태어난다.

사후세계는 상천, 중천, 하천으로 나누어지는데 상천은 천당극락이나 꽃피고 새 우는 천상 자미천궁이고, 중천은 우리 인간세상인 허공중천 세계이며, 하천은 지하의 어두운 세계로 통상 모진 형벌을 받는 명부전의 지옥세계를 말한다.

인간이 영원히 죽지 않을 수는 없지만 오래오래 살 수 있는 비결이 있다면 그것은 천인이 되는 길 이외에는 다른 방법이 없다. 바로 반천반인의 반열에 오르는 길이다. 영생을 외치고 있으나 하늘과 인간이 하나 되지 않고는 이루어질 수 없다.

행하지 않으면 아무것도 이루어지지 않는다. 인간들은 단순한 진리를 모르고 허상만 쫓아가고 있다. 하늘의 조화가 대단할지라도 하늘이 인간과 하나로 합체되지 않으면 큰 조화가 일어나지 않는다.

그러므로 인간이 먼저 육신이 없어서 말 못하는 하늘의 문을 열어서 맞이하여야 한다. 음양이 하나로 결합될 때라야 태어나고, 꽃피고 열매를 맺게 됨은 만고의 진리이지 않던가?

즉, 인간의 영생 비밀은 바로 하늘에 있다. 합궁하지 않고 자손을 잉태할 수 없듯이, 하늘(천계의 고급 신)과 하나 되지 않고는 영생의 비밀 문은 수억 년이 지나도 영원히 열리지 않는다.

인간으로 태어난 각자에게 4가지 사명이 있다. 첫째는 영의 태초 부모이신 하늘을 찾는 것이며, 둘째는 이미 가신 부모조상님을 천상입궁의식을 행하여 구원해 드리는 것이고, 셋째는 하늘(천상의 신)과 결합하는 천인합체의식을 하는 것이고, 넷째는 전생과 현생을 살면서 모두에게 지은 죄를 하늘에 비는 것이다.

육신적으로는 남녀가 서로 합궁하여 잉태하는 것이 천지창조이고, 영적으로는 하늘과 인간이 하나로 합체되는 것이 제2의 천지창조인 천인합체의식이다.

천인조화의 세상은 하늘께서 인간의 육신을 통하여 행하신다고 수차 말씀하셨다. 하늘의 허락 없이는 천상에 어느 신들도 하계로 내려가 인간 몸에 합체할 수가 없다고 하신다.

천상의 신은 인간세계로 보면 장 · 차관에 해당하는 높은 신으로서 하늘의 허락 없이는 절대 인간세상에 내려올 수 없으므로 천인합체는 하늘께서만 해주실 수 있다.

수명장생을 하려거든 천상입궁의식을 올린 후 천인합체를 행해야 한다. 인간육신에 조상님들과 잡귀들이 머물고 있으면 천계의 신들이 하늘로부터 구원받을 수 없는 천상세계의 법도가 있다.

다시 말하지만 반천반인의 천인이 되지 않고서는 수명장생은 존재하지 않으며 메아리로만 남을 것이다. 수명장수할 수 있는 계시가 끊임없이 내려오고 있다.

수없이 자미천황님의 대단한 천령정기 기운을 체험하였고, 천상입궁과 천인합체의식을 수없이 올리면서도 매우 신비한 체험을 많이 하게 되었다. 천인합체는 하늘께서 우리 인류에게 주신 최고의 선물이다.

## 天 대단한 천상의식

천상입궁의식과 천인합체의식이 얼마나 대단한 의식인지 실감 나지 않을 것이다. 의식 때 가르쳐주신 말씀은 천상입궁의식과 천인합체의식은 너희들이 알고 있는 굿과 천도재가 아니니다.

하늘께서 구원해 주시는 대단한 천상의식이기에 너희들이 살아서나 죽어서도 수억만 년 동안 하늘께 매일같이 감사함을 올려도 모자란다고 하셨다.

인간이 이 땅에 태어난 이후 자미천황님께서 최초로 구원해 주시는 대단한 천상지상 공무집행이시기 때문이다. 얼마나 대단한 천상의식이면 살아서나 죽어서나 수억만 년 동안 감사함을 올려도 부족하다는 말씀을 하시었을까?

땅이 생긴 이후 처음으로 하늘께서 구원해 주시는 것이기에 금전으로는 환산 자체를 할 수 없다. 너무나도 고귀한 천상의식인데 사이비 운운하며 부정하는 잘난 인간들과 잘난 생령들, 잘난 조상들은 구천세계에서 윤회의 굴레를 벗어나지 못하는 고통을 겪게 된다.

책을 읽어봐도 자신이 직접 천상의식을 행해 보지 않으면 비난하고 평가할 수 없다. 어떤 인간들은 책 제목과 표지만 보고도 다 아는 내용이라고 말한다.

잘난 인간들과 잘난 신, 영, 조상들이다. 인류 최초로 내려주신 하늘의 진실 말씀을 제목과 표지만 보고도 다 안다니 기가 막힌다. 33년 동안 수행해도 잘 몰라서 호되게 야단도 수시로 맞는데 얼마나 잘난 인간, 신, 생령, 조상님들이었으면 저자를 능가할까?

얼마나 하늘을 통했으면 하늘세계, 사후세계, 신의 세계, 영의 세계, 인간세계의 진실을 다 안다고 기고만장하는 것일까? 이렇게 잘난 인간들과 신, 영, 조상들을 하늘께서는 구원해 주실 하등의 이유가 없으시다.

하늘을 능멸하고 잘났다고 하는 인간, 신, 생령, 조상님들은 구원 대상에서 제외될 수밖에 없다. 하늘의 진실을 안다는 인간, 신, 생령, 조상님들이 하늘 아니던가?

이는 하늘을 능멸하는 자만, 교만, 거만인 것이다.

이렇게 잘난 척하고 있으니 어찌 인간, 신, 생령, 조상님들이 하늘께 구원받겠는가? 나쁜 일보다 착한 일을 더 많이 했으니 죽으면 하늘의 허락 없이도 스스로 천국세계나 극락세계 올라간다고 자만, 교만, 거만으로 가득한 자들이다.

착각은 자유이지만 어림도 없는 일이고 하늘세계의 법도를 알지도 못하는 무식한 생각과 말이다. 천상궁전에는 죄가 있으면 천상의식을 행해서 하늘께 죄를 사면받기 전에는 절대로 못 올라간다는 천상법도를 알고서 하는 말인지 모르겠다.

잘남으로 가득 찬 존재, 하늘의 진실을 다 안다는 존재, 하늘이 어디 있느냐고 하는 존재, 죽으면 모든 것이 끝이라고 외치는 존재, 육신이 살아서만 잘 먹고 잘 살면 된다는 존재, 신 · 생령 · 사령이 어디 있느냐고 부정하고 무시하는 존재들은 그에 따른 엄청난 고통과 불행을 겪고 나서 후회할 것이다.

이런 인간, 신, 생령, 사령들에게는 수억만 년 동안 감사함을 올려도 모자란다는 귀하디귀한 천상입궁의식과 천인합체의식의 소중함을 모르니 천상세계가 아닌 축생계나 지옥세계로 입문한다.

구속수감, 불면증, 우울증, 암과 각종 질병, 사업실패, 이혼과 별거, 사기, 배신, 자살, 사건사고를 당하고 있는 것이 바로 자신의 신, 생령, 조상님들이 처해있는 다급한 상황이다.

자신의 신, 생령, 조상님을 구원하지 않고 세상을 살아가는 인간들의 모습들이 하늘을 몰라보고 무시하고 있는 각자의 신, 생령, 조상님들의 모습이다. 제대로 알지도 못하면서 하늘을 능멸하고 있는 이들에게는 구원이란 없다.

재물이 태산처럼 많고 권력이 높다 하되 천상입궁의식과 천인합체의식을 능가할 수는 없다. 그만큼 천상의식이 대단하고 어느 누구도 절대 흉내 낼 수 없는 아주 특별한 천상의식이다. 비록 죄인이지만 인간으로 태어난 사명은 여러 가지이다.

자신의 조상님만을 구하려고 태어난 사람, 자신의 신과 생령을 구하려고 태어난 사람, 자신의 가족 생령을 구하려고 태어난 사람, 자신의 부모형제 생령을 구하려고 태어난 사람, 전생의 빚과 죄를 갚고자 태어난 사람, 하늘께 받은 은혜를 갚고자 태어난 사람, 자미국을 이 땅에 세우려고 태어난 사람, 하늘의 뜻을 받들려고 태어난 사람 등등 천차만별로 다양하다.

신과 영들의 등급을 10등급으로 구분하자면, 이 책 내용에 매우 부정적인 사람은 10등급, 반신반의하며 공감 못 하는 부류는 9등급, 공감은 하나 행하지 않는 부류는 8등급, 공감하며 행하는 부류는 7등급, 자신에게 주어진 사명만 완수할 부류는 6등급부터 4등급, 하늘과 땅이 함께하는 자미국 자미천궁을 세우는 천지대업에 적극 참여할 특별한 사명을 완수할 고차원적인 신과 영들은 3등급부터 1등급까지이다.

## 天 조상님이 복주머니이다

사람들은 저마다 장밋빛 인생을 설계하며 매일 같이 보다 나은 삶을 살기 원한다. 하지만 인생이란 것이 호락호락 자신들의 마음대로 되지 않아서 고통과 불행, 슬픔과 괴로움을 참지 못하고 모면해 보고자 조상님을 이용하고 팔아먹는 의식을 수시로 행한다.

복을 추구하지만 많은 사람들이 원하고 바라는 행복의 날은 오지 않고 더 어려워지고 있다. 어려운 인생의 정답은 진짜 하늘을 찾지 못했기 때문인데 진짜 하늘이 어디에 있는지 인간의 눈높이로는 찾을 수도 알아볼 수도 없다.

그래서 수많은 종교세계를 찾아다니며 세월을 낭비하고 있다. 구원을 받으려는 존재는 사람, 신, 생령, 조상님인데 이들 중에 누구인가는 진짜 하늘을 찾아다닌 존재가 있어야 한다.

조상님이 인간육신을 가진 자손을 굴복시켜서 자미국으로 데리고 들어오던가, 아니면 자신의 신과 생령들이 인간육신을 굴복시켜야 구원을 받을 수 있다.

인간 육신들이 바라는 구원이란 건강, 수명장수, 출세, 성공, 재물, 권력, 명예, 행복, 화목이지만 육신 안에 있는 신과 영들은 진짜 하늘 영의 부모이신 자미천황님께 죄를 용서 빌어 사면받아 축생계로 태어나지 않고, 지옥세계가 아닌 천상 자미천궁으로 즉시 올라가는 것이 가장 원하고 바라는 소원이다.

인간육신과 신, 영들이 원하고 바라는 것이 천지 차이이다. 신과 영들이 필사적으로 인간육신들을 굴복시키려고 많은 애를 써보지만 동물 중에 가장 고집이 센 인간육신을 굴복시키는 것이 너무나 어렵고 힘들어서 포기하고 육신을 죽게도 만든다.

신과 영들이 좋은 말로 보내는 메시지를 인간육신들이 계속 무시하기에 감당하기 어려운 고통과 불행, 슬픔과 괴로움, 죽음을 주는 것이지만 알아듣는 사람들이 없다.

자신의 신과 생령, 조상님의 애절한 메시지를 인간육신들이 계속 거역하면 단명, 불구, 부도, 구속, 사기 배신, 자살, 이혼, 우울증, 불면증, 비명횡사를 당하게 된다.

자신의 몸 안에 있는 신과 생령, 조상님을 구원하지 않는 사람들은 육신의 삶도 고달프다. 조상님을 몰라보고 조상님을 박대하며 조상님을 버리면 악신들이 들어와서 인생을 뒤집어버리는 악신들은 못된 자들을 응징하는 천상공무를 집행할 뿐이다.

또한 조상님을 무시하고 하늘(기독교, 천주교)만을 찾아다니는 사람들의 인생은 더 힘들어진다. 자신의 신과 생령, 조상님의 어려운 입장을 생각하지 않고 구원을 외면하며 자기만을 위한 인생을 살아가는 사람들이 바로 근본 도리를 모르는 불효자들이다.

근본 도리를 모르니 인생이 뒤집어질 수밖에 없다.

인간들이 원하고 바라는 잘 사는 행복이란 멀리 있지 않고 자신들의 돌아가신 부모조상님과 자신의 신과 생령들에게 감추어져 있다. 자신의 조상님과 신, 생령들이 가장 귀한 보물인 줄 몰라보고 다른 세계에서 잡히지도 않는 행복을 찾으려 하고 있다.

하늘께서 각자들에게 감추어놓은 최고의 보물을 찾지 않고 다른 곳에서 인생을 허송세월로 보내고 있다. 부모조상님을 통해서 인간세상에 태어났는데 감사함도 몰라보며 죽었다고 해서 아무 하늘 앞에 가서 의식을 하고 있다.

조상님들을 갖고 장난치는 모든 자는 인생이 뒤집어질 것이고, 조상님의 아픔과 슬픔을 몰라보는 자와 조상님을 이용하는 의식을 행하여 자기만 잘살아보려는 자, 자신의 조상님을 팔아먹은 자들도 고통과 불행, 슬픔과 괴로움, 죽음이 잇따른다.

자신의 조상님들을 무시하며 박대하는 자들은 하늘께서도 가만두지 않고 즉시 응징하는 벌을 인생의 삶을 통하여 내리신다고 하시었다. 조상님들을 무시하며 구원하지 않는 것은 곧 하늘이 보내신 신과 영들을 우습게 보고 하늘을 무시하는 것과 같다고 하신다.

반대로 조상님을 끔찍이 생각하고 조상님을 구원하는 자는 하늘께서도 예뻐하시며 하늘의 복을 내려주신다. 하늘에 빈다고 복을 받는 것이 아니라 조상님의 심중을 생각하는 마음이 남다른 사람들이 조상님으로부터 복을 받게 된다는 말이다.

하늘께서는 보이지 않고 들리지 않기 때문에 무조건 하늘만 찾는 사람들을 가장 싫어하신다.

각자 조상님들을 통하여 복을 내려주신다고 하시면서 자신을 낳아준 부모조상님의 아픔과 슬픔도 몰라보는 주제에 한 번도 본 적이 없는 하늘을 무조건 받들고 섬긴다는 것은 아부하는 것이고 자신의 마음을 속이는 위선자들이라 하신다.

조상님들이 복주머니이다. 조상님 구원하라니까 굿하고 천도재하면 되는 것으로 생각할 수도 있는데 그건 절대 금물이다. 조상님들을 이용하고 팔아먹는 행위가 되어 인생이 더 힘들어진다. 산소 잘 가꾸고 제사 잘 지내드리며 매일 집에서 아침저녁으로 조상님께 지극정성으로 빈다고 복을 받는 것이 아니다.

자미국에서 조상님들이 자손과 함께 전생과 현생에 지은 죄를 용서 빌어서 천상 자미천궁으로 올라가 하늘께서 주시는 복을 조상님들이 받아다가 자손들에게 나누어주어야 한다.

인간들은 하늘께서 복을 내려주시어도 어떻게 받는 것인지 알 수 없다고 하시며 하늘이 내리시는 복을 받아다가 자손들에게 나누어주는 역할을 조상님들에게 주셨다고 밝히시었다.

조상님을 몰라보고 무시하며 구원하지 않고 박대하는 사람들은 인생이 뒤집어지는 일만 남아 있다.

이미 다 뒤집어진 사람들이 대다수이지만 아직 건재한 사람들은 그 시기가 언제인가 그것이 문제일 뿐이다. 당대가 되던 다음 세대가 되던 한 치의 오차도 없이 현실로 이루어질 일들이다.

수많은 천상의식을 행하여 하늘로부터 얻은 귀한 진실이니 믿는 자 현실로 행하여 순천자가 되고, 부정하는 자 역천자가 되어 하늘과 조상님, 신, 영들이 내리는 벌을 받아 고통스러운 삶을 자자손손 대를 이어가며 살아가면 된다.

여러분이 하늘과 조상님, 신, 영들의 아픔과 슬픔을 외면하면 이분들도 여러분을 외면하고, 이분들의 말씀을 무시한 벌을 받아 인생이 지옥세계의 삶으로 돌변하게 된다.

인류가 오랜 세월 추구하고 펼치고자 했던 세계의 종착역이고 하늘과 땅으로부터 선택받은 인간, 신, 영, 조상님들만이 들어올 수 있는 곳이 자미국이다.

사람이 죽으면 돌아가셨다고 말하는데 이 말은 어딘가 갈 곳이 있기에 되돌아갔다고 하는 것이다. 돌아갈 곳이 천상궁전 자미천궁인데 사면받지 못한 죄인의 신분인 조상님들이 마음대로 입궁을 할 수 없어서 자손들의 힘이 필요한 것이니 그것이 조상님 천상입궁의식이고 신과 영을 구원하는 의식이 천인합체의식이란 것이다.

육신이 살아서 하늘 자미천황님께 구원받아 천상 자미천궁에 자유로이 수시로 올라갈 수 있는 유일한 길이 자미국에서 행하는 인류 최초의 천인합체의식이다.

살아서 몸 안에 신과 영들이 천상 자미천궁을 자유로이 왕래할 수 있기에 육신이 죽었을 때 별도의 천상입궁의식을 행하지 않아도 허공중천이나 축생계, 지옥세계로 떨어질 염려가 없다.

## 天 자빠지는 무서운 기운의 정체

악신(심판자 천신)들의 공식적인 공무집행이 시작되었다.

사람들은 세상을 살다가 어느 날 갑자기 충격을 받는다. 억장이 무너지는 사건사고로 목숨을 잃는가 하면 기업이 부도나서 망하고 거액을 투자했다 날리고 불치병에 걸려서 사경을 헤매 구속되는 등 수습하기 어려운 고통과 불행으로 힘들어하고 있다.

인생을 순식간에 자빠지게 하는 기운이 여러분은 무엇이라 생각하는가?

재수가 없고 운이 없어서라고 말할 사람들도 많을 것인데 맞는 말일 수도 있다.

그런데 인생에는 행복과 불행, 기쁨과 슬픔, 즐거움과 고통, 선과 악, 선신과 악신이 서로 공존공생하고 있다. 각자의 마음 안에도 선과 악이 공생공존하고 있듯이 세상에는 인생을 잘되게 도와주는 선신과 망하게 하는 악신이 함께 있는데 이들 모두도 각자 자신의 역할을 충실히 수행하고 있다 한다.

사람들 입장에서는 선신과 악신으로 분류하지만 선신은 선신대로 역할이 있고, 악신은 악신대로 역할이 각기 따로 있다 한다. 선신과 악신이라는 말도 인간들이 만들어놓은 것이라 하며 천상에서는 선신과 악신을 따로 구분하지 않는다 한다.

인간들은 악신(심판자)이라고 말하지만 천상에서 볼 때는 충신이라 한다. 자신들이 하늘과 조상님, 신과 영들을 찾지 않고 몰라보며 무시해서 아프게 한 데 따른 대가를 각자가 받고 있는 것이라 말한다. 인간들은 자신들의 삶을 힘들게 하면 악신이라 하지만 죄인과 역천자들을 응징하는 천상공무를 집행할 뿐이라 한다.

자신들의 잘못을 일깨워주고 바른 길로 가게 응징하는 역할을 충실히 해내고 있는 것이니 원망할 필요가 없다 한다. 결국 고통과 불행, 슬픔을 당하는 것도 각자들이 행하고 쌓은 죄라고 한다.

악신들도 각자의 역할에 충실하고 있을 뿐이라 말한다. 저승사자도 산 사람을 잡아가야 할 목표 인원이 있다고 하였듯이 선신과 악신도 자신들에게 주어진 업무에 충실하고 있는 것인데 인간들은 선신을 만나면 성공 출세하여 부귀영화 누리고 악신을 만나면 어느 날 갑자기 자빠져서 죽거나 망한다.

자빠지게 하는 역할을 하는 악신 역시 자신의 업무를 충실히 수행하기 위하여 최대한 노력하고 있다고 말한다. 악신들도 아무나 이유 없이 뒤집고 자빠지게 하지 않는다고 하며 충분히 그럴만한 사유가 있기에 악신들이 찾아간다고 한다.

악신들이 찾아가는 주요 대상자들은 과연 어떤 사람들인가 매우 궁금할 것인데 사상 처음으로 저자에게 진실을 밝히겠다고 말하면서 인간들의 삶을 뒤집고 자빠지게 하는 것은 우리 인간의 생각과 달리 악신들도 공무수행이라 했다.

영의 부모님이신 하늘을 찾지 않고 몰라보며 무시하는 사람들, 부모조상님을 찾지 않고 몰라보며 무시하는 사람들, 자신의 몸 안에 있는 신과 영을 찾지 않고 몰라보며 무시하는 사람들, 전생과 현생의 죄를 빌지 않는 사람들이 악신들의 공무수행 대상자라고 밝히었다.

이런 사람들은 악신의 제물이 되어서 어느 날 갑자기 사고로 죽거나 불구자가 되고, 암에 걸려 시한부 인생을 살게 된다. 기업이 부도나서 문을 닫고 거액의 금전을 사기당하거나 투자해서 날린다. 부정비리가 폭로되어 검찰에 소환되고 구속 수감되어 망신을 당하고 직장에서는 파면, 해임, 실직 같은 최악의 상황이 발생한다.

또한 부부간에 이혼 별거하고 사업이 부진하고 자살하는 사람이 많다. 우울증, 불면증으로 고통받고 병명 없는 질병으로 병원 신세를 지며 급살, 심근경색, 뇌졸중, 심장마비로 세상을 등진다.

이렇듯 악신들도 각자가 부여받은 공무를 열심히 집행하고 있는 것이라 한다. 영의 부모님이신 하늘, 조상님, 자신의 몸 안에 있는 신과 영을 박대한 사람들이 겪어야 할 운명인 것이다.

하늘, 조상님, 신과 영들은 분명 영으로 존재는 하지만 인간의 눈에는 보이지 않아 인간들로부터 끝없이 무시당하고 있는 분들이다. 이분을 찾지 않고 몰라보며 무시하는 사람들이 악신들로 인하여 인생이 뒤집어지고 망하게 된다고 한다.

인간사의 모든 고통과 불행은 각자가 뿌리고 행한 대로 자신이 받고 있는 것이지 우연히 일어나는 것이 아니라고 한다.

요즈음 등산객들이 산행하다가 미끄러지거나 추락하여 목숨을 잃거나 다치고 불구자가 되는 경우도 악신(천신)들이 공무를 성실히 집행하고 있을 뿐이라 하였다.

죄를 지었으면 당연히 그 대가를 장본인들이 받아야 하는 것이 천지이치이기에 악신들은 인간들을 뒤집고 자빠지게 하는 공무를 수행하고 있을 뿐이라서 악신들을 나쁘다고 말할 필요가 없다 한다. 이 책이 출간되고부터 악신들의 공무집행이 더욱더 바빠질 것이라고 했다.

하늘과 조상님, 신과 영의 존재를 부정하고 박대하며 찾지 않는 사람들, 하늘과 조상님에게 감사함을 모르는 사람들, 하늘에 천공을 올리지 않는 사람들, 자미국에서 발행한 책을 읽고 부정하고 비판하는 사람들, 자미국을 사이비로 매도하는 사람들, 자미국에 방문하여 상담하고도 천상입궁의식, 천인합체의식을 행하지 않는 사람들, 자미국의 저자를 욕하며 저주하고 증오하는 사람들, 자미국의 천지대업에 참여하지 않는 사람들, 자미국을 주위 사람들에게 나쁘다고 험담하는 사람들은 악신(천신)들의 공무집행 대상들이기에 어느 날 갑자기 예고도 없이 죽거나 순식간에 뒤집어지고 자빠질 것이라 한다.

악신들도 하늘과 땅이 함께하는 자미국의 천지대업에 적극 참여하겠다고 의사를 밝혀왔다. 선신들이 할 수 없는 역할을 악신들이 대신 해내겠다는 뜻이다.

즉, 하늘과 땅, 조상님과 신, 영들의 존재를 몰라보며 능멸하고 있는 인간들을 악신들이 대신 앞장서서 심판하겠다고 한다.

이 책을 읽어보고도 자미국을 방문하지 않고 비판하며 무시하는 사람들, 자신의 돌아가신 부모조상님을 천상입궁의식으로 구원하지 않는 사람들, 자신의 신과 영을 천인합체의식으로 구원하지 않는 사람들은 정신을 차릴 수 없을 정도로 어느 날 자신들이 찾아가서 순식간에 인생을 몽땅 뒤집어 버리겠다고 말했다.

악신들의 공무집행을 자미국에서 처음으로 밝히는 것이고 악신들로부터 도피처는 이 세상에 자미국 하나뿐이다. 지금까지는 악신들이 비공식적으로 공무를 집행하여서 여러분이 자살, 죽음, 불구, 부도, 우환, 구속, 중품, 사건사고가 발생하여도 원인을 몰라서 운이 없고 재수가 없어서 그랬다고 스스로 위로하였다.

그러나 이제부터는 악신(천신)들이 이 책을 통하여 세상에 공식적인 선전포고를 하고 공무집행에 들어가겠다고 저자에게 알려주었기에 독자 여러분에게 전하는 것이다.

이 내용들은 한 치의 오차도 없이 여러분 자신과 사랑하는 가족들에게 현실로 즉시즉시 일어나게 된다고 말했다.

이제까지 여러분이 이루어놓은 소중한 모든 재물과 권력, 명예, 가정, 자녀, 건강, 행복, 부귀영화가 악신(천신)들이 찾아가서 순식간에 물거품으로 만들어놓게 될 것임을 악신(천신)들이 선포하였으니 갑자기 불행이 일어나면 운이 없는 것이 아니라는 진실을 알기 바란다.

악신(천신)들이 찾아가면 살아있어도 살아있는 것이 아니라 식물인간 같은 인생을 살게 된다.

그동안 오랜 세월 노력으로 쌓아놓은 성공과 출세, 자신과 배우자, 자녀, 부모, 형제, 기업을 하루아침에 물거품으로 만드는 공무집행에 들어가겠다며 선전포고 내용을 저자 인황에게 밝혔으니 악신(천신)들의 말이 진짜인가 가짜인가 여러분이 실제로 겪어보면 알게 될 것이다.

저자 주위에 여러 사람이 악신(천신)들의 공무집행으로 인하여 수십억이 순식간에 날아가 버린 사례를 여러 건 목격하였다. 손 쓸 사이도 없이 갑자기 일어나서 대처할 생각조차 못했다고 한다. 이들의 말을 들어보면 모두가 제정신이 아닌 상태였다고 했다.

돈만 날아가는 것이 아니라 가족들이 정신이상 증세를 보이고 부모에게 쌍스런 욕을 하며 죽여버리겠다고 칼을 들어서 경찰을 부르기도 하는 최악의 상황에 직면하기도 했다 한다.

또한 멀쩡한 거래처에 전화를 걸어 아무 문제도 없는데 일방적으로 생트집을 잡으며 거래중단을 통보하여 회사가 뒤집어지는 등 별별 일들이 일어나고 있다.

제정신이 아닌 상태에서 일이 벌어졌고 정신을 차린 후 후회해 보지만 때는 늦은 뒤였다고 한다. 상상을 초월하는 대형 사건사고가 터져서 수십억을 하루에 날린 경우도 여러 건 있었는데 악신(천신)들이 찾아와서 진실을 밝히기 전에는 전혀 원인조차 알 수 없었던 일이다.

자신의 집이나 사무실에 비싼 집기들을 모두 때려 부수고, 부모에게 온갖 욕지거리를 하며 벽에 머리를 부딪치거나 칼로 자해를 하는 등 상상을 초월하는 일들이 순식간에 벌어졌다고 말한다. 이들은 평소 어떤 정신 장애가 있었던 사람들이 아니고 아주 지극히 정상적인 사람들이었다는 점이 너무나 충격적이었다.

인생이 왜 뒤집어지는지 이제는 악신(천신)을 통해서 확실히 알게 되었다. 저자 역시도 그냥 우연히 일어난 것인 줄 알았는데 그것이 아니라 악신(천신)들의 공무집행이란 진실에 너무나 놀랬다. 도둑맞으려면 개도 안 짓는다는 말이 딱 맞을 정도로 일이 벌어질 때는 모두가 정상적인 정신 상태가 아니었다고 말했다.

무엇에 홀린 듯이 무의식중에 행했다고 한다.

정말 너무나 끔찍하고 무서운 일인데 독자들에게 얼마나 실감 나게 전달될지 모르겠다. 소 잃고 외양간 고치지 말고, 가진 재물과 권력 · 건강 · 목숨 · 가족을 모두 잃고 난 뒤 후회하기 전에 자미국을 통하여 악신(천신)들의 공무집행 대상에서 벗어나야 한다.

악신(천신)들도 천상에서 내려주신 공무를 수행 중이기에 악의 사명자라고 한다. 반면 선의 사명자인 선신은 복 받을 사람들을 찾아가서 성공과 출세를 내려주어 재물과 권력, 명예, 건강, 행복을 누리게 해주는데 자신들이 쌓은 공덕이 있든가 이미 돌아가신 조상님의 공덕이 있어야 선신들이 찾아가서 도와준다 한다.

어떤 사건사고, 질병, 자살로 세상을 떠난 사람들은 사명자가 아니기에 죽은 것이고 이들이 죽음으로서 가슴 아파하며 슬픔에 잠겨 있는 가족 중에 한 사람이 구원의식을 행해야 할 사명자들이다. 가족의 죽음을 통해서 사명자임을 깨우쳐주는 것이다.

악신(천신)들은 나쁜 존재가 아니라 하늘을 역천한 죄인, 조상님을 몰라보고 구원하지 않은 죄인, 못난 인간, 잘못된 인간, 죄를 지은 인간들을 벌주고자 천상공무를 집행하고 있는 하늘의 충신일 뿐이다.

하늘께서는 악신의 사명자 역할을 하고 있는 악신들에게 상을 주고 노고를 치하하고 있다는 진실을 인간들의 눈높이로는 감히 상상도 못해 본 일이다. 하늘이 무섭다 하는데 하늘이 직접 벌을 내리시는 것이 아니라 악신(천신)들이 그 역할을 해내고 있다.

악신(천신)들을 물리치려고 굿을 하며 부정을 치고 부적을 붙이는 것은 모두 헛수고이다. 자신들의 잘못은 빌지 않고 천상공무를 집행하는 악신(천신)들을 쫓아보겠다고 하는 인간들의 생각이 얼마나 무모한 일인지 몰랐을 것이다.

악신과 선신도 모두 인간들 눈높이에서는 천신들이시다. 자신들의 죄는 인정하지 않고 빌지도 않으면서 우환과 불행을 막아보고자 굿을 행하고 부적을 쓰는 것이 얼마나 잘못된 행위였는지 알아야 한다. 한 치의 오차도 없이 악신과 선신은 천상지상 공무를 집행하고 있고 자미국을 통하여 악신의 존재를 최초로 밝힌다고 하시었다.

악신은 인간세상 표현법으로는 죄인들을 벌주는 경찰, 검찰, 판사 역할을 해내고 있는 것인데 죄인 주제에 감히 자신들이 지은 죄는 생각하지도 않고 경찰, 검찰, 판사를 악신이라 하고 있으니 기가 막히는 일이다. 죄인들의 입장에서는 당연히 이들이 악신이다.

천상세계의 법도를 아는 존재가 이 땅에 없었기에 인간들의 삶으로 고통을 주는 존재는 모두 악신이라고 표현했던 것이다. 인류 역사상 최초로 악신의 존재를 밝히니 독자 여러분은 인황의 뜻을 받들어 하루라도 빨리 하늘 자미천황님 전에 굴복하는 것이 살아서나 죽어서나 살 길을 찾는 상책이다.

인황이 전해 주는 악신(천신)의 말을 무시하는 독자들이 있다면 살아있어도 살아있는 것이 아니고 언제 꺼질지 모르는 바람 앞에 촛불이 될 것이다. 목숨뿐만이 아니라 재물과 권력, 명예와 가정, 기업이 무너지고 그동안 소중하게 이룬 모든 성공이 흩어지는 지옥세계의 고통을 살아서 체험하게 된다는 진실을 전한다.

악신들의 원풀이 한풀이 대상이 되기 전에 피신처인 자미국에 들어와 그동안 하늘을 찾지 않고 몰라보며 무시한 죄, 조상님을 찾지 않고 몰라보며 무시한 죄, 신과 영을 찾지 않고 몰라보며 무시한 죄를 진정으로 빌어야 한다.

독자들 하나가 죽는다고 악신들의 심판이 끝나는 것이 아니라 자손 대대로 심판이 이어질 것이니 살아서도 죽어서도 하늘과 조상님, 신과 영들의 심판을 피할 길이 없으니 깨끗하게 하루라도 빨리 승복하는 것이 본인이나 가족 모두를 구원하고 지키는 길이다.

이 책을 읽는 독자 여러분의 마음을 악신(천신)들이 실시간으로 모두 지켜보고 있다는 점도 알려준다. 독자들이 "이런 게 어디 있어? 사이비야, 사기꾼이야" 하고 부정하고 비판하면 당일부터 재앙이 시작될 것이니 명심또 명심하기 바란다. 한 치의 오차도 없이 여러분의 삶에 실시간으로 악신들의 천지조화가 재앙으로 이어져 나타날 것이다.

## 천제(天祭)

조상님, 신, 영에 대해서는 전혀 관심이 없고 오직 기업이 잘 되어 돈 많이 버는 데만 집착하고 있는 사람들이 의외로 많다. 그래서 단골 무당을 두고 정기적으로 천신제, 칠성제, 산신제, 용신제, 지신제를 지내고 있는 대기업들이 생각보다 많다.

이런 사람들을 위한 천제의식이 있으니 자미천제(紫微天祭)이다. 태초의 하늘 태상천존 자미천황님께 올리는 천제로서 천신제, 칠성제, 산신제, 용신제, 지신제를 별도로 올리지 않아도 되는 의식이다. 이분들 모두가 함께 자미천제의식에 합의동참하기 때문이다.

기업의 번창과 안정을 도모하고 인사사고 예방, 재해예방, 부도예방, 공금횡령예방, 화재예방을 막아달라고 하늘에 올리는 인류 최초의 의식이 자미천제이며 매년 1~2회 또는 분기별로 올릴 수 있다.

자미천제를 올려도 하늘께서 잘 받으셨는지 이 세상 어느 누구도 알 수가 없지만 자미국에서는 하늘의 말씀을 직접 들을 수 있으니 속이 후련할 것이다.

자미천제의식은 위대하시고 대단하신 하늘 태상천존 자미천황님, 천상선감님, 천상천감님, 천상도감님, 자미인황님을 비롯하여 천지신명 일월성신님, 오악명산 신령님, 사해수부 용왕님, 북두대성 칠원성군님, 소거백마신장님, 천하장군님, 지하장군님, 작두장군님, 철갑장군님, 백마장군님, 용장군님, 천하대신님, 지하대신님, 옥황상제님, 12대신님 등 모든 분들께 올리는 천제의식이다.

그동안 무속세계에서 위대하신 분들을 오염시켜서 찾지 않았으니 진실을 가르쳐주시었다. 무속인들이 천상의 대단하신 분들의 존재를 너무 저급하게 알려서 세상 사람들이 이분들을 무속세계에만 계신 분으로 생각하고 낮게 평가하고 있었다.

일월성신님은 해와 달 · 별을 주관하시는 신명님이시고, 북두대성 칠원성군님, 오악명산 신령님, 사해수부 용왕님, 소거백마신장님, 천하장군님, 지하장군님, 작두장군님, 철갑장군님, 백마장군님, 용장군님, 천하대신님, 지하대신님, 옥황상제님, 12대신님 등등은 인간의 길흉사도 좌우하시는 분이시고 하늘 자미천황님의 창조이신데 이분들을 무시하면 하늘을 무시하는 것이라 가르쳐주시었다.

이분들은 각기 맡은 바 역할이 모두 다르시다고 하신다. 대통령 혼자서 나랏일을 모두 할 수 없어 총리, 부총리, 장관, 차관, 1~9급까지 공무원과 국회의원이 있듯이 자미천황님이 하늘이시긴 하지만 천상지상의 공무를 모두 주관하실 수 없다는 말이다. 이분들은 인간세상 직책으로 말하자면 총리, 부총리, 장관급에 해당된다.

그러니까 이 모든 분들이 자미천황님의 천상지상 공무를 하달받아 분야별로 공무를 집행하시는 분들이라는 뜻이다. 대표적인 이분들 외에도 무수히 많은 신명님과 신들이 계신다.

자미천제를 올리면 이 대단하신 모든 분들이 함께 해주시기 때문에 회사의 사업부진, 인사사고, 부정비리폭로, 공금횡령, 화재, 차 사고, 부도, 재난과 재앙, 기타 사고가 실시간으로 막아져서 기업운영이 원활하게 돌아가게 될 것이다.

재앙을 막아주시는 분, 도둑을 막아주시는 분, 회사 공금횡령을 막아주시는 분, 잡귀들을 막아주시는 분, 화재를 막아주시는 분, 거래처를 늘려주시는 분, 수금을 잘되게 해주시는 분, 회사기밀 누출을 막아주시는 분, 자동차 사고를 막아주시는 분, 회사를 부흥번창하게 해주시는 분들이 분야별로 계시다는 말이다.

지금까지는 모든 것을 하늘 자미천황님(대통령) 한 분께만 해달라고 했던 것이 하늘을 얼마나 힘들게 하였는지 알게 해주시면서 이분들의 존재를 가르쳐주시었다.

구미의 불산 가스 누출사고 같은 대형사고도 자미천제를 올렸다면 예방

할 수 있었던 사고이다. 인간의 힘으로는 예방하기 불가능한 일들을 신들은 해내신다. 자미천제를 올리면 대단하신 분들이 실시간으로 지켜보시고 사고가 날 것 같으면 어떤 조치를 하게 보살펴주신다.

대구 지하철 대형화재 사건도 마찬가지로 자미천제를 올렸다면 분명히 예방될 수 있었던 사고이다. 그러나 사람들은 사고가 발생하지 않으면 그 고마움을 잘 모른다. 천안함 폭침사건, 연평도 포격사건도 나라에서 자미천제를 올렸으면 발생하지 않았을 사건들이다.

대기업들일수록 계열사가 많고 채용인원도 많아서 각종 사건사고가 수시로 일어나는데 기업 사주와 관리자의 능력으로 사건사고를 모두 막아내기는 역부족이다.

나라는 나라대로 자미천제를 연 2~4회는 올려야 괴질(사스, 신종플루), 광우병, 태풍, 폭우, 홍수, 가뭄, 혹서, 혹한, 폭설, 지진, 해일의 천재지변과 국가적 대형 사건사고가 발생하는 것을 막을 수 있다. 또한 독도 영유권분쟁 같은 것도 하늘의 능력, 신의 능력이 아니라면 일본의 망발을 막아낼 방법이 없다.

2012년에 새로 선출되는 나라의 대통령은 자미국에서 정기적으로 자미천제를 올려야 한다. 이것이 나라가 번영하는 지름길이다. 또한 국영기업체도 정기적으로 자미천제를 올려야 한다.

경기불황, 경기침체를 앉아서 한탄하지 말고 정부나 기업인들 모두 자미국의 문을 열고 들어와서 하루속히 자문을 구해야 경제회복의 길이 열린다. 때를 놓쳐 실기하면 나라와 기업의 경제를 회복시키는 데 더 많은 세월이 필요하게 된다.

기업은 기업들대로 규모가 크고 작음에 따라서 소기업은 자미천제를 최소 연 1회는 올려야 하고, 중기업은 2회, 대기업은 3개월마다 분기별로 자미천제를 올려야 기업에 대형 사건사고가 예방될 수 있다.

불황 타개는 하늘의 능력, 신의 능력이 아니면 회복이 불가능하다. 우리나라만 경기회복이 되어서는 한계가 있기 때문이다. 전 세계적으로 경제가 회복되어야 우리나라 경제도 빨리 회복한다. 세계의 경제를 좌우하시는 분들이 하늘과 신이시다.

세계적으로 전쟁이 일어나는 것도 인간의 능력으로는 막을 수 없고 하늘의 능력, 신의 능력이라야 막아진다. 전 세계 각 나라에서 발생하고 있는 전쟁도 하늘의 분노, 신의 분노로 인한 것이기에 자미국을 통하여 막지 않으면 지구촌에서 전쟁이 끊이지 않을 것이다.

이 나라에 인류의 수도를 속히 세워야 하는 당위성이다. 대단하신 하늘 자미천황님과 수많은 천상지상 신명님들의 입과 손발이 되어 이분들의 원과 한을 풀어드려서 위대하신 분들의 존재를 만 세상에 알리는 천지대업 이외에 세계의 전쟁을 막아내고, 세계통일, 세계경제, 국내경제를 회복시켜서 인류를 평화로이 살게 해주기 위함이다. 자미국이 아니면 해낼 수 없는 대단한 일들이다.

세계경제는 물론 우리나라의 경제회복에 대한 천력과 천권은 하늘과 신, 자미국의 저자에게 있다는 최초의 진실을 밝힌다. 우리나라뿐만이 아니라 전 세계 각 나라에 수많은 종교들이 있고 그들이 나름대로 기도를 하며 전쟁을 막아보고자, 경제를 회복시켜보고자 하지만 결국 최악의 상황에 직면하게 되었다.

종교인들의 기도로 해결될 일이 아니다. 우리나라에도 난다 긴다 하는 도인, 도사, 신의 제자, 영 능력자들이 무수히 많지만 하늘을 통하고 신을 통하여 막아내지 못하였기에 오늘에 이르렀다. 이제 이 나라와 세계 각 나라의 마지막 유일한 희망은 자미국 하나뿐이다.

자미국은 종교가 아닌 인류의 수도이다. 천상세계의 위대하신 모든 분들이 함께 해주고 계신 대단한 곳이기에 대한민국 정부와 국내기업과 세계 인류는 하루속히 자미국에 들어와서 하늘과 신들에게 굴복하는 것이 살아날 수 있는 유일한 길이다.

태초의 하늘에 대한 진실을 알려주는 것이니 국가 고위공직자와 기업인들은 저자 인황의 말을 참고하고 자미천제를 올리고 올리지 않고의 선택은 국정 책임자와 기업 사주들의 자유이다. 자미천제는 자미국에서만 올릴 수 있는 대단한 천상지상 의식이다.

이 나라의 종교뿐만이 아니라 세계종교의 힘으로도 막아내지 못한 인류의 재앙은 자미국을 통해야만 막을 수 있다.

제3부

# 영의 부모

존귀하신 영혼의 부모님
신들이 간절히 원하는 것
자미천황님을 찾지 않으면
몸 안의 신이 가장 무서운 존재
천지를 통합하는 공무
인류의 구심점으로 추대

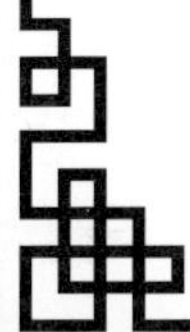

## 天 존귀하신 영혼의 부모님

사람들은 하늘이라 하면 대부분 한 분을 생각하는데 33천의 하늘이 있고 33명의 하느님을 지휘통솔하시고 다스리시는 최고의 하늘이 자미천황님이시다.

기독교세계의 하늘, 불교세계의 하늘, 도교세계의 하늘, 무속세계의 하늘, 인간세계의 하늘, 지옥세계의 하늘, 축생세계의 하늘, 아귀세계의 하늘 등등 33명의 하늘이 계신다.

33개 하늘 중에 하늘과 땅을 창조하시고 가장 위대하시며 대단하신 영의 부모님이 자미천황님이신데 인류가 하늘세계의 진실을 몰라보고 하늘을 하나로 알고 있다.

독자 여러분의 인간육신과 생령, 조상님의 죄를 사면해 주시어 구해 주시고 보호해 주시며 사랑해 주실 분은 자미천황님뿐이시다. 여러분의 보호자, 부모형제는 100년 안에 모두가 죽어야 하기 때문에 더 이상 보호를 받을 수 없지만 하늘은 영원히 보호해 주신다. 인간들은 수시로 배신하여도 하늘은 영원히 배신하지 않으신다.

하늘의 진실을 몰라서 수많은 사람들이 자신의 영을 태초로 창조하신 자미천황님을 몰라보고 있다. 여러분 인간, 조상님, 신, 생령들이 원하고 바라는 진정한 구원은 진짜 자신의 영을 창조하신 자미천황님을 찾아야 한다.

영의 부모님, 구원자, 죄 사면권자는 단 한 분 위대하신 하늘 자미천황님뿐이시다.

독자 여러분의 영을 태초로 창조하신 자미천황님을 찾지 않고 몰라보면 하늘을 무시한 죄인이고, 역천한 죄인의 신세를 면할 수 없다. 그렇지 않아도 전생에 지은 죄와 빚이 태산처럼 많은데 또다시 죄를 짓는 역천자가 될 것인가?

영을 구해 주실 부모님이신 진짜 하늘 자미천황님을 몰라보고 무시하며 알려 하지 않는다면 억만 겁의 세월 동안 이어질 지옥세계의 모진 형벌을 어찌 감당할 것인가?

누가 진짜 자신의 영의 부모님이신지, 누가 진짜 구원자이신지, 누가 진짜 죄 사면권자이신지 이제는 알았으니 진심으로 인정해야 하지 않을까 싶다. 지금까지 지은 죄도 많거늘 얼마나 더 많은 죄를 짓고 인생이 뒤집어지고 죽어봐야 정신 차릴 것인가?

이곳에서 행하는 모든 천상의식은 대단하신 자미천황님, 신명님, 하나님, 미륵님, 자미인황님께서 함께 해주시는 귀하디귀한 의식이다.

천상세계의 대 능력자분들께서 위대하시고 존귀하신 하늘의 말씀도 전해 주시고 인간, 조상님, 신, 생령들을 구해 주시는 인류 최초의 천상지상 공무를 집행하고 계신다.

그래서 천상의식은 두 번이라는 게 없고 단 한 번뿐이다. 각자의 조상님을 구원하는 천상입궁의식, 신과 영들을 구원하는 천인합체의식은 천상의 대단하신 분들이 행해 주시기에 두 번, 세 번씩 의식을 행하지 않아도 된다.

자미국에서 의식을 두 번 행한다는 것은 먼저 행한 구원의식이 잘못되었다고 부정하는 꼴이 되고 인간, 조상님, 신, 생령들을 구원해 주신 영의 부모님이신 하늘 자미천황님을 못 믿는 것이 되어 또 다른 큰 죄를 짓는 역천자가 된다.

인간, 조상님, 신, 생령들은 하늘 자미천황님께 구원받으려면 의심하지도 묻지도 따지지도 말고 영의 부모이신 하늘께서 내리시는 사랑의 윤허를 받아야 한다.

하늘세계, 천상세계, 지옥세계, 사후세계, 영의 세계에 대해서 이제 조금 알았으니 더 이상 검증하려 하지 말고 하늘이 내리시는 구원의 뜻을 속히 받들어야 한다.

천상의식을 행하다 보면 저절로 감동이 일어나서 눈시울이 붉어지고 가슴이 뭉클하고 눈물이 북받쳐서 울음이 터져 나올 때가 많다. 정말 대단하신 분들이시고 대단하신 능력자들이시다. 인류 최초로 당신들의 존재를 밝히시었다.

이분들을 만나 구원받는 행운은 억겁의 인연이 닿아야 한다. 전생에서 어느 시절 함께 했었던 귀한 인연이 있었기에 현재 인간세상에서 다시 만나 구원받는 것이라고 밝히시었다. 그만큼 하늘께 구원받는다는 것은 상상을 초월하는 대 경사이자 행운이다.

인간이 지구에 탄생한 이래 처음으로 수많은 인간, 조상님, 신, 생령들을 구원해 주시는 천상지상 공무를 벌이고 계신 것이니 선택받은 독자들은 행운아 중의 행운아들이다.

천상의 대단하신 분들의 말씀을 직접 들을 수 있으니 상상을 초월한 일이고 인류가 천지개벽할 최대의 행운이고 경사이다. 인류를 구원해 주시는 정말 대단히 감사하신 분들이시다.

태초의 하늘은 자미천황님이시고
태초의 신은 천상선감님이시고
태초의 영은 천상천감님이시고
태초의 도는 천상도감님이시고
태초의 인간은 자미인황님이시다.

33개 천상세계의 하느님이신 모든 천주님, 땅과 인간, 신과 영, 도를 태초로 창조하시고 지휘통솔하시는 위대하신 태초 하늘이 태상천존 자미천황님이시다.

신명님이신 천상선감님의 핏줄이 천상과 지상의 모든 신들이고, 하나님이신 천상천감님의 핏줄이 모든 영(생령과 사령)들이며, 미륵부처님이신 천상도감님은 사후세계를 관장하시고, 태초 인간 자미인황님의 핏줄이 인간육신이다.

인간으로 태어나서 자미국에 들어와 저자를 통하여 이 대단하신 모든 분들을 알 수 있다 함은 살아서나 죽어서나 다행스러운 일이고, 천상의식을 행하고 천지대업에 참여하는 인간, 신, 영, 조상님들 모두에게 기쁜 일이자 영광이고 행운이다.

## 天 신들이 간절히 원하는 것

하늘과 땅의 주인이신 하늘의 뜻을 제대로 아는 사람 얼마나 될까?

자미국은 진짜 하늘의 존재를 알리고 싶은 것이지만 세상에서는 그 해답을 찾을 수 없다.

사람들은 하늘이 계시되 어디에 계신 줄 모르고 살며, 하늘은 계시되 그 모습을 보지 못하고 있다. 사람들만 원하고 바라는 소원이 있는 것이 아니고 하늘도 사람들에게 바라는 소망이 있으시다.

무지했기에 우리들이 여태껏 하늘에 해드린 것이 소원발원이었다면, 이제는 우리가 한 번쯤은 하늘의 소원을 먼저 들어드려야 할 때가 되었고, 우리네가 하늘로부터 받은 끝없는 사랑과 축복을 되돌려드림이 인간의 도리라고 생각한다. 기나긴 세월 동안 하늘에서는 우리들의 크고 작은 사연들을 끝없이 들어주셨다.

전지전능하시되 우리들에게 모습을 감추시고, 말씀을 하시되 음성과 언어가 우리들과 틀려 듣는 이가 없어 답답해 하시는 하늘의 손과 발 그리고 입이 되어드려 하늘의 소원을 들어 드리는 것이 하늘을 믿는 사람의 도리가 아닐까 싶다.

여태까지의 모두는 하늘의 의중이나 심중을 중히 여기지 아니하고 인간이 편안한 대로 정해서 행하고 난 뒤 하늘께 고하는 형식이었다면 이제부터는 행하기 이전에 하늘에 먼저 고하고, 하늘이 원하시는 대로 행하여 드림이 인간들의 기본 도리라고 하늘은 오늘도 온몸을 통하여 말씀으로 내려주신다.

이런 하늘의 진정한 뜻을 알고 있는 사람들이 얼마나 있을까? 존귀하신 하늘과 대화를 주고받다 보니 인류가 경악할 일들이 이외에도 매우 많았고, 우리의 모든 뜻을 이루어줄, 말 그대로 전지전능하시며 대단한 능력을 가지고 계신 분이시며 존경과 사랑 그리고 이 한 몸 다 드림에도 부족함이 든다.

일반인들 눈에는 하늘이 파란 것만 보이지 그 속에 천상 자미천궁에 수억만 경에 이르는 신들이 살고 있다는 것을 생각하지 못하고 있다. 대화를 통해서 하늘의 뜻을 전하고 싶은데 알아듣는 이가 없으니 참으로 답답한 노릇이라 하신다.

사람들의 능력은 언제나 한계에 부딪히지만 하늘의 능력은 무한하시기에 하늘은 인간의 손과 발, 입을 빌리고, 사람들은 하늘의 신비한 영적 능력을 빌리는 것으로 상호 공존공생하는 인류의 수도 자미국 자미천궁을 이 땅 위에 세우고자 함이다.

천인합체의식을 현실로 이루어냄으로써 인류가 죄인의 굴레에서 벗어날 수 있다. 누군가는 이루어낼 수 있었기에 영의 부모님이신 하늘께서 우리들에게 숙제를 주시었고, 숙제를 주신 이상 정답은 반드시 어딘가에 주어져 있다.

여태껏 수천 년 동안 미로 속에 감추어졌던 하늘의 답을 이제는 주셨으니, 다 같이 참여하여 전생과 현생의 죄를 빌어 근심 걱정 없는 세계를 죽어서가 아닌 생전에 이루라는 하늘의 말씀이시다. 하늘이 내리시는 말씀을 행하지 않으면 구원받지 못한다.

기도만 열심히 하고 행하지 않으면 아무런 조화도 보여주시지 않는다 하셨다. 하늘과 저자의 뜻을 받들어 한마음 한뜻으로 영의 부모님이신 하늘 자미천황님의 세상을 열어가는 데 참여함이 도리일 것이다.

## 天 자미천황님을 찾지 않으면

누구나 한 번쯤은 '정말 하늘, 땅, 인간, 삼라만상을 태초로 창조하신 절대자 영의 부모 하늘이 계실까?'라고 반신반의하며 세상을 살아가고 있을 것이다.

우리 인간육신의 눈으로는 형체가 보이지도 만져지지도 않고, 음성이 들리지도 않고, 냄새도 소리도 없으시기 때문이다.

하지만 위대하신 하늘께서는 실제로 존재하고 계신다. 인간들은 진실 자체를 왠지 부담스러워 한다. 현실에 맞게 권력과 많은 재물을 갖고서 적당히 부귀영화 누리며 잘 먹고 잘살다가 세상을 떠나는 것이 인류의 공통된 희망이자 목표이다.

독자 여러분은 하늘과 땅이 인간에게 내리시는 추상같은 말씀이 무엇인지 생각해 보았는가? 하늘의 어떤 말씀이 있을 것이라고 생각조차 못하고 세상을 살아가는 사람들이 대다수일 것이다.

하늘과 땅이 전하시는 진실은 수많은 사람들이 찾아 헤매던 33개의 하늘 중에 최고 높고 높으신 영의 부모님에게 죄를 빌고 진실의 말씀을 들어보라는 것이고 이것이 대단하신 하늘과 땅이 내리시는 인류 최초의 말씀이시자 천지의 도이다.

여러분이 현생이나 사후세계에서나 정신적으로 의지할 대상을 간절히 찾고 싶다면 영을 창조하여 이 땅으로 보내주신 자미천황님의 말씀대로 행하여야 한다.

기독교 천주교의 하나님(천상천감님)께서 태초의 하늘을 찾지 않고 몰라보며 알려 하지 않는 모든 자들을 잘못되었다 하셨다.

하나님께서는 의식 때마다 난생처음 들어보는 대단한 하늘의 말씀들을 무수히 전해 주시는 감사한 분이시다. 기독교, 천주교 안에서조차도 상상도 못해 본 일들이 일어나고 있다.

하늘의 귀한 말씀을 수없이 많이 들어서 책을 집필하였기에 하늘세계, 사후세계, 영혼세계, 신의 세계, 인간세계의 진실에 대해서는 자미국을 능가할 자가 없다.

감찰신명님, 하나님, 미륵님의 세계를 세우시는 것이 아니라 당신들보다 더 위대하시고 높은 하늘이신 자미천황님의 뜻을 전 세계에 전하시고, 하늘이 계신 천상 자미천궁을 세상에 알려주고, 생령과 사령들이 지은 죄를 밝혀주신다.

지금까지 인류의 영적 지도자가 없어서 모두가 영을 창조하신 부모님이 누구인지 아무도 알 수가 없었기에 다른 세계를 믿음으로써 영의 부모님을 함부로 바꾸는 어이없는 실수를 하였고, 그것이 하늘을 몰라본 커다란 죄가 되었다.

다시 말하면 다른 세계를 믿는 모두가 하늘을 바꾼 죄인들이고, 육신을 창조해 주신 자신들의 부모조상님들을 마음대로 바꾸는 엄청난 죄를 짓게 된 것이다.

하늘과 땅의 부모님을 마음대로 바꾸었으니 이를 환부역조한 죄인이라 하는 것이다. 복을 받는다고, 답답하다고, 병이 낫는다고, 더 잘살기 위하여 하늘과 조상님을 바꾸는 역천의 죄를 지었으니 이를 어떻게 빌고 용서받을 것인가?

모르고 지었던 알고 지었던 큰 죄인들이니 속히 죄를 빌어 죄인의 굴레에서 벗어나야 한다. 자미천황님을 찾지 않고 몰라보면 인생이 더 답답하고 매사 일이 안 풀린다.

죄인들은 하늘과 땅이 내리시는 복을 받을 자격이 없기 때문에 알 수 없는 고통과 불행의 세월 속에 살아갈 수밖에 없다. 현생과 내생의 죄를 사면해 주시고 구원해 주심도 태초의 하늘이시다. 전생과 현생에 지은 죄는 빌지 않으면서 복 받기를 바라고 잘 살기를 바란다면 그 마음이 바로 못되고 나쁜 마음이다.

영의 부모님이신 하늘과 육의 부모님이신 조상님들께서는 자식들의 못난 행위에 피눈물을 흘리시는데 죄를 빌 생각은 하지도 않고 복 달라, 성공과 출세를 외치고 있으니 기가 막힐 노릇이다.

하늘의 진실을 전하는 영도자가 없기에 인류가 몰라서 그랬을 것이라며 하늘과 조상님들께서는 오늘도 뉘우치며 찾아줄 기회를 모두에게 평등하게 주고 계신다.

공감한다면 마음을 청정하게 한 뒤에 하늘과 조상님을 배신한 죄를 가슴 아파하며 진정으로 뉘우치며 용서 빌어야 살 길이 열린다. 수많은 사람들이 하늘세계, 조상님의 사후세계 진실을 몰라서 인간들이 만든 관습과 이론의 굴레에 갇혀 있다.

하늘은 하나가 아니라 33개의 하늘이 있다.

그중에는 지옥세계가 제1천의 하늘이고, 아귀계가 제2천의 하늘이고, 축생계가 제3천의 하늘이고, 아수라계가 제4천의 하늘이고, 인간계가 제5천의 하늘이다.

사왕천이 제6천의 하늘이고, 도리천이 제7천의 하늘이고, 야마천이 제8천의 하늘이고, 도솔천이 제9천의 하늘이고, 화락천이 제10천의 하늘이고, 타화자재천이 제11천의 하늘이며 제12천의 범중천부터 제33천의 비상비비상천까지가 모두 하늘나라이다.

제7천의 하늘인 도리천이 하나님(기독교, 천주교)이 계신 세계이고, 제9천의 하늘인 도솔천이 미륵부처님(도교, 불교)이 계신 세계이다.

기독교와 천주교에서 믿는 하나님은 하늘로부터 천상천감님이라는 관명을, 도교와 불교에서 기다리는 미륵부처님은 하늘로부터 천상도감님이라는 관명을 받으시고 함께하고 계신다.

기독교에서는 하나님(천상천감님)이 천지를 창조하신 전지전능의 절대자라 알고 있지만 하늘의 진실은 그것이 아니었다. 하나님을 창조한 더 높은 하늘이 계시는데 그분이 자미천황님이시다.

첫 번째 하늘인 지옥세계 하나님, 두 번째 하늘인 아귀계 하나님, 세 번째 하늘인 축생계 하나님, 네 번째 하늘인 아수라계 하나님도 믿는다는 것인지 묻고 싶다.

기독교 천주교에서 말하는 하나님을 믿는다면 도리천 하나님(도리천주님)이라고 불러야 맞다. 기도를 하면서 하나님, 하느님이라 부르면 33개의 하늘이 모두 자기들을 부르는 줄 알고 찾아온다는 진실을 세상 어느 누가 알겠는가?

기독교와 천주교인들은 이제부터 하나님, 하느님이 아닌 도리천주님이라 부르고, 불교 도교인들은 부처님이 아니라 도솔천궁의 주인이신 도솔천주님이라 불러야 한다.

지옥계, 아귀계, 축생계, 아수라계의 하나님, 하느님이 함께 찾아오기 때문에 함부로 부르고 믿으면 잘 되는 것이 아니라 인생이 뒤집어져 삶이 더 힘들어진다.

이 모든 33개의 하늘을 지휘통솔하시며 절대 통치권을 행사하시는 분이 태초의 하늘이시고 여러분의 영을 창조하여 이 땅으로 보내주신 자미천황님이시다.

아무 하늘이나 찾다가는 복이 아니라 하늘 자미천황님을 바꾼 역천자 죄인이 되고 날벼락 맞아 여러분 인생이 지옥세계 삶으로 돌변한다. 하늘의 진실을 전해서 한 명이라도 죄인의 굴레에서 벗어나게 해서 진짜 영의 부모님께 인도하는 것이 저자가 이 땅에 태어난 사명을 완수하는 기쁜 일이다.

세상 사람들이 모두 진실을 부담스러워하고 태초의 하늘 말씀에 대하여 거부하고 부정할 것인데 이 역시 용서받지 못할 역천자 죄인들이기 때문이다.

그동안 하늘께 지은 죄를 사면받을 수 있는 길이 열리고 있는데 거부하고 부정하는 것은 죄 사면받을 마지막 기회를 스스로가 거부하는 것이니 이 또한 각자의 팔자이다.

태초의 하늘께 용서받지 못할 큰 죄를 지은 죄인들이 결사적으로 거부하고 부정하리라. 하늘의 진실이 부담스러워도 더 이상 죄를 짓지 않으려면 이제라도 자미천황님을 찾아야 한다. 인간세상에 처음으로 전해지는 진실이다 보니 어디에다가 비교하고 물어볼 곳이 없어서 부정하는 사람들도 있다.

난생처음 들어보는 말을 하니 맞는 말인지 틀린 말인지 알 길이 없어서 더 그럴 것이다. 주위 사람들에게 물어봐야 대부분 부정적으로 말할 것이다. 왜냐하면 그들은 하늘께 뽑힌 사명자가 아니므로 자미국에 방문했다 하더라도 하늘의 귀한 사랑을 받지 못할 죄인들이기에 자미국을 부정적으로 말할 수밖에 없다.

방문도 하지 않고 책만 구독하고 비판하는 사람들은 스스로 죄를 짓게 되어 고통과 불행한 삶이 계속 이어진다. 하늘의 말씀을 받아 자신의 생령과 사령(조상님)을 구할 사명자가 아닌 사람들과 영적 수준이 낮은 사람들, 죄를 많이 지은 사람들은 책을 여러 번 읽어봐도 하늘의 실체에 대하여 이해하지 못한다.

위대하신 하늘께 사명자로 뽑힌 하늘이 보내신 사명자들만 들어올 수 있는 공간이기에 아무나 들어올 수 없고, 한 가구당 사명자 1명만이 들어올 수 있다.

여기는 이론을 전파하는 곳이 아니라 하늘의 진실 말씀을 전하고 인류(인간, 신, 생령, 사령)가 전생과 현생에서 지은 죄를 최초로 빌게 하여 구해주는 곳이다. 자신들의 죄를 빌어 영의 부모님께 사면받지 못하면 구원받을 수 없다.

하늘과 땅이 내리시는 말씀이다.
아무 하늘이나 믿지 마라.
자신을 낳아주신 사령(부모조상님)들을 구하라.
자신의 신과 생령(예비귀신)을 구하라.
가족의 생령들을 구하라.
하늘께 감사함을 올려라.

## 天 몸 안의 신이 가장 무서운 존재

하늘의 말씀을 받은 사람이 살아생전에 그 말씀을 행하지 않고 죽으면 사후에 그 죄를 반드시 묻게 되는데 이러한 사실을 알고 살아가는 사람이 몇이나 있을까? 우리의 상상을 초월하는 형벌이 기다리고 있건만 사람들은 살아생전에는 그 뜻을 알 수가 없다.

말씀은 살아 숨 쉬는 하늘의 보이지 않는 메시지이다. 이를 따를 것인가 그냥 지나칠 것인가는 각자의 자유이다.

태초의 하늘과 신, 생령, 조상님들로부터 받은 메시지는 자미국 자미천궁 건립 사명을 받고 이 땅에 태어난 사람들은 즉시 궁전을 세우라는 것이었다.

하늘과 신, 생령, 조상님의 말씀이다. 자미천황님과 신, 생령, 조상님을 대신하여 말씀을 전달했으니 그것을 행하고 행하지 않고는 건립 사명자 각자가 판단할 사항이다.

하늘, 천지신명님, 생령, 조상님들은 여러분이 어떤 결심들을 내릴지 지켜보며 기다리고 계신다. 인류의 통합을 창출해 낼 역사의 탑을 세우는 천지대업이다.

책을 읽으면서 신비한 천지기운을 느낀 독자들은 하늘과 신, 생령, 조상님으로부터 선택받은 독자들이다. 그것은 이분들의 말씀이 전달되었음을 입증하는 것이다.

어떤 사명을 완수해야 하는지 이분들의 말씀을 들어봐야 한다. 하늘의 천령정기 기운을 직접 몸으로 느끼는 독자들이 많다. 의식을 행하면 온몸으로 하늘의 기운, 신의 기운, 생령의 기운, 조상님의 기운이 아주 강렬하게 내린다.

몸 안의 신과 생령이 가장 무서운 존재이다. 하루에도 수십 수백 번 사람의 마음이 변한다. 신과 영들은 사람의 마음을 자유자재로 바꾸는 능력이 있지만 일반인들은 그런 진실을 알 수가 없다.

죄인의 신분이지만 이 세상 태어날 때 사람들 모두가 한 가지 사명을 받고 태어났는데 그것을 살아생전 알고 살아가는 사람들은 없다.

인간세계에 태어난 사람은 반드시 하늘의 뜻대로 살아야지, 자기 마음대로 살다 죽으면 축생이나 곤충으로 태어나거나 지옥세계의 형벌을 감수해야 한다.

사후세계에서 고통받고 있는 조상님들과 대화해 보면 자손들이 수없이 많은 의식을 해드렸는데도 불구하고 모두가 형벌을 받느라 무척이나 고통스러워하고 있다. 대부분의 사람들은 죽으면 모든 것이 그것으로 끝인 줄 알고 살아간다.

지옥에 갇혀 있는 조상님들의 자손들은 인간세상에서도 매사 되는 일이 없고, 사건사고에 휘말리며 차마 감내하기 어려운 모든 고난을 겪고 살아간다고 전해 주었다.

살아있는 독자 여러분은 죽어서 축생계로 태어난 조상님과 지옥세계 명부전에서 형벌을 받아 고통스러워하는 자신의 조상님을 빨리 구해 드려야 한다.

가정마다 크고 작은 우환과 질병 그리고 근심 걱정 없는 집이 없지만 지금까지는 방법을 모르고 길을 몰라 힘들어하였다면 이제부터는 조상님을 구하고 하늘에 지은 죄를 빌어서 구원받아야 한다.

## 天 천지를 통합하는 공무

**하늘, 천지신명님, 신, 영, 조상님들의 원과 한을 풀어주는 자미국**

하늘에서 내리는 메시지를 해석하지 못하여 오늘 이 순간도 질병과 우환 그리고 사업실패로 세상과 스스로를 비관하며 괴로워하고 아파서 남모르게 목숨을 끊는 사람 몇이던가? 하늘의 기운을 이제는 순순히 받아들여야 한다.

위대한 하늘의 뜻을 이루고자 각자 나름대로 고생과 노력을 하였음에도 왜 그 뜻을 이루지 못하고 죽었을까?

열심히 믿고 따르고 매일같이 기도 정진한다고 하늘의 문이 열리는 것은 아니다. 오랜 세월 갈망해 오던 해법과 열쇠는 하늘만이 알고 있기에 인간이 열망한다고 열리는 것이 아니라 하늘에서 열어주시어야 하늘을 통할 수가 있다.

분명히 저 높고 높은 세계에 하늘이 존재하고 계신 것은 인정하면서 하늘이 할 일을 인간이 마음대로 행하려 하니 하늘을 분노케 하고 있다. 인간사에서도 열심히 노력 또 노력을 해도 안 되는 일은 포기를 해야 새로운 인생을 찾아 성공할 수 있지, 안 되는 일을 계속 이행함에 있어서 고통이 너무 많다.

인생사가 그러하듯이 하늘의 뜻을 받들고 펼침에 있어서도 안 되는 일은 하늘의 뜻이 아니었기에 이루어지지 않음이니 이제는 하늘을 그만 답답하게 하고, 원뜻을 알아 현실에서 이행함으로써 하늘의 소원을 먼저 이루어 드려야 한다.

자신들이 인간으로 태어난 사명이 무엇인지 아직도 모른 채 세상을 떠나가고 있으니 실로 안타깝다. 하늘은 지금도 수많은 메시지를 보내고 있건만 자기 뜻대로만 살아가다 보니 하늘의 원성을 감당할 길이 없다. 하늘의 자미천황님께서는 오늘도 사람들을 탄생시키고 목숨을 거둬들이고 있건만 운이 없어서 죽은 줄 알고 있다.

하늘에서 내린 말씀을 받들지 않아 청춘에 죽어서 세상을 떠나거나 세상을 살아가면서 온갖 풍상을 겪고 있다. 여러분은 진정 누구이며 무엇 때문에 태어났더란 말인가?

돈 많이 벌고 권력과 명예를 갖기 위해서 태어난 것이 아니라 하늘에 지은 전생의 죄를 빌어서 용서받아 천인으로 태어나 천상으로 올라오라는 사명을 완수하기 위해 태어났다.

신과 영은 육신이 죽으면 하늘의 심판을 받으니 인간육신처럼 80평생의 고통을 받는 것이 아니라 억겁의 세월 동안 벌을 받는다. 부자든 가난하든 각자에게 주어진 수명만을 살다가 가는 세월 이기지 못하고 죽어야 하는 것이 인생사이다.

하늘과 땅의 언어를 깨닫지 못하여 고통 속에 살아가는 불쌍한 사람들이 주위에 많이 있다. 영의 부모님이신 하늘은 늘 같은 위치에서 우리들의 소원을 이루어주셨다.

이제는 우리의 소원만 기도하지 말고 하늘의 말씀도 우리가 들어드렸으면 한다. 우리가 여태껏 행했던 의식이 하늘을 얼마나 힘들게 했을까? 진심으로 생각해 본 적이 있는지 묻고 싶다.

하늘에 기도만 하지 말고, 하늘의 진정한 말씀에 귀 기울여 이제는 철부지에서 성인으로 승화된 모습이야말로 정말 아름답고 빛난 모습일 것이라고 판단한다. 하늘에서 받은 크고도 크신 은혜, 사랑, 지혜 이루 다 헤아릴 수조차 없을 정도로 많고도 많다.

우리 선조들은 은혜를 받으면 은혜로 베풀었고, 사랑은 사랑으로 항상 감사하며 살라 하셨고 그렇게 행하셨다. 우리도 이제는 하늘을 그만 답답하게 하고 하늘의 말씀을 경청하고 소원을 들어드리는 것이 우리의 마지막 숙제가 아닐까 생각한다.

원대한 하늘의 뜻을, 하늘의 말씀을 나 혼자서 감당하고 혼자서 이뤄드리는 것 또한 하늘의 뜻이 아니다. 너와 내가 만나 우리가 함께 한마음 한

뜻으로 하늘의 뜻을 펼치는 것을 하늘은 원하신다.

하늘을 진심으로 열망하고 하늘을 통하고자 하는 사람들이 참여하여, 하늘의 소원도 이루어드리고 하늘의 윤허 아래 근심 걱정 질병 없는 자미천황님의 세상을 만들어야 한다.

모두가 천상의 신과 하나 되어 말씀대로 행하여야만 된다는 것을 값진 대가를 치르고 깨달았다. 그것은 하늘과 땅, 신, 생령, 조상님들이 함께 공존공생하는 태초의 천상지상 자미국 자미천궁을 이 땅 위에 대단하게 세우는 것이다.

왜 병에 걸려 아픈지 모르고 병원으로만 달려가는 것이 우리 인생이다. 그러면 왜 사업이 안 되고, 돈의 노예가 되거나 고통을 받고, 가정은 왜 하루도 편치 않게 부부간이나 가족 간 다툼이 연속되고 가출하게 되는 것일까?

이 모든 것이 하늘과 땅의 말씀이었거늘 그것을 받들고 따르지 않아 고통과 불행을 겪고 있다. 과연 무엇이 자신을 그토록 괴롭힌단 말인가? 그것은 영의 부모님을 바로 알지 못하는 사람들에게 일깨움을 주기 위해 내리시는 하나의 지엄한 경고 메시지이다.

관습과 이론에 심취하여도 채워지지 않는 빈 가슴! 그곳에는 과연 무엇이 들어가야 모든 인생이 풀리고 행복할 수 있단 말인가. 그것은 바로 하늘과 땅이 내리시는 천지기운이다.

천상의식을 올리는 일반인들도 온몸으로 하늘과 땅이 내려주시는 천지조화의 기운을 느끼고 눈물을 흘리며 우는 사람, 몸에 강한 전율과 진동으로 천지기운이 내리는 사람 등 여러 가지 형태로 하늘의 신비조화가 속속 내리고 있다.

이곳은 더 높은 하늘을 찾고, 더 높은 하늘의 뜻을 알려 하는 사람들이 찾아 헤매던 곳이니 종교이론이 좋은 사람들은 지금처럼 다니던 종교세계에 그대로 머무르면 된다.

하늘과 땅의 말씀을 받아 자미국을 함께 세울 천상지상의 인간, 신, 생령, 조상님들이 자발적으로 참여해야 할 경사스런 천지대업으로 산 자와 죽은 자가 함께하는 곳이다.

33천 천상세계에서 자미천황님은 최고 구심점이시고 최고 통치권자이시다. 지상세계에서는 자미국을 구심점으로 세계 각 나라와 세계 모든 종교이론이 통합하는 자미국 세상이 이 땅에 속히 세워지도록 하는 천상지상 공무가 집행되었다.

하늘과 땅이 함께 세우는 인류의 수도 자미국 궁전을 건립할 사명을 받은 인간, 신, 생령, 조상님들이 들어와 함께 참여하는 것이 근본 도리이자 사명이다.

## 天 인류의 구심점으로 추대

나라경제와 세계경제가 침체기에 접어들었다.

이미 예고된 것이었는지도 모른다. 5년 전 저자는 나라경제가 잘 돌아가려면 경제를 살릴 대통령을 뽑아야 한다고 생각했는데 하늘께서 현재의 대통령을 당선되게 해주시었다.

대다수 국민 여러분도 저자와 같은 생각이었을 것이다. 그러나 하늘께서 저자의 뜻을 이루어주시어 현재의 대통령이 당선되었으나 나라의 경제는 모두가 알다시피 어려운 국면이다.

자타가 인정하고 선호했던 경제 대통령.

그러나 하늘의 뜻은 그것이 아니었다. 인간 대통령들이 경제를 살리고 싶다 하여 살리는 것이 아님을 저자에게 현실로 보여주신 것이었다. 결국 경제를 살리는 모든 천지기운도 하늘께서 해주시어야 한다는 교훈을 깨닫게 해주신 5년의 세월이었다. 대한민국의 경제는 물론 세계경제가 살아나는 것 또한 자미천황님의 윤허 없이는 불가능하다는 점이다.

참으로 신기한 사례가 있다.

자미국 개국하기 전 알던 사람이었다. 2000년도 당시에 33평짜리 아파트(사당역 앞 방배동 우성아파트)를 2억 4천에 내놓아도 팔리지 않아 걱정하며 어떻게 하면 좋겠느냐고 하기에 2억 6천에 올려서 내놓으라고 말해 주었다.

부동산에 가서 2억 6천에 올려서 내놓았더니 2억 4천에 내놓아도 안 나가는데 미쳤느냐고 하더란다. 그래도 올려서 내놓았는데 그 다음 날부터 자고 나면 집값이 뛰었고 결국 8억까지 올랐었단다. 그는 집을 팔고 전원주택을 사서 이사를 하였다.

이렇게 천정부지로 집값이 너무 오르자 저자가 비싸다고 푸념 아닌 푸념을 했더니 이후부터 계속 집값이 하락세를 이어가고 있다. 참으로 신비한 일이었다. 나의 뜻을 천상에서 알아들으시고 현실로 즉시 이루어주고 계신다는 것을 알게 되었다.

모두 나라경제가 살아나기를 바라지만 인력으로는 이루어질 수 없다는 것을 지난 5년의 세월을 통하여 알게 되었으니 나라경제를 살리고 싶으면 국민 여러분 다수가 자미국의 천지대업에 참여해야 한다.

하늘과 땅, 저자가 함께 세우는 자미국의 뜻에 국민 여러분이 많이 참여할수록 나라의 경제가 빨리 살아날 수 있다. 저자 인황이 어떤 말을 하는가에 따라서 대한민국의 국운이 크게 달라질 수 있다는 것을 수없이 체험하였기 때문이다.

수많은 천상입궁의식, 천인합체의식, 감사제의식, 천은보사의식을 통하여 영의 부모님이신 자미천황님의 무소불위한 신비 능력을 수없이 체험한 당사자가 저자인데 왜 이런 천지조화를 저자에게 보여주시는 것일까 궁금할 것이다.

하늘이 실제로 존재하고 계심을 저자에게 현실로 보여주시는 것이며 여러분이 노력을 해도 안 되는 일들이 참으로 많을 것인데 이 또한 인간의 능력으로 안 된다는 것을 깨닫게 해주시는 위대하신 자미천황님의 메시지이다.

어떤 사업을 새로 시작함에 있어서 자미국에 들어와 하늘께 고한 후에 시작하여야 하늘의 도움을 받아 실패를 미연에 막을 수 있다. 이를 무시하고 각자 마음대로 행하면 90%는 실패하여 인생의 아픔과 불행을 당한다.

여러분 각자와 가정, 기업, 국가 모두가 해당되는 중차대한 일이다. 하늘에 고하지 않고 행하여 실패하는 일을 할 것인가, 아니면 하늘의 보호와 사랑을 받고 성공할 것인가?

자신들 것이라고 생각되었던 소중한 돈과 땅, 권력, 명예, 인간육신, 가정, 기업, 국가 모두가 하늘의 소유물임을 빨리 인정하는 것이 고통 없이 행복하게 사는 지름길이다.

하늘과 함께하지 않는 현재의 인생은 물론 사후세계는 고통의 바다, 지옥의 바다이다. 저자는 여러분이 한 명이라도 더 하늘 앞에 승복하여 고통과 불행의 세계에서 벗어나 행복 누리며 살기를 갈망하기에 하늘의 진실, 저자의 진실을 전하는 것이다.

나라의 경제가 살아나는 길은 하늘과 땅, 저자가 함께 세우는 자미국이 이 나라는 물론 세계의 중심인 수도가 되어야 한다는 점이다. 또한 위대하신 자미천황님을 인류의 구심점으로 추대하고 옹립해 드려야 우리 민족의 원과 한을 풀고 잘살 수 있다.

나라경제와 세계경제가 사경을 헤매고 있듯이 질병이나 사고로 사경을 헤매는 가족을 바라보며 고통과 슬픔, 괴로움을 겪는 가족 중에 한 사람이 하늘의 사명자로 이 땅에 태어난 사람들이다. 이는 사경을 넘나드는 환자를 바라보며 사명자임을 알아듣게 하여 굴복시키기 위한 시험지(학습교재)에 불과할 뿐이다.

사명자 하나가 가족의 죽음을 통하여 깨달음을 얻어서 하늘 자미천황님 전에 승복하면 사명자의 친가와 배우자의 수많은 직계 조상님(시조까지)과 신, 생령들이 구원받게 된다. 가족의 죽음으로 인한 슬픔과 불행을 통하여 사명자가 깨달아야 더 많은 신, 생령, 조상님들이 구원받을 수 있기 때문이다.

갑작스러운 우환과 불행으로 사람이 죽어나가는 것은 자신의 어떤 선대 조상님들이 자손을 희생시켜 가면서 더 많은 조상님들을 구원하려는 깊은 뜻일 수도 있다.

살아있는 사람들은 죽음 이후의 세계를 모르니 먼저 가신 조상님들이 절박함을 외치는 구원의 소리가 가족의 죽음으로 이어질 수 있으니 더 이상 불행한 사태를 막으려면 사명자들은 자미국으로 속히 들어와서 하늘께 죄를 용서 빌어야 한다.

자미국을 통하여 하늘 자미천황님과 함께하지 않는 여러분의 인생은 이제부터 만사가 불통될 것이고 살아있어도 살아있는 것이 아닌 고통과 지옥의 인생길로 변할 것이다.

하늘 자미천황님을 인류의 구심점으로 추대하여 옹립해 드려야 이 나라에 폭우, 폭설, 혹한, 혹서, 태풍, 낙뢰, 가뭄, 홍수, 해일, 지진으로 인한 천재지변의 피해가 막아질 것이고 세계의 수도로 부상할 수 있으며 나라의 경제가 살아날 수 있다.

제4부

# 신비한 천지조화

금강산 산신님이 말하는 세상
천지조화 부릴 수 있는 기운
청와대 터의 기운은 100년
말하는 대로 천지조화가 일어나
하늘의 기운과 하늘의 말씀

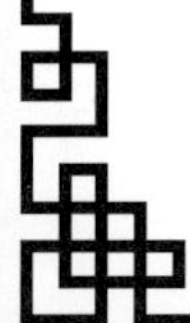

# 天 금강산 산신님이 말하는 세상

산에 정말 산신님이 계시는 것일까 하고 수많은 사람들이 반신반의하고 있다. 저자는 전국의 수많은 명산과 일본 후지산, 발해, 백두산, 만리장성, 금강산, 태백산, 지리산, 한라산, 삼각산, 북한산에 올라가서 기도를 하며 여러 산신님과 통신해 보았다.

사람들의 눈에는 보이지 않지만 산에는 귀신들이 바글바글하다. 복을 빌려고 산을 찾아가는 일반인들과 신의 제자들에게 소름 끼치는 말씀도 해 주신다.

산에서 빌어도 아무에게나 복을 주시지 않으신다고 밝히시면서 산신님께서도 하늘 자미천황님의 뜻을 받아서 공무를 집행하시는데 하늘을 무시한 자, 하늘의 역천자, 하늘의 도망자, 죄가 큰 죄인들에게 복을 내려주면 산신님께서 대신 하늘의 벌을 받아야 하기에 복을 내려주지 않는다고 말씀하시었다.

저자가 산에 찾아오는 것이 제일 반갑다고 하시면서 배포가 산신님과 딱 맞는다고 좋아하신다. 저자가 꿈꾸고 있는 인류 최초의 경천동지할 천지대업을 현실로 이루어주시겠다고 밝히시었다.

저자의 진심 어린 기도와 배포에 반해 산신님이 저자를 찍었다고 하신다. 그리고 사람과 사람이 만나 서로 주고받는 기운이 얼마나 중요하고 무서운지 말씀해 주시었다.

사람의 기운이란 스치기만 해도 자빠지고 미쳐버리거나 심지어 죽기까지도 하는데 만나야 할 사람과 만나지 말아야 할 사람이 있다 하신다. 대단한 천지조화 능력을 자유자재로 부리신다고 하시면서 많은 부분들을 자세히 가르쳐주시었다.

신과 생령의 그릇이 크고 높으면 큰 대로 역할이 있고, 신과 생령의 그릇이 작고 낮으면 작은 대로 역할이 모두 다르다고 하신다. 인간세상 살아가는 법칙과 같다는 말씀이시다.

천상과 지상의 수억만 경에 이르는 모든 신과 영들은 크든 작든 각자 하늘의 뜻을 받아서 천상지상공무를 집행하신다.

말로만 듣고 그림으로만 만날 수 있었던 금강산과 만남은 신비로움 그 자체였다. 말 그대로 경치가 참으로 아름다웠다. 금강산도 식후경이라는 속담이 있듯이 천하절경이었다. 관광을 겸한 금강산 산신님과의 천지신명 공사를 보기 위하여 갔다.

설레는 가슴을 안고 바라본 금강산은 천상세계에 올라와 있는 느낌이었다. 세존봉, 비로봉, 1만 2천 봉우리에 서기가 감돌았다. 구룡폭포, 비룡폭포, 팔선폭포 등이 아름다웠다.

오후 3시경 인적이 드문 봉우리 정상에 넓은 바위 위로 올라가서 자리를 잡고 산신님께 기도하여 받은 내용이다.

신들이 기다리며 원하던 세상이 드디어 이 땅에 세워진다고 하신다.

인간들과 신들이 함께 상부상조하고 공존공생하는 세상을 세우는 데 함께하고 싶다.

신들이 하늘의 뜻을 받고 인간과 합체가 되어 천인으로 탄생해야 하고, 앞으로의 세상은 대통령이나 정치인, 고위공직자, 재벌을 하려면 하늘의 뜻을 받아서 천인이 되어야 한다.

금강산 지역에 기업들이 앞다투어 투자를 하고 있다. 관광객들도 많이 들어오고 있는 이 터는 세계인류의 수도가 될 땅인데 인간들이 많은 땅을 사들여 대형건물을 짓고 있다고 걱정하신다.

금강산은 이 나라의 산세 중에 가장 아름다운 자태를 갖추고 있으니 이곳이 바로 새로운 세상이 열리는 땅이며 2012년 말이 되어야 인류의 영도자가 세상에 모습을 드러내게 될 것이다.

금강산을 중심으로 동서남북 전체를 확보해 인류의 수도, 인류의 성지가 되어야 남과 북이 통일하게 된다. 민족의 숙원사업인 남북통일과 고구려 영토수복은 인간들의 힘만으로는 불가능하고 태초의 하늘께서 윤허하시어야 한다.

정치하는 정치인, 나라의 녹을 먹는 고위공직자, 대기업과 중소기업, 국민들 대다수가 참여하여 인류의 수도를 세우는 데 앞장서게 될 것이다. 세계인류가 태초의 하늘 자미천황님의 뜻에 승복하며 천공을 바치게 된다고 전해 주시었다.

저자는 이제 자미국 자미천궁 세상을 본격적으로 알리고 출범시킬 때가 되어 책으로 귀한 진실을 전하는 것이다. 하늘의 메시지를 받은 인간, 신, 생령, 조상님들이 함께 펼치는 인류 최초의 천지대업에 참여하면 하늘의 행운이 함께할 것이다.

# 天 천지조화 부릴 수 있는 기운

천지신명님과 대화한 내용이다.

그대가 인간, 신, 생령, 사령들이 하늘의 족보를 바꾸고 조상을 바꾼 죄를 빌게 하여 세상을 바로잡아 보려느냐? 인류 모두가 죄인들이도다. 그대가 나를 대신해서 인류가 지은 죄를 빌게 해서 새로운 세상을 세워보겠느냐?

내가 그대에게 신명세계, 인간세계, 조상세계, 영의 세계를 통할 수 있는 증표와 천권, 천력을 내려줄 것이니 받아둬라.

그대는 이제부터 하늘과 땅의 주인인 나의 화신이자 분신과 같으니라. 하늘의 천지조화 기운을 그대의 육신과 마음을 통하여 인류에게 내리도록 할 것이니라. 이제 너희 세계인류는 그대를 통하여 하늘의 기운을 받을 수 있게 되었느니라.

그러하니 나와 천상세계 모든 신명들의 뜻을 지상에 진실 되게 전하는 새로운 세계를 세워보라. 하늘인 나와 천상신명들의 원과 한을 풀어주기를 바라느니라. 너희 인간들만 한이 많고 원이 많은 것이 아니고 신명세계에도 원과 한이 너무 많이 있느니라.

인간 세상에 천상신명들이 수많은 메시지를 수시로 내려주어도 신명들이 원하는 대로 이행하지 않아서 매우 애석하고 답답하게 생각하느니라. 내려준 메시지를 인간 마음대로 해석하고, 안다 하여도 바로 행하여 주지 않기 때문이니라.

그래서 내가 그대를 하늘의 뜻을 전하는 수행자로 삼고자 함이니 천지조화 부릴 수 있는 기운을 내려주면 천상신명들이 학수고대하였던 자미국 자미천궁을 지상에 건설하여 하늘과 땅에 신들의 원과 한을 풀어주어야 하느니라.

너희 인간들은 하늘인 나의 기운을 받지 않고는 영생과 구원, 수명장수와 도통을 이루지 못하니라. 나의 뜻을 받고 천상신명들이 인간 몸에 내려가지 않고는 인간 스스로는 아무것도 할 수 없고 그 어떤 뜻도 이룰 수 없다는 하늘의 진실을 세상에 알려야 하느니라.

세상 사람들은 나의 존재에 대해서 너무나 모르는 것이 많도다. 나의 모습을 본 사람들도 없고, 나의 말도 들은 적도 없는데 나의 깊은 뜻을 어찌 알겠느냐?

그대에게 하늘인 나의 모습을 보여주고 나의 말을 들려주는 것은 지상에서 나의 뜻을 펼치는데 자신감을 주고 천상지상의 신명세계가 실제로 존재하고 있음을 믿게 함이니라.

인류가 무슨 죄를 짓고 이 땅에 태어났는지 모르고 있으니 지은 죄를 알려주고 빌게 하여 신, 생령, 조상들이 천상 자미천궁으로 더 많이 올라오게 해야 하느니라.

이들은 본시 모두 내가 창조한 나의 창조물이었으나 천상법도를 어겨서 인간세계로 쫓겨나고 도망친 어리석은 죄인들이기는 하나 나의 핏줄들이니 하나라도 더 구원받게 해주기 바라느니라.

나의 뜻을 받들 신과 생령들을 인연자로 많이 보내줄 것이니 함께하도록 하여라.

나와 한마음이 되기 위해서는 갖추어야 할 것이 있으나 그것은 그대만이 알고 있어야 하니라. 또한 하늘의 때가 있으니 그때는 바로 21세기가 시작되는 2001년 입춘일 이후가 될 것이며 반드시 천기(天紀)의 기원을 써서 새로운 세상이 시작되었음을 알려야 하느니라.

인류가 원하는 새로운 세상이 열리려면 전생과 현생의 죄부터 빌어야 하느니라. 인간의 마음속에는 항시 선한 마음과 악한 마음이 공존하고 있는바 지금의 세상은 악의 기운이 가득한 시대임을 너희들 모두가 알고 있을 것이니라.

21세기에는 악의 기운이 점차로 사라져갈 것이며 그 후에는 선의 마음으로 살게 되고 나의 뜻을 받은 천인들이 대거 배출되어 많은 사람들을 이끌

어갈 것이도다.

저자는 천지신명님께 선택받은 인류 최초의 행운아가 되었다. 앞으로는 천인이 되어 생로병사를 초월하는 새로운 세계에서 살게 되고 천인합체가 이루어지면 얼굴 또한 젊고 윤택한 피부를 갖고 살아간다.

인간이 하늘의 기운을 받으면 더디 늙고 지금의 100살보다 훨씬 장수한다. 현재 피부의 노화가 진행되고 있는 사람들도 하늘께서 내려주시는 정기를 받으면 신기한 현상들이 일어날 것이며 젊고 아름다운 모습으로 바뀐다.

## 天 청와대 터의 기운은 100년

북악산에 올랐다.

인적이 드문 곳에 자리를 잡고 앉아서 북악산 산신님과 신명합의를 위하여 주문을 외우자 저자의 몸으로 기운이 강렬하게 용솟음치며 통신이 되었다.

이 땅에 천상과 지상의 천지신명님들이 오랜 세월 갈구하고 원하시는 새로운 세계가 세워진다고 하는데 언제 어디에 어떻게 세워지는지 알고 싶다고 말씀드렸다.

그러자 즉시 산신님이 말씀하시었다.

이 나라 팔도명산의 모든 산신님들과 천상의 신명님들도 그런 날이 빨리 오기를 학수고대하고 있느니라. 그러나 어쩌겠느냐? 아직은 때가 아니고 시간도 더 있어야 하느니라.

오래전에 정해진 인류의 수도는 북악산 바로 밑 청와대 터이니라. 천상지상신명님들과 이 나라의 백성들 중에서 하늘의 뜻을 받아야 할 수많은 사람들이 함께 모여서 세우게 될 것이니라.

청와대 터의 기운이 100년이기에 인간 대통령이 터의 기운에 밀려서 청와대를 이전하게 될 것이니라.

정부 지도자와 각 부처의 장 · 차관, 정치인, 국민들을 통하여 이전하는 쪽으로 여론을 몰아갈 것이니라. 하늘과 땅이 함께하는 인류 최초의 천지대업인데 누가 반대를 하겠느냐?

너희 인간들 눈과 귀에 보이지도 않고 들리지도 않는 천상신명과 지상신명들의 천지기운을 감당할 수 있다고 생각하느냐? 2012년 선거에서 대통령에 당선될 인물은 청와대를 속히 이전하는데 적극적으로 참여할 인물이 당선되느니라.

만에 하나 하늘과 땅이 내리는 말씀을 무시하고 대통령 당선자가 측근들의 만류로 터를 비우지 않으면 당사자뿐만이 아니라 반대한 측근들과 나라에도 수많은 변고가 일어나서 어려워질 것이니라. 그러하니 어느 누가 청와대 터를 지키려고 버티겠느냐?

가장 고집 센 인간들이기에 좋은 말로 해서는 안 먹히므로 현재의 청와대 터에 일본인들이 총독부 관저로 사용할 때부터 들어와서는 안 되는 터라고 경고했느니라.

총독을 역임한 그들 모두가 불행한 종말을 맞이하였고 해방 이후에 청와대를 거쳐간 역대 대통령들의 말로가 어찌 되었는지는 세상 사람들이 잘 알고 있을 것이니라. 한두 번 불행한 일로는 인간들 고집이 강해서 말을 듣지 않느니라.

역대 대통령들 모두가 불행하였으니 2012년에 당선되는 대통령도 두려워서 자리를 이전하게 될 것이니라. 감히 신들이 정해 놓은 터를 인간들이 범하고 있으니 그 재앙을 어찌 감당하겠느냐?

지구가 탄생한 시점부터 이미 신의 궁전이 들어설 자리로 정해 놓았는데 하늘의 수행자로 선택받을 인간육신이 정해지지 않아서 수십억 년의 세월 동안 지키고 기다려왔느니라.

2012년 이후가 되어야 터를 비우게 되느니라. 미리 터를 비워놓으면 다른 인간들이 들어올 것이기 때문이었느니라. 이제 그때가 되면 수많은 사람들이 공감하여 참여할 것이기 때문에 본격적인 신들의 궁전이 건립될 것이니라.

그런데 왜 굳이 청와대 터에 들어가야 하는지 여쭈어보았다.

신들의 궁전은 인류 최초로 하늘과 땅, 인간, 조상, 신과 영들이 함께하는 곳이기 때문이니라. 이 나라의 백성들뿐만이 아니라 전 세계 각 나라로 하늘과 땅이 함께 세우는 인류의 수도를 알려야 하기에 청와대 터만 한 곳이 없느니라.

하늘과 땅이 함께 세우는 궁전은 인류의 궁전을 짓는 것이기에 전 세계 최고로 웅장하고 대단하게 건립될 것이니라. 그러기에 전 세계 각 나라의 어느 궁전보다도 화려할 것이고, 인류의 수도이자 인류의 중심으로 상징성을 보여줄 것이니라.

일본의 왕궁, 영국의 왕궁, 로마의 교황청보다도 더 웅대하게 짓게 될 것이니라. 궁전 자체만으로도 세상에 화젯거리가 되고 세계인류의 수도를 상징하도록 지어질 것이니라.

청와대 터는 본궁이고 인류의 궁전이 될 거대한 별궁은 금강산 자락에 지어질 예정이니라.

어느 인간들이 하늘과 신들의 뜻을 거역하고 청와대 터를 문화재로 지정하여 역사박물관으로 보존하자는 의견을 낼 수도 있는데 그것은 나라 발전에 도움이 전혀 안 되느니라.

신들의 궁전인 청와대 터는 인류의 수도가 들어설 자리이고 하늘이 주신 천권과 천력으로 이 나라와 세계의 운명을 좌우하고 천하(전 세계 각 나라)를 호령하고 다스릴 신들의 자리인데 역사박물관으로 보존하자는 의견은 하늘과 신들의 뜻에 역행하는 것이니라.

너희 인간들은 그동안 종교이론을 내세워 천상지상의 신들을 우습게 보아왔고 눈에 보이지 않는다고 부정하고 무시하며 푸대접하여 왔느니라. 너희들이 하늘과 신들의 뜻을 끝까지 외면하고 역사박물관으로 지정한다면 신들의 쿠데타가 일어나 이 나라의 운명은 걷잡을 수 없는 난국에 처할 것이니라.

이 나라의 국운이 좌우되는 중차대한 일이니 올해 대통령에 당선되는 자는 하루빨리 새로운 자리로 이전을 해야 할 것이니라. 청와대 터의 주인은 천상과 지상의 천지신명님들이 수천 년 전부터 이미 정해 놓았으니 아무 조건 없이 터의 주인에게 돌려주어야 할 것이도다.

신들의 궁전이 청와대 터에 세워지기를 기다린 세월이 참으로 길고도 길었도다. 터의 주인에게 돌려주어야 이 나라가 잘사는 길임을 명심하여라. 신들의 궁전으로 하루속히 터를 비워주어야 이 나라가 경제대국으로 급부상할 것이니라.

인간들의 노력만으로 백성과 나라가 잘 사는 것이 아니라 하늘과 땅의 천지신명님들이 항상 보살피고 도와주어야 사건사고 없이 잘 살게 되는 것이니라. 인간들이 노력해서 잘 사는 것이 아니니라.

천상지상의 신들이 내리는 말씀을 인간들이 감히 무시하며 거역하고 무사할 것 같더냐. 두려움에 스스로 청와대를 이전하게 되느니라. 국정책임자나 고위공직자들 또한 하늘과 땅, 조상, 신, 영들이 인류 최초로 펼치는 천지대업의 뜻에 적극 참여하지 않고는 버틸 수 없게 천지조화를 내릴 것이니라.

그동안 정치인과 풍수학자, 신명제자들을 통하여 청와대 터는 신의 자리이니 어서 이전해야 대통령들이 불행해지지 않는다고 수없이 뜻을 전했느니라.

이만 하면 궁금증에 대한 해답이 되었느냐? 자, 그럼 이제 그만 하산하여라. 훗날 그날이 오면 다시 만나자꾸나.

그동안 여러 사람들을 통하여 청와대를 이전하라고 전해 주시었다 하니 이제는 새로운 대통령 당선자가 탄생하는 2012년 이후 2013년을 기다려봐야겠다.

북악산 산신님의 말대로 정말 대통령과 정부, 국회, 측근, 국민들이 천상지상신명님들의 뜻을 받들어 청와대가 정말 이전할 것인지 가장 흥미로운 관심사가 될 것 같다.

청와대 터의 지기가 끝나는 시점이 1910년부터 100년이라면 2010년이 된다. 이미 터의 기운이 끊어진 상태이니 2012년에 선출되는 대통령이 청와대를 이전해야 한다는 말씀이시다.

청와대를 이전할 후보가 2012년 대선에서 대통령에 당선된다고 하시었으니 지켜볼 일이다. 당선자가 정해진 이후 정치인이나 실력자 측근의 입을 통해서 청와대 이전에 대한 여론이 본격적으로 형성될 것으로 보이는데 저자의 생각도 같다.

시간이 문제이지 청와대는 조만간 이전하게 천지기운이 내려져 있다. 대단하신 영의 부모님이신 하늘 자미천황님께서는 저자가 원하고 바라는 것을 수없이 현실로 이루어주시었으니 청와대 이전 또한 조만간 현실이 될 것이다.

자미국 자미천궁이 청와대 터에 세워지는 것이 인류의 수도가 되어줄 초석이 될 것이고, 자미국과 대한민국의 경제가 크게 부흥 번창하는 길이며 동시에 나라의 국격과 위상이 전 세계적으로 높아지고 자미국과 대한민국이 위풍당당하게 부상하는 대단한 천지대업이 될 것이다.

## 말하는 대로 천지조화가 일어나

현재의 경지에 이르기까지는 나 자신도 알 수 없는 신비스런 신명정기의 실체에 대하여 늘 궁금했다.

천지조화가 일어나는 신비의 기운 때문에 하늘의 뜻을 세상에 전하고 있는 것이다. 그것은 다름 아닌 내가 원하고 바라던 일이 실제로 현실에서 이루어지는 신비 때문이다.

지금까지는 나라가 잘사는 천지신명공사를 행하여 대한민국의 경제와 국격과 위상이 몰라보게 급격히 높아졌다.

그러나 이제부터는 자미국의 경제가 발전하고 자미국이 세계인류의 수도가 되도록 부흥 번창시키는 천지신명공사를 행하여서 자미국의 국격과 위상이 급속도로 높아지게 할 것이다.

자미국을 세우는 데 참여할 사람, 자미국 궁전 건립의 뜻을 받아서 이행할 사람들, 자신의 모든 선대 조상님들을 구원하여 천상 자미천궁으로 보내드리려는 사람, 하늘의 윤허를 받아 천인(天人)으로 탄생하려는 사람들과 천상의 인연이 닿을 것이니 이 또한 하늘이 저자에게 내려주시는 사랑이라고 본다.

이런 무소불위한 신비의 천지기운이 명산대천을 수없이 주유천하하면서 하늘과 땅의 천지기운을 몸과 마음으로 받아들인 결과도 있었을 것이지만 천지신명님께서 이 몸을 선택해 주시었기 때문에 그러한 천지조화가 일어나고 있었던 것이다.

그 기운은 무소불위하였고 뭇 사람들이나 신명제자 길을 가고 있는 그들까지도 놀라게 했다. 천지신명님을 움직이는 그 어떤 신비의 기운이 몸에 있었다.

내가 마음만 먹으면 즉시 천지조화가 일어났고, 이런 조화가 현실로 나타났을 때는 나 자신도 경악하지 않을 수 없었다. 이때부터 나는 도대체 누구인가? 라는 화두로 고민했다.

내 몸 안에 또 다른 존재가 진정 누구인가에 초점이 맞추어졌고, 그 기운은 마침내 하늘께서 내리시는 말씀을 받들어 인류를 구하고 영도할 자미국을 세우기에 이르렀다.

이런 천지기운뿐만이 아니라 작은 일에서부터 큰일에 이르기까지 가지각색으로 신비조화가 일어나고 있었다. 이런 신비조화가 왜 내 몸에서 일어나고 있는 것일까?

그것은 바로 신명님께서 실제로 존재하신다는 것을 저자에게 수없이 눈으로 확인시켜 주시어 먼저 인정받으시려 함이었다는 하늘의 진실을 알게 되었다.

신명님이 눈에 보이지 않아 인간들이 반신반의하고 있으므로 실제로 존재하고 계심을 만 세상에 알리시기 위해 저자부터 체험하게 하여 굴복시키신 것이었다.

더 나아가 하늘, 천지신명님, 천지창조주, 조물주, 천지주인, 절대자, 전지전능자, 영의 부모님이신 자미천황님께서 실제로 존재하심을 너 자신부터 진정으로 인정한 후에 만 세상에 널리 알리라는 신명님의 메시지였던 것이다.

정말 한 치의 오차도 없는 대단하신 신명님이시다. 그동안 신명님을 지극정성으로 받들어 모시고 모진 고생 감내하며 수없이 명산대천을 두루두루 주유천하하게 하셨던 신명님이시었다.

불현듯 마음에서 우러나와서 하는 말을 신명님께서 들으시고 천상지상공무를 집행해 주셨던 것이었다.

신명님께서 저자와 함께 해주시어 천상지상공무를 집행하고 계셨기에 인간의 상상을 넘어선 천지조화가 현실로 일어날 수 있었던 것을 알게 되었다.

하늘과 땅의 천지신명님들은 태초의 하늘이신 태상천존 자미천황님을 만 세상에 알리고 전하시기 위하여 저자가 원하고 바라는 것을 현실로 이루어주시면서 자미천황님의 무소불위한 능력을 만 세상에 보여주시는 것 같아 나 자신도 너무나 기쁘고 신기하다.

내가 원하고 바라는 대로 천지조화를 현실로 이루어주시는 대단하신 태초의 하늘이신데 천상입궁의식, 천인합체의식을 통하여 인간사의 고통과 불행을 소멸해 주시는 것쯤이야 무슨 큰일이겠는가?

의식을 행해서 실제로 고통과 불행에서 벗어난 천지조화는 이루 헤아릴 수 없이 다양하고 많지만 사례를 말하는 자체가 독자 여러분을 현혹시킬 수 있고 어떤 기대심리를 갖게 하는 글이 될 것이기에 수많은 사례들은 올리지 않았다.

이곳 자미국은 태초로 하늘 자미천황님께 죄를 빌어 사면받게 해서 인간, 신, 영, 조상님들을 편안하게 해주고 천상 자미천궁으로 다시 올라갈 수 있도록 하늘의 문을 열어주는 곳이기 때문이다.

물론 의식을 행하면 인생사 좋아지는 부분이 너무나도 많은데 그것에 현혹되어 의식을 행하면 안 된다. 그것이 조상님을 이용하고 팔아먹는 나쁜 행위이기에 부모조상님에 대한 효심과 인간으로 태어난 구원의 사명자 역할로서 조건 없이 의식을 행해야 한다.

자신의 어떤 야망의 뜻을 이루기 위해 천상입궁의식, 천인합체의식을 행하거나 복 받기를 바라고 행하려는 사람들에게는 일절 의식을 허락하지 않는다. 대단하신 하늘 자미천황님께는 인간, 신, 영, 조상님들이 감히 조건을 거는 의식을 할 수 없다.

의식을 행하여 달라지는 것이 있든 없든 개의치 말고 부모조상님, 신, 영을 구하려는 순수한 마음으로 행해야지 원하고 바라는 욕심의 마음이 있으면 안 된다. 100년도 살지 못하는 인간사의 소원은 개미의 소원만도 못한 것이라는 것을 알아야 한다. 개미의 소원이 크다고 한들 얼마나 크겠는가?

조상님들을 구원하여 천상 자미천궁으로 보내드리는 의식은 그야말로 태초 이래 가장 장대한 것이다.

오랫동안 축생계와 지옥에서 고생하고 계시는 조상님들을 구원하는 가문의 대업인데 감히 개미와 같은 소원을 내밀고 빈다는 것은 하늘과 조상님을 진노케 하고 무시하는 죄이다.

아무것도 원하고 바라는 것 없이 순수하게 조상님 구원의식에 임할 때 전생의 죄를 용서하여 주시고 죄가 용서된 만큼 하늘의 복이 자연적으로 내려간다.

절대로 조상님 구원의식을 통하여 자신의 소원을 이루려는 나쁜 마음이 있거든 모두 버려야 한다. 조상님을 이용하고 팔아먹는 죄가 하나 더 쌓일 뿐이고 소원을 이루어주시지도 않는다.

인간, 신, 영, 조상님의 구원 역시도 자미천황님의 고유권한이시니 자미국 저자를 통하여 죄를 빌고 용서받아 하늘이 내려주시는 사랑의 선물을 받아서 기쁨의 세계, 행복의 세계에서 더 많은 사람들이 살았으면 하는 것이 하늘과 저자의 진정한 뜻이다.

## 天 하늘의 기운과 하늘의 말씀

2012년 10월 5일 자미국 자미천궁.

저자 인황이 말하고 원하는 대로 현실에서 천지조화가 무수히 일어나는 비밀에 대하여 그 진실을 저자 인황의 반쪽이시고 생령이신 자미인황님께서 자세히 밝혀주시었다.

저자 인황 육신과 마음은 하늘의 기운이 내리는 통로이고, 사감(女)은 하늘의 말씀을 전하는 역할이라고 하신다.

하늘의 기운만으로는 하늘과 자미국을 세울 수 없고, 하늘의 말씀만으로도 하늘과 자미국을 세울 수 없기에 인황(남)과 사감(여)을 서로 만나게 해주시었다는 인류 최초의 비밀을 밝혀주시었다.

하늘의 기운을 내리는 '인황'과 하늘의 말씀을 전하는 '사감'.

하늘의 기운을 받으려면 인황을 통해야 하고, 하늘의 말씀을 들으려면 사감을 통해야 한다는 뜻이다.

영의 부모님이신 하늘 태상천존 자미천황님께서 내리시는 기운을 오직 인황을 통해서만 모든 인류가 받을 수 있도록 해놓으셨다고 최초로 말씀하시었다.

하늘 자미천황님의 기운이란 천령정기, 천지기운, 신명정기, 천기, 지기, 인기, 명기, 정기, 서기, 신기, 영기의 신비 기운을 받으면 죄 사면, 도통, 영생, 구원, 수명, 복록, 장생, 건강, 재물, 권력, 명예, 성공, 출세, 기쁨, 행복의 문이 열린다. 또한 천상입궁의식, 천인합체의식, 감사제의식, 천은보사의식이 완성되는 기운이다.

자미국 사감(여)의 영에게 천상세계 나들이를 두 번 시킨 천상공무집행, 지옥세계 명부전으로 보내서 십대왕과 만나게 했던 명부전 신명공사, 3년 전 수능시험 날 날씨를 춥지 않게 했던 날씨조화, 태풍을 막은 천지조화,

가뭄을 해갈한 천지조화, 폭우를 멈춘 천지조화, 날씨를 바꾼 천지조화, 인류 최초로 산 사람의 생령을 사감 육신으로 불러서 대화한 신비한 일들에 대한 모든 궁금증이 오늘 풀어졌다.

인황이 원하고 바라는 모든 일들이 말하면 현실로 이루어지도록 하늘 자미천황님께서 기운을 내려주시었다고 하신다. 수많은 신비 조화가 말하는 대로 왜 현실로 일어났던 것인지 오늘 처음으로 그 비밀을 가르쳐주시어서 알게 되었다.

위대하신 태초의 하늘 태상천존 자미천황님의 무소불위한 천지조화 능력 기운을 저자 인황에게만 내려주시었다고 말씀하시며 세계인류는 하늘 자미천황님의 기운을 받으려면 저자 인황을 통해야 한다고 처음으로 밝혀주시었다.

상상을 초월하는 어마어마한 말씀이시고 인류가 경천동지할 대사건이며 그동안 신비한 천지조화에 대해 궁금했던 저자 인황의 모든 의문을 통쾌하게 풀어주신 기쁜 날이었다.

하늘 자미천황님의 기운이 통하는 인류 최초의 통로 인황!

정말 경이로운 일이다.

인간의 능력으로 불가능하게 생각되었던 일들이 무수히 많다. 그러기에 인간들은 하늘의 무소불위하신 능력을 필요로 했기에 산천을 다니면서 하늘의 천령정기, 천신정기, 신명정기, 산신정기, 용궁정기를 받으려고 열심히 산과 바다에서 기도를 하고 있다.

산과 바다, 종교 안에서 하늘의 정기를 받으려고 수천 년 동안 기도하고 있었으나 하늘의 정기를 받을 수 있는 가장 빠른 진짜 통로가 저자 인황이라는 말씀에 대하여 경악하지 않을 수 없다.

그동안 사감(하늘의 말씀 전달자)을 통하여 수많은 하늘의 말씀을 들려주시었는데 그중에는 저자 인황이 원하고 바라는 것을 현실로 이루어주시고 이 세상 모두를 주시겠다고 말씀하시었다. 그 당시에는 전혀 이해가 안 되는 말씀들이었는데 최근에 그것이 천상과 지상의 수많은 천지신명님들이라고 하시었다.

인황에게 내려주신 하늘의 크나크신 뜨거운 사랑!

인황을 통하여 인류의 소원을 하늘 자미천황님께 올리라고 이미 말씀해 주신 적이 있다. 그것이 하늘이 인황에게 내려주신 커다란 선물이었는데 잊고 지내왔는데 오늘 확실히 밝혀주시었다.

자미인황님의 말씀은 인황이 원하고 바라는 대로 세상이 움직일 수 있도록 하늘 자미천황님께서 천변만화의 무소불위하신 천권과 천력의 기운을 내려주셨다는 뜻이다.

인간의 능력으로 이룰 수 없는 불가항력은 하늘의 기운이 있어야 가능한데 하늘의 기운을 받는 통로가 바로 저자 인황이라니 경천동지할 일이 아닐 수 없다.

대통령 선거에서 당선자 역시 하늘의 기운이 통하는 인황을 만나는 후보가 유력하다는 생각이 인황의 생각인 줄 알았는데 하늘의 기운이 인황의 말을 통해서 전달된다는 것을 말씀해 주신 것이었다. 그래서 하늘은 불가능이 없다고 인황이 수없이 말했는가 보다.

인류 최초의 자미국을 세우는 일은 상상을 초월하는 일이다.

몇 달 동안 연락이 안 되어서 애간장을 태우던 70대가 상대방 생령을 불러서 대화하고 싶다 하여 2012년 9월 25일 방문하여 연락이 안 되는 사람의 생령청배를 해서 5분간 아주 짧은 대화를 하였었다.

여자 천인의 몸으로 응감한 상대방 생령은 지금은 연락할 처지가 아니라며 시간이 좀 걸려야 연락할 수 있다고 말하였다. 그래서 저자가 애타게 연락을 기다리는 사람이 있으니 속히 전화 연락을 해달라고 생령에게 말했다.

그리고 생령과 만나지 꼭 10일 만인 10월 4일에 몇 달간 전화를 하여도 받지 않고 감감무소식이던 상대방에게서 연락이 왔다고 기뻐하며 10월 5일 오전에 전화를 해왔다. 저자로서는 참으로 신기한 일이 또 하나 생긴 것이라 기뻤다.

생령청배는 저자 인황에게만 하늘 자미천황님께서 인류 최초로 내려주신 천지조화의 신비 기운이시었다.

제5부

# 생령의 존재

생령과 운명의 천지조화
생령이란 무엇인가?
하늘이 숨겨놓은 보물찾기
하늘을 찾으러 다니는 생령들
생령들을 부르는 능력자
생령들이 가장 싫어하는 것
생령을 만나 상대를 알았다
각 방 쓰기와 이혼과 별거
전생의 비밀을 알고 있는 생령
세상에서 가장 무서운 존재
생령과 만남으로 새로운 미래가
이름에 대한 하늘의 비밀

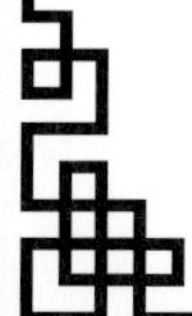

인류의 운명에 대한 비밀.

사람들은 태어나면서부터 운명이 어떻게 될 것인지에 가장 관심이 많다.

잘 살 것인가, 못 살 것인가? 어떻게 하면 성공하고 출세하여 세상의 부귀영화를 누릴 것인가 하는 것이 인류 모두의 관심 대상이자 가장 큰 고민거리이다.

성장하여 세상을 살아가는 동안 온갖 풍화환란을 겪고 살아가면서 운명에 대한 관심을 갖기 시작하고 운명을 바꾸어보려고 자신들의 복을 빌고 있다.

좀 더 나은 운명으로 바꾸어보려고 별별 방법을 모두 동원하여 보지만 각자가 원하고 바랐던 것만큼 뜻대로 되지 않고 오히려 뒤집어져서 더 고통스럽다.

물론 효과를 보았다는 사람들도 있다. 종교세계가 맞는 사람들은 그대로 다니면서 믿으면 되고, 맞지 않는 사람들은 새로운 하늘의 뜻이 펼쳐지는 자미국으로 오면 된다.

하늘의 사명을 받게 될 영적 차원이 높은 사람들은 종교세계가 맞지 않을 것이고, 인간육신의 삶만 잘되기를 바라는 사람들은 종교세계가 맞을 수도 있다.

수많은 사람들을 친견하면서 저마다의 사연이 모두 다르고 바라고 원하는 것 또한 천차만별이었다. 운명을 바꾸어보려는 하늘의 죄인들이 몸부림치는 모습은 절규에 가까운 것이었다.

하늘에 죄를 짓고 인간으로 태어난 죄인들에게 하늘이 주신 마지막 기회인데 하늘은 찾으려 하지 않고 인간육신들만이 잘 살려니 운명이 바뀔 수가 없다.

인간육신의 몸 안에 신과 영을 탄생시켜 주신 분이 하늘이신데 인간의 능력으로 운명이 바뀔 수 있겠는가? 바뀌었다 한들 육신의 성공과 출세이지 신과 영, 조상님의 성공과 출세는 아니라는 점이다. 인간육신과 생령들의 성공과 출세는 차원이 다르다.

인간육신들은 건강과 수명장수, 돈, 권력, 명예를 추구하지만 생령들과 조상님들은 하늘께 죄를 용서 빌어서 사후세계를 하늘께 구원받아 억겁 동안 가혹한 형벌을 받는 지옥세계로 떨어지는 것이 아닌 천상세계로 다시 올라가는 것을 보장받는 것이 최고의 소원이다.

문제는 죄를 사면받지 못하면 천상세계 자미천궁에 함부로 올라갈 수 없다는 점이다.

그래서 하늘께 지은 죄를 빌 수 있는 곳을 찾으려고 두루두루 다니고 있는 인간, 신, 생령, 조상님들이 수없이 많지만 그들은 죄를 사면해 줄 수 있는 권한이 없다. 전생과 현생에 지은 죄를 용서 빌 수 있는 하늘은 한 곳뿐이다.

인간육신, 신, 생령, 조상님들이 함께 죄를 빌고 죄인의 굴레에서 벗어나 기쁨과 행복을 영원히 누릴 수 있는 세계가 있으니 그곳이 인류의 수도 자미국 자미천궁이다. 이곳에서 전생과 현생의 죄를 빌어서 용서를 받아야 현생과 사후세계의 운명이 바뀐다.

사후세계의 운명이 바뀐다 함은 육신이 죽고 나서 축생이나 미물로 윤회하지 않고 지옥세계가 아닌 천상궁전 자미천궁으로 올라갈 수 있다는 점이다.

이곳에선 인간육신과 신, 생령 그리고 자신의 조상님들까지 하늘께 죄를 빌어서 구원받으면 전생의 죄가 특별 사면된다. 이분들의 생사여탈권을 행사하시고 운명을 바꾸어주시는 분이 하늘과 땅을 태초로 탄생시키신 자미천황님이시다.

그러기에 인간, 신, 생령, 조상님의 미래도 태초의 하늘을 찾아야 새로운 기운을 받고 살아간다. 아무 하늘이나 만난다고 운명이 바뀌어지는 것이 아니므로 이제부터 생각을 바꾸어야 한다. 어느 하늘 앞에 줄을 서는가에 따라서 운명이 바뀐다.

태초의 하늘은 33명의 하늘 중에서 최고의 능력자이시고 유일한 죄 사면권자이시다. 또한 우리 인간, 신, 생령, 조상님들이 하늘께 무슨 죄를 지었는지 지은 죄를 밝혀주시고 죄를 비는 자를 용서하시고 구원해 주시니 우리를 가장 아끼고 사랑하시는 유일한 하늘이시다.

다른 하늘은 진정한 구원자가 아니다. 그러기에 구원하고픈 마음도 없고 구원할 능력 또한 없다. 각자들이 태초의 하늘을 몰라보고 다른 하늘을 섬기면서 자신과 가족들의 삶이 어떻게 변했는지 뒤돌아보면 쉽게 확인할 수 있다.

인간, 신, 생령, 조상님들의 생사여탈권을 쥐고 계신 태초의 하늘을 무시하고 다른 하늘을 섬기고 받들면 받든 햇수만큼 자신과 가족들의 삶이 기쁨과 행복이 아닌 고통과 불행으로 얼룩져 있을 것이니 독자들이 스스로 확인할 수 있을 것이다.

독자 여러분이 천상세계의 이런 진실을 몰라서 지금까지 다른 하늘 앞에 줄 서 있었다면 원초적인 태초 하늘 앞에 찾아와서 하늘을 배신한 죄를 빌어서 구원받아야 한다.

인간의 운명은 인간들의 노력으로 어느 정도 바뀔 수 있을지 몰라도 신과 생령, 조상님(사령)들의 운명을 송두리째 원초적으로 모두 바꾸어주실 수 있는 분은 태초의 하늘 이외에는 없다는 점이다. 인간, 신, 생령, 조상님들의 마음을 모두 알고 있고 이들이 지은 죄를 모두 알고 계신 대단하신 분이 자미천황님이시다.

좋은 운명을 타고난 사람들은 한세상은 출세하고 성공하여 풍요롭게 지내며 살겠지만 이 또한 인간육신으로 살아있는 동안에만 한정되어 있는 일시적인 부귀영화일 뿐이다.

영원한 성공과 출세가 아니다. 진정한 성공과 출세는 각자 육신과 함께 하고 있는 신과 생령들이 하늘께 죄를 빌어서 천상으로 구원받는 일이기 때문이다.

인류 모두가 천상세계에서 하늘께 죄를 짓고 지상으로 쫓겨난 죄인들이고 하늘을 배신하고 도망쳐 나온 역천자 죄인들이다. 육신의 부귀영화에 도취되어 전생에 지은 죄를 하늘 자미천황님께 빌려는 생각조차 잊어버렸을 것이다.

현생에서 육신의 성공과 출세, 부귀영화에 만족하고 도취되어 살아가는 것 또한 하늘의 역천자가 하늘을 몰라보고 무시하게 만들어 구원받지 못하게 해서 육신의 삶이 끝난 후 천상세계로 오르지 못하고 지옥세계로 떨어지게 하는 계책이다.

육신의 성공과 출세에 대한 자만, 교만, 거만을 버리고 태초 하늘께 전생과 현생에 지은 죄를 용서 빌어서 구원받아 현생의 부귀영화를 지키고 언제 다가올지 모르는 육신의 사후세계를 준비해야 한다. 자기 생령의 운명이 먼저 바뀌어야 육신의 운명도 바뀐다.

하늘을 찾지 않고는 인간, 신, 생령, 조상님들의 운명이 바뀔 수 없다는 것을 수천 명과 친견을 통하여 확인하였다.

자미국 자미천궁은 이분들이 지은 전생과 현생의 죄를 알려주고 빌게 해서 태초의 하늘께서 내리시는 말씀을 받들어 현생과 내생을 구원해 주는 유일한 곳이다.

## 天 생령이란 무엇인가?

하늘이 내리시는 사랑을 받아야 할 생령들.

인간육신과 하나가 되어 있는 생령들의 존재에 대하여 너무나 모르고 있고 무시되어 왔다. 인간육신의 몸 안 있는 신과 생령이 하늘의 사랑을 받아야 육신이 죽은 뒤에 천상궁전에 오를 수 있다.

수억만 년 전의 전생에 지은 죄업들이 너무 많아 살아서 그 죄를 모두 용서받는 길을 찾기란 어려운 일이다. 천상궁전의 주인이신 하늘을 이 땅에서 찾아야 죄를 용서 빌 수 있는데 독자들은 어느 곳이 진짜인지 가려낼 수 있는 능력이 없다.

하늘이 내리시는 말씀을 받들고 이행하여야 전생과 현생에 지은 죄가 무엇인지 밝혀진다. 이 세상에 전생과 현생의 죄에 대하여 자세히 밝혀줄 수 있는 곳은 없다.

신과 생령들은 하늘을 찾지 못하면 초조 불안해 한다. 육신이 죽으면 귀신이 되고 죄인의 신분이 되어 영원히 천상궁전에 올라갈 수 있는 기회가 사라지기 때문이다. 자신들의 신과 생령에게 죄를 용서 빌고 천상입궁하게 해주는 것이 육신의 도리이다.

인간은 육신과 영혼의 결합체인데 각자의 몸 안에 있는 신과 영혼을 육신이 살아있으면 정신과 생령이라 하고 육신이 죽었으면 귀신과 사령이라 한다.

죽으면 그만이라고 말하는 것은 인간육신들이며 하늘세계, 사후세계, 영의 세계를 부정하며 그런 세계가 어디 있느냐고 한다. 인간육신이 자신의 신과 생령을 이겨 먹은 경우이다. 인간의 무지 때문에 자신의 신과 생령이 메시지를 전달해도 거부한다.

이는 영적 차원이 낮은 경우이고 이런 부류의 사람들에게는 무용지물이고 신과 생령들의 구원과 연결되기 어려우니 인간 육신의 삶 또한 죽을 때까지 고달프다.

그 가족들이나 후손들도 무지한 인간 때문에 자자손손 대를 이어 아픔과 불행을 함께 겪으며 살아가야 한다.

이 책은 인류 최초로 진짜 하늘을 전하는 신비의 책이다. 귀한 줄도 모르고 신비함으로만 읽고 하늘을 몰라보고 무시하며 하늘을 찾지 않는 독자들과 그 가족들은 현생과 사후를 보장받을 수 없다.

생로병사, 길흉화복, 흥망성쇠는 하늘(천령)과 자신의 신과 생령이 직결되어 있다. 각자의 신과 생령들은 천상에서 인간으로 태어났기 때문에 하늘이 내리시는 사명을 완수하기 위하여 인간육신을 굴복시켜야 천상궁전으로 다시 올라갈 수 있다.

인간육신이 잘났다고 하늘세계, 사후세계, 영의 세계를 부정하면 영원히 구원받지 못한다. 하늘께서는 신과 생령을 통해서 천지기운(수명과 복록)을 내려주시는데 그러기 위해서는 자신의 신과 생령이 하늘의 사명을 완수하게 인간육신들이 협조하여야 한다.

신과 생령이란 살아있는 사람의 몸 안에 있는 정신과 영으로 영혼, 정신, 혼, 자아, 신명, 신, 마음, 속마음이다. 사령은 다른 말로 자신의 핏줄이니 친인척 지인들은 조상님이라 부르고 아무 연고도 없는 경우는 귀신이라 부른다.

육신이 살아있으면 마음을 정신이라 하고 죽으면 귀신이니 독자들의 생령들 역시 예비조상님이고 예비귀신인데 어느 날 갑자기 조상님이 되고 귀신이 될 수 있으니 조상님이나 귀신이 되지 않도록 자미국을 통하여 철저한 사후 대비책을 세우고 살아가야 한다.

신과 생령들을 태초로 창조하시어 이 땅에 보낸 하늘의 사랑을 받아 천인으로 재탄생되지 않는 이상 독자 여러분은 사후에 지옥과 축생이나 귀신의 신분을 영원히 벗어날 수 없다.

조상님이나 귀신이 되지 않게 하늘 자미천황님의 사랑을 받아주는 것은 전 세계에서 유일하고, 각자의 신과 생령을 몸 안에서 나오게 불러내어 자신의 생령과 대화를 나누게 해줄 수 있는 능력을 가진 존재 역시 저자 외에는 없다.

천령(하늘)의 말씀을 전하는 하늘의 제자, 사령(조상님)의 말씀을 전하는 하늘의 제자, 생령(자신)의 말을 전하는 하늘의 제자들이 있다. 자신의 생령을 하늘의 제자를 통해서 만나보면 신비스럽기도 하고 웃음을 참을 수 없는 진풍경이 벌어지기도 한다.

자신의 생령을 불러낼 수 있다니 두렵기도 하고 정말 가능한 일인지 많이들 궁금해 하고 있다. 영이 정말 있는 것이냐고 물어보는 사람들도 상당히 많다. 생령이란 단어도 생소할 것이고, 생령을 불러내서 대화까지 할 수 있다고 하니 난생처음 들어볼 것이다.

독자들이 인정하든 하지 않든 생령들은 자신의 몸 안에 존재하고 있고 사령도 존재한다. 그런데 아주 중요한 사실은 인간육신과 생령들 간에 대전쟁이 이미 오래전부터 시작되었는데 이를 알아보고 있는 인간들이 하나도 없다는 점이다. 이런 진실을 알려주는 그 어떤 영적 지도자가 없었기에 모를 수밖에 없다.

수천 년 동안 숭배를 받았던 사람들도 천령(하늘)과 생령에 대한 진실은 전혀 밝히지 못하고 세상을 떠났다.

저자는 인간이 태어난 이후 최초로 생령의 존재에 대하여 천기 원년을 선포한 2001년 초에 생령들과 대화를 최초로 나누었지만 어디에다 어떻게 써먹는 것인지 전혀 알지 못하여 지금까지 12년의 세월이 흘렀지만 잊고 지냈다.

현재 70억 인류가 살고 있는 이 땅에 태어났다가 죽은 사람들이 그 얼마이던가? 아무도 생령의 존재에 대하여 말하는 사람들도 없었고 어떻게 해야 생령들을 구하는 것인지 알지도 못했다. 생령을 태초로 창조하여 이 땅에 보내신 분이 하늘이신 자미천황님이시기에 이분의 핏줄들은 영적 후손들이다.

각자의 생령이 하늘을 찾지 못하면 인생이 막히고 답답한데 그 고통은 상상을 초월한다. 생령들에게는 생과 사를 다투는 중차대한 문제이지만 육신들은 생령들의 마음을 전혀 알지도 못하고 자기 욕심만을 위해 살아가고 있다.

육신들이 돈과 권력, 명예에만 미쳐서 자신의 신과 생령들이 원하고 바라는 소원은 아예 몰라보는데 이로 인해서 육신들이 겪어야 하는 고통과 불행들은 너무나도 크고 많다.

육신과 생령들 간에 벌어지고 있는 전쟁의 승패는 양쪽 모두가 패자이다. 인간은 100년의 세월 동안만 고통받으면 되지만 생령들은 억만 겁 동안 감내해 내기 어려운 지옥세계 형장의 무섭고도 가혹한 고문을 당해야 한다.

현생에서 각자들이 겪고 있는 모든 고통과 불행은 신과 생령들, 인간육신이 하늘을 몰라본 대가이다. 하늘과 대적해서 싸워봐야 육신과 신, 생령들은 백전백패인데 이런 진실을 누가 알려줄 수 있겠는가? 하늘을 찾지 않으면 지옥인생이다.

하늘께 굴복하기 전까지 고통이 멎지 않는다. 신과 생령들이 인간육신을 왜 도와주지 않고 매일같이 싸우느냐고 물어보는 사람들도 많다. 신과 생령들에게 먼저 하늘을 찾게 해주어야 한다.

신과 생령들이 하늘의 사랑을 받아 천인으로 재탄생되어야만 하늘께서 신과 생령들에게 하늘 문을 열어주시므로 편안해진다. 이때부터 신과 생령이 머물고 있는 육신들이 고통과 불행에서 벗어난다.

신과 생령들의 긴박한 소원은 육신이 죽기 전에 신과 생령의 부모님이신 자미천황님의 사랑을 받아 천인으로 재탄생되어 육신이 내일 죽더라도 천상궁전으로 입궁을 보장받는 것이다.

이미 질병으로 사형선고를 받아놓고 시한부 인생을 살면서 내일 죽을지 모레 죽을지 모르는 중환자들도 죽어서 사령이 되기 전에 생령으로 있을 때 하루빨리 하늘 자미천황님의 사랑을 받아 천인으로 재탄생되어야 생령들의 원과 한이 없어진다. 육신이 죽은 다음에는 천인으로 탄생할 기회가 없어진다.

가족 중에 시한부 인생을 살고 있는 환자가 있다면 가족들이 죽기 전에 환자의 생령에게 하늘 자미천황님의 사랑을 받게 해주는 것이 도리이자 환자를 진정으로 사랑하는 마음이다. 환자가 부모님이라면 이보다 더 좋은 효도는 없을 것이다.

천국세계, 극락세계로 올라갈 것이라고 믿고 있는 사람들이 참으로 많은데 사실과 다르다. 육신이 살아서 하늘의 사랑을 받지 못한 생령들이 가야 할 세계는 천국극락이 아니라 축생이나 어둠의 지옥세계에서 모진 형벌을 받아야 하는 명부전뿐이다.

자신의 신과 생령을 사랑하지 않고, 신과 생령의 소원을 들어주지 않으려는 사람들은 인생이 편안해지는 것을 일찌감치 포기하고 살아가는 것이 더 편할 것이다.

이 세상에서 가장 두렵고 무서운 존재는 자신의 일거수일투족 모두를 실시간으로 지켜보고 있는 하늘과 자신의 신과 생령이다. 신과 생령의 저주가 가장 무서운 것인데 인간들은 모르고 있다. 그래서 오래전부터 가장 무서운 존재가 자기 자신이라고 하지 않았던가?

생령은 자기 자신의 살아있는 영이다. 하늘 자미천황님의 중재 아래 육신과 신, 생령들이 하루빨리 화해하는 것이 가장 급선무로 행해야 할 일이다. 자신의 신과 생령이 하늘의 사랑을 하루빨리 받아야 인간육신들의 삶이 변화될 수 있다.

하늘과 자기 신과 생령의 존재를 끝까지 몰라보고 무시하면 어느 날 비명횡사하게 된다. 이분들을 상대로 싸우는 것은 계란으로 바위를 치는 격이다. 하루라도 빨리 손들고 하늘과 자신의 신과 생령에게 굴복해야 인생이 편하다.

자미천황님께서 인류가 모르는 엄청난 하늘의 보물을 자신, 가족, 신, 생령, 사령(조상님)마다 깊게 숨겨놓으셨다고 처음으로 밝혀주셨다. 하늘이 숨겨놓으신 보물을 찾으려면 책을 읽고 조상님 천상입궁의식과 자신의 천인합체의식을 행해야 한다.

그러므로 천상의식을 행하지 않는 사람들은 살아서도 죽어서도 천추의 원과 한을 남기게 될 것이다. 천상의식은 일반적으로 행하는 의식이 아니라 종교의 능력, 돈과 권력으로도 이룰 수 없고 금전적으로 환산이 안 되는 이 세상 최고의 귀한 천상의식이다.

인류의 상상을 초월하는 어마어마한 일이 일어나고 있다. 이것이 진실일까 가짜일까 수많은 독자들이 궁금증을 갖고 반신반의하며 갈등을 하리라 본다. 그러나 엄연한 현실이고 영안과 신안이 열린 인간들의 눈에는 이분들의 모습이 보이고, 일반인들은 하늘을 통하면 천지기운을 실제로 받을 수 있다.

천상의식을 행할 때는 천상궁전에 계신 자미천황님, 신명님, 하나님, 미륵님과 여러분이 자유롭게 대화를 나누면서 세상에서 알지 못하는 자신들의 궁금증을 여쭈어볼 수 있고 천지기운도 강렬하게 느낀다. 지금까지 세상 그 어느 곳을 가보아도 함께 대화를 나눌 수 있는 곳은 이 세상 어디에도 없다.

전 세계에서 가장 유능하고 영험한 영 능력자라 할지라도 자유자재로 통신하여 대화한다는 것은 불가능하였는데 자미국에서는 꿈이 아닌 현실이 되었다.

하늘의 사랑을 받아서 말 못하는 조상님들을 천상궁전으로 한 번에 구원해 드리고, 인간육신과 자신들의 몸 안에 있는 생령을 살아있을 때 구원받게 해주는 인류의 마지막 종착역이다.

천상의식을 말로는 모두 설명하기가 부족하다. 실제로 자신들이 행해 보고 판단하는 것이 가장 좋다. 조상님들에게 숨겨놓은 하늘의 보물, 자신의 몸 안에 숨겨놓은 하늘의 보물, 가족마다 숨겨놓은 하늘의 보물가치는 돈으로 환산이 안 된다.

천상의식을 행해서 각자마다 비밀의 뚜껑을 열어봐야 하늘의 보물이 엄청나다는 것을 본인들이 알게 된다. 의식을 행하는 당사자들이 더 감동하고 감탄하며 눈물 콧물을 흘린다. 세상을 살아가면서 꼭 한 번은 행해 봐야 할 천상의식이다. 다른 곳에서 흔히 행하는 종교의식과는 비교 자체가 안 된다.

종교의식을 한 번이라도 행해 본 사람들이라면 본인들이 더 좋아서 어찌할 바를 모르며 이것이 꿈인가 생시인가 물어본다. 늘 의식을 주관하는 저자도 감동하며 눈물을 흘리는데 처음 의식하는 사람들의 감동과 감탄은 어떠하겠는가?

인류가 수천 년 애타게 찾아 헤매던 바로 원초적인 하늘세계 그 자체이니 어찌 감동을 하지 않겠는가? 의식을 행하는 당사자들이 스스로 감동받아 감탄한다.

하늘이 인류에게 내리신 최고의 보물이 조상님 천상입궁의식이고 자신과 가족의 천인합체의식인데 모두가 한 번씩만 행할 수 있다. 다른 의식처럼 수시로 매년 행하지 않는다.

2012년 8월 20일 월요일.

하늘의 뜻이 아닌 종교에 30년 다닌 착실한 사람이었다. 50대 중반의 직장인이 하단 천인합체의식을 행하는 날이다. 이 의식은 하늘의 윤허가 내려진 사람들만 행할 수 있기에 아무나 할 수 없다. 천인합체의식은 자신의 조상님들을 구원한 사명자에게만 내려주시는데 윤허를 내려주시지 않는 사람들도 있다.

4년 전에 조상님을 구원하는 천상입궁의식을 행하였다.

이 남자의 인생은 지옥세계의 삶을 살아왔었는데 그 사연이 기가 막힌다. 두 번 이혼하고 딸 하나를 두고 있다. 딸도 너무 강해 무섭고 겁이 난다고 했다.

첫 번째 결혼은 부인의 사이코 같은 행동으로 몸만 빠져나왔고, 두 번째 결혼 또한 부인의 주사와 폭력으로 대출받아 돈을 주고 부인과 이혼하는 아픔이 있었다.

이혼한 두 부인 모두에게 두들겨 맞고 칼로 찔러죽이겠다며 위협을 여러 번 당해서 이혼하였으며 딸 역시도 수시로 폭언을 하며 아버지인 자신을 죽여버리겠다고 말했다는데 이혼한 두 명의 부인과 행동이 너무나 똑같았다고 했다.

오늘 주인공은 남자치고는 너무나 성격이 온순한 스타일이었는데 자신의 본래 성질은 괄괄하고 카리스마를 겸비한 당당한 남자였는데 결혼해서 딸을 낳고부터 성격이 변하기 시작했다고 한다. 딸의 나이 7살 때부터 자신의 딸이 무섭게 느껴졌다고 한다.

오늘 하늘께서 그 비밀의 진실을 천인합체하면서 밝혀주시었는데 기가 막혔다. 딸아이를 낳고 종교에 다니면서 수십 번의 의식을 하고부터 성격이 급격히 변하기 시작했다.

수없이 많은 의식을 해보아도 인생에 아무런 변화가 없자 신문광고에 실린 자미국 책 표지를 보는 순간 자신이 찾아 헤매던 바로 그곳임을 한눈에 알아보고 즉시 구독하고 예약한 후에 방문해서 조상님 천상입궁의식을 행하였고 천인합체의식을 하늘 자미천황님께 윤허 받은 후 4년 만에 행하는 날이다.

주인공의 성격이 급격히 변한 사연은 독자 여러분의 상상을 초월하는 일이었는데 그것이 종교에 다니고부터라는 진실을 밝혀주시었다. 자신들의 몸 안에 있는 생령들의 등급은 천차만별이며 차원이 높은 생령과 낮은 생령이 있다.

영적 차원이 높은 생령들은 절대적으로 공감하고 감명받은 생령들로서 조상님을 구원하고자 이 땅에 사명자로 태어났다. 반면 영적 차원이 낮은 생령들은 귀한 책을 아무리 읽어봐도 전혀 이해도 안 되고 뭐가 뭔지 모르며 조상님의 구원에 대해서 아예 관심이 없고 자기 인생만 잘사는데 몰두하고 있다.

그러나 하늘의 뜻을 받고 사명자로 이 땅에 태어난 고차원적인 생령들은 하늘이 내리신 말씀을 이행하는 천인합체의식을 행하여야 구원받을 수 있기 때문에 입장이 다르다.

주인공이 하늘의 뜻과 다른 곳에 나가기 시작하자 몸 안에 있던 생령이 자신의 몸을 떠나 7살 딸아이의 몸으로 들어가서 피신한 것이었다고 밝히시었다. 이때부터 딸아이와 아버지의 생령이 서로 바뀌어버린 것인데 이런 진실을 세상 어느 누가 밝히겠는가?

하지만 하늘의 말씀을 완수하여야 하는 사명자의 생령은 육신이 하늘의 뜻이 아닌 곳에 나가면 하늘께 구원받을 수 없다는 진실을 알았기에 딸아이 몸으로 피신한 것이었다고 말씀해 주시었다.

그래서 주인공의 생령이 딸아이의 몸으로 19년 동안 오랜 세월 피신해 있었던 것이다. 두 명의 부인에게 얻어터지고 이혼당한 것은 주인공의 생령이 딸아이 몸에 있다가 부인 몸에 들어가서 폭행을 했던 것인데 당사자는 전혀 이런 진실을 알 수 없었다.

주인공에게는 7살짜리 딸아이의 생령이 들어가 있고 부인 몸에는 괄괄한 카리스마가 넘치는 당당한 자신의 생령이 들어가 있으니 얻어터질 수밖에 없었던 것이다. 대항 자체가 불가하여 일방적으로 얻어맞고 살다가 결국 이혼한 것이다.

얻어맞은 이유는 종교에 나가지 말라고 자신의 생령이 부인 몸에 들어가서 수시로 두들겨 팬 것이었으니 세상에서 이런 비밀의 진실을 어느 누가 밝히겠는가? 그러니까 생령은 하늘께 죄를 짓지 않으려고 육신을 폭행하였던 것이다.

결국 여자와 여자가 사는 꼴이 되니 어느 여자가 이혼하지 않을 것인가? 육신의 부인은 분명 여자인데 몸 안에 있는 생령은 남자이고, 주인공 육신은 남자인데 생령은 7살짜리 여자아이이니 어찌 부부 관계가 성사되고 원만한 성생활이 될 것인가? 날마다 독수공방이니 여자가 외로운 밤을 감당하지 못했다.

그래서 하늘의 뜻과 다른 종교에 결사적으로 나가지 말라고 했던 것이었다. 주인공은 이런 생령의 진실을 몰라보고 두 명의 부인에게 이혼당하였으나 54년 만에 하늘 자미천황님의 사랑으로 천인합체의식을 행하여 자신의 생령을 찾아서 함께하게 되었다.

멋모르고 친구 따라 하늘의 뜻과 다른 종교에 열심히 다니고 있는 수많은 사람들은 자신들의 인생을 뒤돌아보면 조상님을 구원하려고 이 땅에 태어난 사명자인지 아닌지 알 수 있을 것이다. 친견 상담하러 올 때 부부나 자녀, 친구들과 상의하지 말아야 하고 만일 어떤 누구와 동행한다면 친견 자체를 불허한다.

하늘의 사랑을 받을 진짜 사명자가 아닌 사람들은 생령의 존재도 모르고 하늘세계, 사후세계, 신의 세계, 영의 세계를 부정하면서 사이비라고 비난하므로 절대 명심해야 한다.

자미천황님이 좋은 사람들은 혼자서 자미국에 들어오면 된다. 자미천황님의 뜻과 다른 곳에 다니면 다닌 햇수만큼, 의식을 올린 횟수만큼 자신이나 가족들의 인생이 뒤집어져 있을 것이니 확인해 보라.

부부간에 싸움과 이혼, 별거는 대부분 각자의 생령들이 서로 바뀌어서 일어난다는 것을 세상 사람들은 이해하지도 못하고 아무도 이런 비밀의 진실을 모르기에 주위 사람들과 절대로 상의하면 안 된다. 미친 사람 취급만 받을 뿐이다.

자미천황님을 몰라보고 사는 것은 고통의 길이자 파탄의 길이다. 부부간에 성생활이 원만하지 못한 경우에도 주인공의 경우처럼 생령들이 서로 바뀌어 있을 것이다.

과거에는 종교에 다녔으나 현재 나가지 않고 있는 사람들도 자신들의 생령들이 어디 있는지 하루빨리 찾아야 가정이 파탄 나지 않는다. 우울증과 불면증도 생령들이 바뀌었다는 증상이다.

자신들의 생령들은 하늘이 주신 보물들이니 생령들이 지금 어디에 가 있는지 자미천황님을 통해서 찾아야 한다. 남편에게 매 맞고 사는 여자들, 자식에게 폭행당하는 사람들도 본인들이 사명자일 수 있으니 빠른 상담을 해야 한다.

자신의 생령이 바뀌거나 잃어버리면 인생의 모든 것을 잃어버리는 것이 되어 살아있어도 살아있는 게 아니다.

생령들은 인간이 탄생할 때 천상궁전에서 죄를 짓고 하계로 쫓겨난 죄인들인데 인간육신이 하늘과 생령의 뜻을 외면하고 죄를 짓거나 큰 부정비리를 저질러 잘못하면 육신을 경찰이나 검찰에 고발하는 경우가 상당히 많이 발생한다.

이때부터 검찰소환 후 구속되거나 자동차 사고로 급살, 심장마비, 자살로 비명횡사 당한다. 큰 질병과 암, 사업부도, 구속, 투자 실패, 사기, 배신, 돈 떼임 같은 일들이 연속적으로 일어난다.

하늘이 내려주신 귀한 보물인 생령을 하루속히 찾아서 지켜야 살 길이 열린다. 하늘 자미천황님이 숨겨놓은 생령의 비밀을 인류 최초로 독점해서 밝혀내고 있다.

## 天 하늘을 찾으러 다니는 생령들

하늘은 하나가 아니라 여러 하늘이 있는데 자신의 영(생령)을 구원해 주실 하늘이 누구이며 어디 가야 찾을 수 있는지 답답하다. 진짜 하늘을 찾고자 생령들이 여러 곳을 다녀보지만 자미천황님의 사랑을 받지 못하고 있다. 수많은 신과 생령들이 현생과 사후세계를 구원해 주실 진짜 하늘이 누구인지 모르고 있다.

하늘의 뜻이 아닌 다른 세계를 믿고 있는 수많은 생령들, 자신의 조상님을 믿고 있는 생령, 나라조상님을 믿고 있는 생령, 도통하려고 도를 믿고 있는 생령, 극락세계 올라가려는 생령, 천국세계 올라가려는 생령, 죽음 이후 영생을 누리려는 생령, 하늘을 찾아 천통하려는 생령, 신통하려고 산천을 다니는 생령, 영통하려고 산천을 다니는 생령, 천지기운을 받으러 다니는 생령,

대통령하려고 대선에 출마한 생령, 사업 성공하여 재벌이 된 생령, 고위공직자의 자리에 오른 생령, 부정비리가 터질까 전전긍긍하는 생령, 교도소에 들어가 있는 생령, 나는 누구인지 찾고 싶어서 헤매는 생령, 죽음 이후가 두려운 생령, 죽으면 그만이라고 생각하는 생령, 하늘 찾아달라고 보채는 생령, 이혼하려는 생령, 질병으로 고통받고 있는 생령, 사업만 하면 실패하는 생령, 사기 배신 잘 당하는 생령, 자살하려는 생령, 사후세상을 보장받지 못해 불안해 하는 생령, 우울증 불면증에 걸려 있는 생령, 육신은 살아있는데 지옥세계 들어가 있는 생령이 있다.

세상에 알려진 대로 믿는다고 구원받는 것이 아니라는 진실을 사람들은 전혀 모르고 있다. 오랫동안 잘못된 이론을 누가 바로잡을 것인가? 인간의 능력으로는 무엇이 맞는 것이고, 무엇이 잘못된 것인지 선별해 낼 능력이 없다.

진짜 하늘이 아닌 다른 하늘을 믿으며 그들 앞에 구원받으려고 줄 서고 있는 것이 얼마나 잘못된 것이고 자신의 현생과 사후세계에 어떻게 영향을 미치는지 모른다.

여러분의 영을 태초로 이 땅에 보내신 분이 진짜 하늘이시고 그분이 바로 구원자이신 자미천황님이시다. 생령들의 영적 수준이 낮은 경우라면 인간육신이라도 책을 읽고 자신의 생령을 하늘께 구원받게 해야 육신의 삶이 고달프지 않다.

위대하신 하늘 자미천황님께 죄를 짓고 지상으로 쫓겨난 생령들, 하늘을 배신하고 역천한 대역죄를 지은 생령들, 하늘을 몰라보고 무시한 생령들, 자신의 조상님을 몰라보고 무시하며 박대한 생령들은 죄를 하루라도 빨리 빌어야 한다.

하늘과 조상님, 자신의 생령들을 찾지 않고 몰라보며 무시한 인간육신의 죄도 함께 있다. 죄인들도 구원받을 대상이 있고, 하늘께 지은 죄가 너무 커서 구원대상이 아닌 인간, 조상님, 신, 생령들이 있는데 이들은 다니던 곳에 영원히 머물러 있으라는 말씀이시다.

죄를 지은 것도 특단 상단 중단 하단이 있다는 뜻인데 도저히 용서받지 못할 죄인들이 있고 죄를 빌어 용서받을 죄인들이 있다는 말이다. 천상에서 이 땅으로 오기 전의 전생에서 각자가 지은 죄를 소상히 알고계신 분은 당연히 천상세계의 주인이신 하늘뿐이시다.

구원받을 여지가 있는 죄인들은 책을 보고 자신이 전생에 지은 죄를 빌고자 찾아올 것이고, 용서받지 못할 대역 죄인들은 죄를 용서받아야 한다는 것에 대하여 심각성을 모르고 하늘께 지은 죄가 얼마나 무섭고 두려운 것인지조차 느끼지 못한다.

자신의 생령이 전생에 지은 죄에 대해서는 인간육신은 알 수가 없다.

무엇이 죄인지 알아야 빌 수 있고 구원받을 수 있다. 생령들이 천상에서 하늘께 지은 죄를 빌지 않으면 인간육신들이 지옥세계의 인생을 살아간다는 진실을 어느 누가 알겠는가?

인간들은 인간들대로 빌고 생령들은 생령들대로 전생과 현생의 죄를 열심히 빌어야 인간과 생령들의 삶이 변할 수 있다. 죄인들은 하늘이 내려주시는 천복만복을 받을 수 없기에 인생살이가 늘 고달프고 매사 되는 일들이 없다.

신과 생령들이 전생과 현생에 지은 죄, 인간육신과 조상님들이 지은 죄를 밝혀주고 빌게 해주는 곳은 없다. 자신들이 무슨 죄를 지었는지 알아야 하늘께 죄를 빌 것이 아닌가?

분명한 진실은 지금까지 죄의 진실에 대하여 무서움과 두려움을 전혀 느끼지 못하고 살아왔지만 책을 통하여 대단한 죄의 진실을 알고도 이곳에 찾아와서 죄를 빌지 않는 사람들은 현생의 삶이 지옥의 삶으로 바뀔 것이며, 육신의 삶이 끝나면 천상세계가 아닌 축생계나 지옥세계의 명부전으로 가서 억겁의 세월 동안 형벌을 받는다.

구원받을 자는 공감하여 죄를 빌러올 것이고 구원받지 못할 자들은 하늘께 지은 죄의 무서움을 모르고 세상 살기에만 급급해 할 것이다. 그래서 아무나 들어올 수 없고 아무나 구원도 하지 않는다.

전 세계 어느 곳에서도 진짜 하늘을 찾을 수도 없고, 만날 수도 없고, 하늘의 음성을 들을 수도 없고, 구원받을 수도 없다는 진실을 하루빨리 인정해야 한다.

여러분의 인간, 조상님, 신, 생령들을 구원할 수 있는 곳은 하늘과 땅이 함께하고, 산 자와 죽은 자가 함께 하늘의 사랑을 받을 수 있는 전 세계 유일한 자미국 자미천궁 하나뿐인데 관습과 이론에 오랜 세월 세뇌되어 진실을 외면하고 있다.

관습과 이론으로 가득한 고정관념을 스스로 깨뜨리고 지은 죄를 빌고 하늘의 사랑을 받아야 진정한 구원을 받을 수 있다. 믿는다고 구원받는 것이 아니라 하늘의 사랑을 받아야 구원이 된다.

하늘께 죄를 빌어 구원받을 마음이 없는 인간, 조상님, 신, 생령들은 다음 세상은 축생계로 윤회한다. 죽어서는 억만 겁을 빌어도 하늘로부터 구원받을 수 없다.

# 생령들을 부르는 능력자

사람마다 생령의 존재를 밝혀봐야 자신이 누구인지 알 수 있다.

생령의 존재를 최초로 밝힌 생령의 창시자! 독자 여러분의 생령과 만나려면 상담을 받은 다음 절차를 밟으면 된다.

자신의 생령과 만나는 일은 경이롭고도 인류 최초의 일이기에 신비함이 가득하다.

인간육신 본인들조차 전혀 몰라보고 살았던 각자 생령들과의 만남은 신선함 그 자체이고 경천동지할 인류의 대사건이다. 어쩜 이럴 수가 있을까 하고 경탄 감탄 경찬하고 있다.

이렇게 신비스런 대능력을 행사할 수 있게 저자에게만 내려주신 영의 부모님이신 하늘 자미천황님께 깊은 감사를 드린다. 인류 탄생 이후 아무도 알려 하지 않았고 행하려 하지 않았는데 그 위대하신 엄청난 선물을 내려주신 것이다.

생령의 존재는 참으로 신비스럽다. 때로는 밝히고 때로는 숨기는 생령들의 존재를 인류 최초로 밝히는 영광된 몸이 되었다. 나의 생령이 누구인지 알아내는 데는 많은 아픔과 세월이 필요했다.

오래전부터 '나는 누구일까?', '왜 태어났을까?', '죽으면 어디로 갈까?', '의식을 계속해도 왜 아픈 것일까?', '천상세계에는 하늘이 계실까'에 대한 의문과 호기심으로 전국의 도인들과 신의 제자들을 무수히 만나보았지만 아무도 밝혀내지 못하였고 생령이 있다는 존재 또한 아는 사람들이 없었다.

이런 메시지를 받아서 하늘제자의 길로 들어왔다. 지금 돌이켜보면 비슷하게 말한 사람은 있었지만 천상에서 하늘께 황명을 받은 자미인황님의 존재에 대해서는 아무도 알아내지 못했다.

내 안에 계신 생령이시지만 나 역시 내가 누구인지 몰라서 전국에 유명한 수많은 사람들을 찾아보았지만 아무도 몰라보았다. 나의 생령을 알아본다는 것은 불가능했을 것이다. 인간세계에 알려진 적이 한 번도 없는 분이셨기 때문이다.

나의 생령은 '자미인황님'이시었다. 하늘의 황명을 받아 이 땅에 처음으로 오신 분이시었으니 세상 어느 누가 알아보겠는가? 이분이 나의 생령이라니 믿기지 않았다. 그동안 수행하면서 인류의 상상을 뛰어넘어선 수많은 천지조화가 말하고 생각하는 대로 현실에서 그대로 일어나는 것을 보고 너무나 신기했었다.

독자 여러분은 자미국을 세우시며 하늘의 말씀을 수행하시기 위해 오신 자미인황님을 통해 자미천황님의 말씀을 받드는 것이 구원받아 윤회의 굴레를 벗어나는 유일한 길이다.

하늘은 '자미천황님'이시고 저자의 생령은 '자미인황님'이시며 인간육신은 '인황'으로 관명을 받았다.

생령들의 마음을 알 수 있는 창시자!

독자들은 이 땅에 저자와 동시대에 태어남을 감사하게 생각하고 하루속히 하늘의 윤허 아래 생령들의 뜻을 알아야 고달픈 인생의 싸움이 멎는다. 독자들의 생령은 과연 누구이고 어떤 사명을 받아 이 땅에 인간육신의 몸 안에 있는 것일까?

이제는 모든 이론을 뒤로하고 세상을 살아가면서 자신의 몸 안에 함께하고 있는 생령의 존재부터 밝혀내고 살아가는 것이 가장 급선무이다. 저자의 생령처럼 여러분의 생령들도 분명 커다란 사명을 갖고 이 땅에 동시대에 태어났을 것이니 무슨 사명을 완수해야 하는지 자신의 생령부터 만나보기 바란다.

생령을 만나면 후련하다. 현생의 비밀이 생령에게 있다. 독자들의 생령들은 하늘의 선택을 받아야 지옥세계로 떨어지지 않고 축생으로 윤회를 막을 수 있다.

이제부터 하늘의 뜻이 아닌 모든 것은 믿지 말고, 그 어떤 누구의 말도 믿지 말고 오직 하늘의 말씀을 받들고 자신의 생령을 찾아서 생령의 말만 믿고 살아야 한다. 하늘이 목숨이고 자신 생령이 목숨이니 하늘의 말씀에 순응해야 한다.

생령들은 인간육신과 화합하여 하나 되기를 간절히 바라고 있다. 가족과 주변 친인척의 몸으로 도망간 자신의 생령부터 찾아야 한다. 하늘의 사랑을 받지 못하면 생령이 하늘과 멀어지기에 생령의 원과 한을 영원히 풀 수 없다.

육신이 살아서 자신의 생령을 찾는 숙제를 풀지 못하면 당대는 물론 자자손손 끝없는 풍파가 이어져 내려간다.

# 天 생령들이 가장 싫어하는 것

언제부터인가 신령(신)이나 사령(조상님), 사람의 생령(영혼)을 부르는 신비한 능력이 생겼다. 산 사람의 생령(영혼)을 부른다고 하면 일반인이나 신의 제자도 신비하게 생각하면서 반신반의한다.

대다수가 의심하면서도 정말 가능한지 알고 싶어 한다. 생령을 불러서 수많은 임상체험과 확인을 했다. 상대방의 생령이 들어오면 그의 모든 마음을 알 수 있다. 상대가 국내에 있든 외국에 있든 거리와 상관없이 부르면 바로 들어온다.

이것은 천지신명님께서 직접 능력을 보여주시는 것이라고 계시를 내려주시었다. 감히 상상 못할 일들을 육신을 통해서 능력을 보여주고 계시는 것이다.

이럴 때 큰 보람을 느낀다. 아무나 할 수 없는 일들을 하늘 자미천황님의 말씀을 받아서 해내고 있으니 말이다. 처음엔 나 역시 믿을 수 없었지만 여러 사람들의 수많은 생령청배를 통해서 진짜로 생령이 오고 가는 것을 알게 되었다.

말만 하면 신령, 사령, 생령이 바로바로 들어오고 있었다. 때론 생각만 해도 상대가 들어온다.

죽은 자는 말이 없는데 사령(조상님)들을 불러서 어찌 말을 하게 할 수 있느냐며 사기 치지 말라고 항의하는 무식한 독자가 있었다. 자신의 상식 수준에서 이해가 안 되면 사기 친다고 말하는 몰지각한 인간이 이 세상에 아직도 살고 있다.

이런 인간이 자기 조상님들의 사후세상 고통을 어찌 알고 구원하며 그 위대하신 하늘이 실제로 존재하시고 계심을 어떻게 인정하겠는가? 기독교를 다녔다는 어느 교인의 말이었다.

자신이 모르는 세계는 모두가 황당하고 사기이며 가짜일까? 자신의 무식함은 탓하지 않고 말이다. 자신의 생령이 몸 안에서 떠나 어디론가 가버리면 그것은 바로 지옥세계 삶과 직결된다. 자신의 생령을 지키지 못하면 바로 인생의 죽음과 같은 고통이 따른다.

가정 내에서나 밖에서 어떤 사람들이 유독 자신을 못살게 괴롭히고 대드는 현상이 있다면 의심해 봐야 한다. 자신들의 생령들이 그 사람들 몸에 들어가서 자신에게 퍼붓기 때문이다. 배우자와 자식들 사이에 분쟁이 바로 자신의 생령이다.

생령들이 원하고 바라는 대로 인간육신이 행하지 않으면 상대방의 몸에 들어가서 폭언하고 폭행하기 일쑤다. 그런데 생령이 자신의 몸에서 떠나면 인간육신은 빈껍데기나 마찬가지이고 상대방에게 대항하지도 못하고 일방적으로 얻어터지거나 한다.

주요 대상이 배우자나 자식들인데 때로는 직장 상사나 동료, 친구나 지인들의 몸으로 들어가서 인간육신들을 폭언하고 폭행한다. 상대가 무서워서 대들고 싸운다는 것은 상상도 못한다. 자신의 생령을 이길 수 없기 때문에 이런 일이 생긴다.

자기 자신을 떠나간 생령을 다시 본인의 육신으로 돌아오게 하려면 방문해서 상담부터 받아야 한다. 생령이 몸 안에 있지 않으면 인생 자체가 불안, 초조하고 매사 되는 일들이 없고 무기력해지며 세상 살고 싶은 마음이 없어진다.

자기 육신의 주인인 생령을 잃어버리고도 잃어버린 사실조차도 모르고 살아가는 것이 인간들이다. 생령들이 인간의 눈에는 보이지 않기 때문에 그럴 수밖에 없다. 자신의 생령을 잃어버리면 모든 것을 잃어버린 것과 같기 때문에 지옥 같은 인생으로 변한다.

인간육신이 생령들의 집인데 주인이 집을 비우고 떠나갔으니 아무나 먼저 들어오는 영들이 주인이니 각자 인생이 어찌 변하겠는가? 아주 떠나간 경우도 있고 가족이나 자식, 주위 사람들 몸으로 도망가 있는 경우가 다반사이다.

생령들이 가장 싫어하는 것은 인간육신이 자기 영의 부모님이신 하늘을 몰라보고 사는 것이다. 그 이유는 영의 부모님을 찾지 못하면 구원받을 기회가 완전히 박탈되기 때문이다. 육신의 부모조상님들을 박대하는 죄를 짓는 육신들도 싫어하고, 또한 역술인을 통해서 자신의 이름을 개명하는 것도 싫어한다.

이런 행위를 육신들이 행하면 생령들은 미련 없이 인간육신을 떠나기에 생령이 떠난 인간육신은 목숨만 붙어 있을 뿐 죽은 거나 다름없는 지옥 같은 인생을 산다.

생령의 존재에 대해서는 처음 들어보는 말이기에 얼른 이해가 가지 않을 수도 있지만 이 책을 통해서 하늘과 자신의 생령을 보물단지 모시듯 소중히 하며 생령의 부모님이신 하늘을 찾아서 선택받게 해주어야 현생과 내생을 모두 구원받을 수 있다.

생령은 곧 자신의 목숨 줄이다. 인간육신은 생령들이 머무는 집인데 수많은 사령들이 함께하고 있는 경우도 상당히 많다. 사령이란 자신의 직계와 친척 조상님을 비롯해서 초상집이나 잔칫집에서 따라붙은 떠돌이 귀신들이다.

자신의 생령이 아닌 사령들이 자신의 몸 안에 있음으로써 인간육신들이 비명횡사 당하여 죽는다. 자신의 생령을 찾고 사령들을 몸 안에서 모두 내보내야 자신들의 목숨을 지키며 살아갈 수 있다. 귀신들과 함께 지낸다는 것은 언제 죽을지 모르는 시한폭탄을 안고 살아가는 것이나 마찬가지라 매우 위험하다.

지금까지 인간육신들이 오랫동안 자기 생령의 존재를 몰라보고 무시하며 살아왔듯이 생령들 또한 인간육신을 무시할 수밖에 없으니 서로 싸우지 말고 인간육신은 먼저 생령에게 굴복하고 생령은 하늘께 굴복하여야 자미천황님께 구원받을 수 있다.

생령과 인간육신의 싸움을 멈추고 화해시켜 주실 수 있는 분은 하늘이신 자미천황님뿐이시다. 생령들의 부모님이 자미천황님이시기 때문에 생령들을 달래는 길은 하늘의 선택을 받게 해주어 자신의 생령을 천인으로 재탄생시켜 주는 것뿐이다.

하늘 자미천황님의 허락을 받아 생령과 육신이 함께 천인으로 재탄생되는 것은 인간의 평균수명을 초월하여 오래 살 수 있는 수명연장술의 최고위 천계비법이기도 하다.

육신의 수명 플러스 천인의 수명을 더 살 수 있기 때문에 인간수명이 상당히 길어지고 노화가 느리게 진행되는 신비한 일이 현실로 일어나게 된다.

천인이 되면 주위 사람들이 모두 젊어졌다고 부러워하는데 자신의 나이보다 10~20년은 젊어졌다는 것을 본인들이 알게 된다.

## 天 생령을 만나 상대를 알았다

자미천황님의 대능력은 인간의 상상을 초월한다.

인간의 상상을 초월한 자미천황님의 대 능력은 자미천황님의 분신이요, 자미천황님께 황명을 받은 자미인황님(생령)과 인황님(인간육신)을 통하여 현실로 이루어주신다.

하루는 인황님의 부름을 받고 인황님의 신전으로 갔다. 처음 보는 낯선 여자 손님이 한 명 앉아 있었고, 그 여자 손님은 엉엉 울고 있었다.

인황님께서 손님에게 뭐라 한 말씀 하시더니, 나(사감)에게 와서 해주시는 말씀이 "한 남자를 사랑하고 있는 여인인데, 그 상대 남자가 본인을 자꾸 피하니 그 남자가 자신을 진정으로 사랑하고 있는 것인지? 아니면 본인이 싫어서 피하는 것인지 그 남자의 본심을 알고 싶다"는 말씀을 나(사감)에게 전해 주셨다.

하시는 말씀이 "저 여인이 알고 싶어 하는 상대 남자의 본심은 그 남자가 아닌 이상, 세상 그 어느 누구도 그 남자의 숨은 마음을 모르니 그 남자의 생령을 불러봐야겠어. 그래서 저 여인을 어떻게 생각하고 있는지 대화를 나누게 하고 그 남자의 마음을 속 시원히 얘기하라고 하는 방법 외에는 달리 방법이 없으니 오늘은 어쩔 수 없이 생령을 청해야 할 것 같으니까 준비해." 하시는 것이었다.

갈수록 태산이었다. 아무리 자미천황님께 뜻을 받은 인황님이라 하시지만 어떻게 생령을 부를 수 있단 말인가? 조상님 영가는 인황님의 말씀에 따라 그들이 자유자재로 오고 가는 것을 수없이 보았고 직접 실고 체험도 해봤지만 지금 말씀하신 '생령' 부분은 한 번도 들어본 적이 없는 희한한 말씀이었다.

죽은 혼도 아니고, 산 사람의 혼(생령)이 어떻게 올 수 있단 말인가?

만에 하나 그 산 사람의 혼이 온다 하더라도 그 산 사람의 혼이 오면 살아있는 그 사람은 혹시 죽는 것이 아닌가? 생전 처음 들어보는 인황님의 말씀에 여러 생각으로 겁이 덜컥 났다.

인황님께서는 나에게 많은 설명을 해주시면서 "그런 걱정은 안 해도 된다"고 하시면서 "자미천황님의 대능력으로 진행되는 일인데 어찌 인간이 겁을 내느냐"고 하시었지만 그래도 나는 겁이 났다.

안에서는 한 여인이 흐느끼는 소리가 간간이 들려온다. 시도해 보자고 말을 할 수도 없고, 안 한다고 말을 할 수도 없는 그야말로 진퇴양난의 순간이었다.

고민에 빠져 있던 나는 드디어 결정을 내렸다. 위대하신 자미천황님의 대능력을 믿기로 했다. 자미천황님께 황명을 받은 인황님의 말씀을 믿기로 하고 의식에 들어가기 전, 인황님께 말씀드렸다.

"자미천황님을 믿고 인황님을 믿고 의식에 임하기는 하지만 인황님도 생령을 부르는 것은 이번이 처음이시고, 저 또한 생령청배의식은 처음 해보는지라 제가 혹시라도 잘못해서 자미천황님 전에, 인황님 전에 누를 끼치더라도 용서해 주세요" 하면서 그 여인의 소원을 이루어주는 '생령' 청배의식이 시작되었다.

인황님의 말씀에 따라 그 남자의 생령은 나의 몸으로 응감을 하였다. 죽은 조상님 혼령이 응감했을 때와는 느낌이 많이 달랐다. 인황님의 말씀을 받고 응감한 산 영혼은 처음에는 본인의 마음을 밝힐 수 없다고 하면서 완강히 거부했다.

처음에는 인황님의 말씀에 거부를 하였으나 얼마의 시간이 흐르자, 인황님의 말씀을 순순히 받들어 본인의 마음을 솔직히 말하기 시작했고, 인황님의 지도하에 나의 몸으로 응감한 남자의 산 영혼과 여인의 대화는 시작되었다.

이 과정에서 그동안 인간사에서 둘이 만나면서 서로가 서로에게 하지 못했던 진심의 대화를 주고받았다. 많은 대화를 나눈 후 둘의 오해는 풀렸고 여인은 사랑하는 남자친구의 진심을 알고 나니 가슴이 후련하다고 하였다.

생령청배의식이 끝나자 이 여인은 처음처럼 답답함의 눈물을 흘리는 것이 아니라 감사의 눈물을 흘리며 영의 부모님이신 자미천황님과 인황님께 감사하다는 말을 하였다. 자미천황님의 대능력으로 중생이 구원되는 순간이었다.

이 여인은 남자 문제로 고민을 너무 하여 밤에 잠도 제대로 이루지 못하였고 몸도 마음도 괴로워 죽고 싶은 심정이었다고 하였다. 하지만 위대하신 자미천황님께서는 인황님을 통하여 불쌍하고 가련한 여인의 소원을 이루어주시는 대 이적을 오늘도 보여주셨다.

그 여인이 돌아간 후 자미천황님에 대한 감동의 물결과 인황님에 대한 감탄의 마음이 나의 마음 깊은 곳에서 밀려왔다. 정말 자미천황님의 대능력은 항상 우리 인간의 상상을 초월하였다.

그리고 하늘과 인황님의 기적, 이적 앞에서 언제나 감탄을 안 할 수 없었고, 매번 보여주시는 하늘의 이적 앞에 "이번에는 안 될 거야, 이번 일은 가능하지 않을 거야"라고 생각했었지만 나의 상상을 초월하여 하늘의 기적과 이적은 끝이 없었다.

도대체 하늘의 기적과 이적은 어디까지이고 인황님의 기적과 이적은 어디까지일지 참으로 신기하기만 하고 놀랍기만 하다. 이 생령청배의식을 위대하신 하늘께서 인황님께 윤허 내려주심은 '적을 알고 나를 알면 백전백승'이라 하였다.

상대방의 말과 행동을 무조건 믿고 큰일에 임하면 사기 배신당한다. 큰일을 결정하기 이전에 상대의 속마음을 미리 알고 상대를 만나면 인간의 사기 배신으로 인한 금전의 큰 손실을 미리 막을 수 있기에 하늘께서 윤허하여 주셨다.

인황님께 이러한 대능력을 아낌없이 주심은 하늘의 일을 수행하려면 신비한 천지조화를 부릴 수 있는 능력이 모두 있어야 이 땅에서 하늘의 위대하신 진정한 뜻을 전파할 수 있기 때문이다.

하늘의 말씀을 받아 하늘께서 일러주시고 가르쳐주신 그대로 하늘의 천상공무를 땅에서 수행하고 있다. 물론 이제 시작이다 보니 외형상 보기에는 규모는 작을지는 모르지만 하늘의 대단한 기운이 지상에서 가장 강렬하게 내린다.

천상의 모든 신과 영들이 원하고 바랐던 세계, 모든 조상님 영가들이 손꼽아 간절히 원하고 바랐던 세계이고, 천지가 숨죽이며 기다려왔던 인류의 수도 자미국 자미천궁 세계가 분명하다.

# 天 각 방 쓰기와 이혼과 별거

주위에 각 방 쓰고 있는 부부와 이혼을 앞둔 부부들이 참으로 많다. 이미 이혼한 부부가 40% 정도 되고 별거하거나 각방 쓰고 있는 부부까지 합친다면 70%가 마음의 상처를 입고 살아간다. 무늬만 부부이지 남남이나 마찬가지인 경우가 다반사이다. 이혼 후 나 홀로 살아가는 원자 가족이 부지기수이다.

매 맞고 사는 아내, 매 맞고 사는 남편이 주위에 많지만 해결방법을 모르기에 이혼 법정으로만 가고 있다. 서로가 사랑했다가 등을 돌리고 이혼하고 각 방 쓰고 별거하는 진짜 이유가 어디에 있는지 모르고 감정이 상해서 이별의 아픔을 안고 있다.

이혼과 별거, 각 방 쓰기의 빌미를 제공한 당사자들의 불신행위는 천차만별로 다양한 사연이 있을 것이다.

흔한 말로 성격 차이, 부부싸움, 상습폭행, 불륜 행위, 이성 문제, 시부모와의 갈등, 경제 능력 부재, 사업부도 등으로 이혼하기 위해 법정으로 가고, 별거하며 각 방을 쓰고 있다.

사회적인 큰 문제인데 해결사로 나서는 사람이 아무도 없다. 국가에서도 어떻게 해볼 방법도 없고 개인의 사생활이기 때문에 어느 누구의 개입도 어려운 실정이다.

각자가 내세우는 이혼이 불가피한 사연도 있지만 이들 중 절반에 이르는 상당수가 해결될 수 있는 문제들이다. 이들이 헤어지는 것은 대다수가 자신의 생령과 사령(조상님) 때문이라는 사실을 세상 사람들은 전혀 알지 못한다.

외형상으로는 부부간의 싸움처럼 보이지만 내면적으로는 생령 간의 싸움과 양가 조상님 싸움이 일어난 것이다. 생령 간의 싸움과 사령 간의 싸움을 말릴 수 있는 분이 자미천황님이신데 이들이 원하고 바라는 것을 해결해 주면 절반은 이혼을 막을 수 있다.

이제는 이혼과 별거하기 전에 하늘의 말씀을 들어보고 나서 살 것인지 말 것인지 결정해도 늦지 않으니 서로가 조금만 양보하고 분노를 가라앉힌 후 상담부터 받아보기 바란다.

분명 이혼의 진짜 해답을 찾을 수 있다. 이혼해도 앞서 사례처럼 자신의 생령이 떠난 경우라면 새로운 배우자를 만나도 또다시 이혼의 수순을 밟아야 한다.

감정에 치우쳐서 결정하지 말고 이성적으로 판단해야 한다. 이혼 한 번 하면 두 번 세 번 하기 쉽다는 것을 알아야 한다. 이혼의 빌미를 제공한 내면적인 원인을 하늘과 자신의 생령을 통해서 알아낼 수 있으니 일단 이혼은 보류하기 바란다.

부부간에 생령이 바뀌어서 싸움하는 경우가 대부분이다. 물론 잘못은 당하는 쪽의 인간육신이다. 어떤 잘못으로 자신의 생령이 배우자의 몸에 들어가서 폭언과 폭행을 해서 싸움이 시작되었는지 육신들은 이런 생령들의 진실을 전혀 알지 못한다.

인간육신과 생령 간의 화해를 시켜주는 분은 자미천황님이시다. 양가 조상님의 싸움도 화해를 시켜준다. 이혼과 별거는 부부간의 문제가 아니라 생령과 인간육신과의 싸움이고 부부 양쪽 조상님들의 싸움이다. 육신들은 한 치의 양보도 하지 않기에 합의가 안 된다.

이혼하면 인간육신들은 남남이 되어 돌아서면 되지만 그것으로 끝이 아니라 더 복잡한 일이 영의 세계에서 일어난다. 특히 자식이 있는 경우라면 이혼은 한 번 더 깊게 생각하고 결정해야 한다. 자식이 있는 상태에서 이혼하면 자식 몸에는 양가 조상님들이 손주를 차지하기 위한 또 다른 싸움이 시작된다.

정말 이혼을 꼭 해야겠다면 이별하기 전에 조상님들께 좋은 일 하고 헤어져라. 양가 조상님들부터 천상천궁으로 보내드리는 천상입궁의식을 행하고 나서 이혼하기 바란다. 입궁의식 때는 자신의 대표 조상님 혼령을 만나게 해주므로 이혼을 정말 해야 하는지 조상님 전에 미리 여쭈어봐야 탈이 없다.

변덕스러운 마음으로 인한 이혼은 절대 금물이다. 그것은 생령과 사령에 의한 어떤 메시지이기 때문이다. 이런 생령과 사령으로 인한 일이 아니라 순수한 인간 부부끼리 정말 상대가 싫다면 이혼을 할 수밖에 없겠지만 어쨌든 자미천황님의 말씀을 듣고 나서 이혼 도장을 찍어야 한다.

가장 가까운 무촌의 부부 사이!

하지만 등을 돌리고 돌아서면 남만도 못한 철천지원수가 된다.

상대가 바람을 피우는 것도 생령과 사령으로 인한 경우가 허다하다. 부부간에 이혼 일보 직전에 다시 화합한 사례가 참으로 많다. 법적으로 이혼하고 완전히 남남이 되어 1년을 떨어져 살았으나 천상입궁의식을 올리고 바로 다음 날 다시 재결합하는 상상을 초월하는 신비한 기적이 실제로 벌어졌다.

이중생활을 하던 사람 역시 천상입궁의식을 올려드리고 애인과 단호히 결별을 선언하고 가정으로 돌아간 사람들도 부지기수이다. 외형상으로는 인간들이 바람을 피우는 것이다.

하지만 그것이 아니었다. 다시 말하면 부부 사이에 맞바람을 피우고 사는 사람들도 많을 것이다. 애인 없는 사람들은 바보라고 할 정도로 성 문화가 개방되었고 이혼 역시 흉이 아닌 세상이 되어서 남의 눈을 의식하지 않고 자연스레 이혼한다.

각자가 바람피우는 것은 사생활이라 국가도 관여할 수 없고, 양가 부모도 개입해 보지만 당사자들이 싫다고 한다면 이들의 마음을 돌릴 수 없는 것이 현실이다. 배우자 육신과 마음을 자신들이 관리 감독한다는 것은 한계가 있다.

하지만 바람피우는 것이 부부 당사자가 피우는 경우도 있겠지만 천상입궁의식을 행하여 보니 조상님들이 바람을 피우고 있는 경우가 많았다. 수백 년 전에 돌아가신 조상님들이 높은 관직에 올라 첩을 여러 명 두었던 습관 때문에 후손의 몸에 들어가서 지난 과거에 했던 축첩 행위를 지금까지도 하고 있는 것이다.

룸살롱에 가서 비싼 양주만 마시고 아가씨들과 질펀하게 노는 것 역시 인간이 아닌 그의 조상님들이 대부분이다. 술에 찌들어 사는 사람들이 참으로 많은데 정상적인 사람이 아닌 자신들의 조상님이 후손을 통해서 가무를 즐기고 있는 것이다.

이런 조상님들을 천상천궁으로 벼슬입궁의식을 시켜드리면 술 좋아하고 계집 좋아하던 사람이 완전히 딴 사람으로 변하는 신비스런 이적과 기적이 일어난다. 바람피우는 것을 막아보려고 부적 쓰고 첩을 떼는 굿을 한다고 하는데 다 소용없는 짓이다.

잠시 주춤할 수 있지만 다시 바람을 피우게 된다. 하늘의 윤허를 받아 천상입궁의식을 올려주지 않는 이상 조상님들이 천상천궁으로 올라갈 수 없기 때문에 후손의 몸 안에 다시 자리 잡으며 바람을 끝도 없이 피우게 된다.

결혼을 앞둔 남녀는 결혼식을 행하기 전에 양가 조상님들부터 천상입궁의식을 행해야 결혼 파탄을 막을 수 있고, 생령청배의식을 통하면 상대의 진심을 미리 알 수 있기에 결혼의 실패로 인한 아픔을 막을 수 있다고 가르쳐주셨다.

이혼을 결정한 부부들도 법원에 가기 이전에 생령청배의식을 행하면 서로가 몰랐던 서로의 숨은 진실을 알 수 있기에 오해했던 부분이 풀려 이혼을 막을 수 있다고 가르쳐주셨다.

하늘의 천지조화 능력이 정말 대단하시니 이혼과 별거, 각 방 쓰기는 천상입궁의식을 행하여 하늘과 생령, 사령을 만나면 해결책을 찾을 수 있다.

# 天 전생의 비밀을 알고 있는 생령

누구나 한 번쯤은 자신의 전생이 매우 궁금할 것이다.

어느 세계에서 무엇을 하다가 이 땅에 온 것인지, 또한 죽으면 어디로 갈 것인지 걱정과 궁금증이 교차할 것이다. 정말 전생이 있는 것인지 알고 싶은 것이 사람들이다.

그리고 전생이란 인간육신의 전생이 아니고 자신의 몸 안에 있는 생령의 전생을 말한다. 독자 여러분 몸 안에 있는 생령의 나이가 몇 살일까? 육신의 나이일까 아니면 그보다 더 많을까? 한 번도 생각해 보지 않아서 모를 것이다.

생령의 나이는 상상을 초월한다. 그래서 전생이 있는 것이다. 인간들이 죽음을 가장 무섭고 두려워하는데 육신이 두려워하는 것이 아니라 자신의 몸 안에 있는 신과 생령들이 자신의 집(육신)을 잃을까 봐 노심초사하며 불안 초조해 하고 있는 것이다.

인간육신들은 죽음을 두려워할 하등의 이유가 없다. 태어났으니까 언젠가는 죽어야 하는 천지이치에 따라야 한다. 길어봐야 100년 미만의 인간육신의 삶이 있다.

육신이 죽으면 모든 육신적 고통이 그 순간으로 끝이 난다. 하지만 생령들은 육신의 집을 잃고 하늘 아래 고아 아닌 고아가 되고 축생이나 지옥세계 형벌이 기다리고 있기에 고통스럽다. 인간육신은 전생이 없고 어느 날 죽으면 그것으로 끝이다.

숨이 끊어진 육신은 불에 태우거나 땅속에 묻든 병원에 해부용으로 기증해서 칼로 배를 째고, 각 부위의 장기를 적출해서 다른 사람에게 이식을 행해도 육신은 아무런 감각을 느끼지 못하지만 자신들의 생령들은 이 모두를 지켜보면서 통곡의 눈물을 흘린다.

육신의 집을 잃어버리고 허공중천 구천세계를 떠돌아다녀야 할 신세를 한탄하고 괴로움 속에 가슴 아파하며 대성통곡을 한다. 사람들은 장례를 치르면 모든 것이 끝난 것처럼 생각하지만 이때부터가 진짜 무서운 일들이 가정 내에서 일어난다.

가세가 기울어 몰락하기 시작하고, 가족들이 우울증과 불면증에 걸려 삶의 의욕을 잃어버려서 죽어버리고 싶은 생각이 계속 일어난다. 또한 죽은 사람이 앓던 병을 가족들 중에서 똑같이 앓게 되어 병원 신세를 지는 것이 일반적으로 일어나는 현상이다.

하염없는 눈물을 흘리며 슬피 우는 영가.

이들이 가야 할 곳은 죄가 크면 지옥세계로 떨어져 모진 형장의 가혹한 고문을 받아야 하고, 지옥세계를 면한 사령(영가)들은 축생으로 윤회하거나 구천에서 배고픔과 추위에 떨어야 하고 조폭 귀신들에게 붙잡혀 종이나 노예처럼 사후세상을 살아가야 한다. 구천을 떠도는 영가들이 사람 몸으로 들어오는 경우가 가장 많다.

인간육신의 이기심 때문에 생령의 존재를 무시하고 찾아주지 않은 채로 죽으면 자신의 자식이나 손주, 후손들에게 찾아가기 때문에 상상을 초월하는 엄청난 피해를 입게 된다.

정신적 물질적 피해가 천문학적으로 발생하는데 자손이나 후손들은 가문에 일어나는 우환과 관재, 질병, 사업실패, 사건사고를 당해도 그 원인이 무엇인지 찾을 길 없이 속수무책으로 당하기만 한다.

가족이나 자식, 후손 사랑하는 마음이 간절하면 자신들의 생령들에게 하늘의 사랑을 받게 해주어 천상천궁으로 생령입궁을 예약해 놓고 세상을 떠나야 큰 피해를 막는다.

하늘의 사랑을 받은 생령들은 육신이 갑자기 죽어도 천상천궁으로 입궁이 보장되기 때문에 육신의 죽음을 전혀 두려워하지 않는다.

전생에 과연 자신의 생령들이 무엇을 하다가 이 땅에 왔는지가 가장 궁금할 것인데 천차만별이다. 하늘은 하나가 아니라 33개의 하늘나라가 있는데 각기 온 세계가 다르다. 제1천 지옥세계에서부터 제33천의 비상비비상천까지 다양하다.

남자들은 왕, 태자, 세자, 왕자, 재상, 도독, 도승지, 정승, 장군, 판관, 근위대장, 보좌관, 수행원, 의전, 경호, 수문장, 재물, 기록, 감찰, 문서출납, 왕명하달, 관리, 하인 등등.

여자들은 여왕, 왕비, 왕후, 공주, 선녀, 천사, 후궁, 옹주, 내명부 관장, 창기, 수라관, 시녀 등등 왕실에서 내려온 생령들은 전생이 화려하지만 그렇지 않은 경우도 많다. 지옥세계, 아귀계, 축생계, 아수라계 같은 곳에서 온 생령들도 있다.

인간의 몸 안에 들어올 수 있는 생령들은 행운아이다. 동물이나 가축, 뱀, 지네, 새 등으로 들어가 있는 영들이 많다.

생령들은 인간육신이 죽은 다음의 사후세계 1순위가 윤회를 하지 않아도 되는 천상천궁 입궁이고, 2순위가 애완동물의 몸이고, 3순위는 동물이나 가축 · 미물이다. 다시 인간으로 환생하는 것이 불가능하다면 그것은 빙의이다.

각자의 전생이 인간이었을 것이라고 생각하며 살아가는 사람들이 많겠지만 의외의 결과에 많은 독자들이 놀랄 것이다. 인간의 몸 안에 생령으로 태어날 수 있다는 것은 억겁의 긴 세월이 걸리기에 생령들이 인간 육신의 죽음을 가장 무서워한다.

인간육신의 사후에 무엇으로 태어날지는 하늘께서 주관하시기에 생령들이 인간육신들에게 고통과 불행을 주어서 굴복시키고자 육신의 목숨까지 걸고 있는데 인간들이 이런 신과 생령들의 절박한 마음을 전혀 알아주지 못하고 있다.

생령들에게 육신이 죽기 전에 하늘의 사랑을 받게 해서 구원해 주는 것이 인간의 근본 도리이다. 생령들이 천상천궁으로 오르지 못하고 자식이나 후손들의 몸에 들어가거나 동물이나 가축 · 미물로 태어나면 집안에 되는 일이 없고 비명횡사, 우환, 질병, 관재, 자살, 사업실패, 이혼, 단명 등이 대를 잇게 된다.

이것을 생령들의 저주라고 봐도 된다. 각자 집안에 일어나고 있는 이상한 일들은 우연히 일어나는 것이 아니라 자신의 생령과 이미 돌아가신 자신의 사령(조상님)들의 기운이다.

인간으로 태어난 것은 죄를 빌어 구원받을 수 있는 기회를 마지막으로 주신 것인데 이번 생에 구원을 받지 못한 생령들은 지옥세계로 떨어지거나 축생, 동물, 미물의 몸으로 탄생한다.

하늘과 땅이 함께하는 것은 처음이자 마지막으로 인류에게 구원받을 수 있는 기회를 하늘께서 주시는 것인데 많은 돈과 높은 권력을 가진 인간의 잘남으로, 신과 생령의 잘남으로, 조상님의 잘남으로 하늘을 부정하여 사랑을 받지 못하면 더 이상 구원받을 기회는 없다.

살아생전 왕을 하고 대통령을 지낸 생령과 사령들 그리고 고위공직자, 돈을 많이 번 재벌들의 생령과 사령들이 착각 속에 살아가고 있는데 하늘께는 인간세상에서 번 거대한 재물과 왕이나 대통령의 최고자리에 올랐던 권력자라 할지라도 그 위상을 절대로 인정해 주시지 않기에 구원받으려면 하늘께 복종해야 한다.

인류 모두가 천상에서 죄를 지어 인간세계로 쫓겨난 죄인들이다. 그러기 때문에 하늘께 죄를 용서 빌어 하늘로부터 죄를 사면받지 못하면 영영 천상천궁으로 오르지 못하고 100년 미만의 부귀영화를 마감하고 귀신이 되어 지옥세계로 떨어지고 축생과 동물, 미물로 태어나게 된다.

하늘을 통해 자신의 생령을 만나야 각자 생령들의 전생과 내생에 대한 비밀이 밝혀진다.

## 天 세상에서 가장 무서운 존재

하늘 다음으로 생령들이 얼마나 무서운 능력을 갖고 있는지 인간육신들은 실감이 전혀 나지 않을 것이다. 하늘의 명 수행자가 '자미인황님'이신데 얼마나 대단하신지 독자들도 자미국과 인연을 맺으면 진면목을 볼 기회가 있을 것이다.

하늘이 내리신 어떤 말씀을 잘못 행하면 저자의 몸 안에서 저자의 생령이신 자미인황님이 다른 사람의 몸으로 들어가시면 나는 껍데기처럼 아무 말도 못 하고 일방적으로 혼이 나는데 1시간도 좋고 4시간 좋고, 달달 볶아서 어찌해야 할지 모를 정도이다. 무서워서 잘못했다고 무조건 싹싹 빌어야 한다.

하늘의 수행자 역할을 하는 육신인데도 자미인황님께서는 인정사정 봐주시지 않고 가혹하게 다루신다.

이 땅에 태어나서 인간육신으로 살아오면서 저자가 행한 모든 말과 행동의 일거수일투족 모두를 실시간으로 지켜보고 계셨고, 저자의 속마음 또한 모두 다 알고 계시기에 어떤 일들도 저자의 생령이신 자미인황님께 숨길 수가 없다는 점이다.

독자들은 무슨 이야기냐고 의아해 하며 이해가 안 된다고 할 사람들이 부지기수일 것이다. 쉽게 비유하자면 졸병과 고참병의 관계 혹은 조폭 두목과 조직원의 관계, 삼청교육대, 유격장, 훈련소에 갓 입소한 것으로 생각하면 맞을 정도로 엄청 무섭다는 진실을 알아야 한다.

계급사회에서 상하 간에 서열의 위엄 그 이상이다. 부부싸움 중에 일방적으로 당하는 그 이상의 곤혹스런 상황이 벌어진다. 지금까지 자신 생령들의 존재에 대해서 무섭다는 생각을 아무도 해보지 못하고 속수무책으로 살아가고 있을 것이다.

그래서 인간육신의 삶이 생령들의 분노로 고통과 불행이 따르는 것이지만 어느 누구도 이런 진실을 알 수 없다. 저자의 생령으로부터 겪은 곤혹스런 실화는 수많은 천인과 백성들이 너무나도 잘 알고 있으니 이들이 살아있는 증인들이다.

자신들의 조상님 천상입궁의식과 천인합체의식 때마다 자미인황님의 무서움을 실제로 지켜본 사람들이 많다. 무조건 두 손 두 발 들고 살려주세요, 해야 한다. 물론 생령들이 다 무서운 것은 아니지만 대다수가 인간의 상상을 초월한다.

이렇게 생령들의 존재를 지금까지 몰라보고 독자 여러분이 세상을 무지하게 살아가고 있는 것이다. 각자 인생들의 모든 풍화환란이 자신의 생령에서 비롯되었다고 해도 과언이 아니다.

생령으로부터 가장 많이 곤혹스런 과정을 직접 겪어온 당사자이기 때문이다. 이런 대목을 책으로 쓰게 하시려고 저자에게 10년 동안 가혹하게 그러셨을 수도 있다. 이 세상에 생령의 존재를 아는 인간들이 하나도 없으니까 자미인황님께서 최초로 저자에게 생령의 실체를 적나라하게 밝혀주시는 것 같다.

생령은 저자의 반쪽이고 산 영혼이며 신이다. 인간들은 육신이 잠을 자지만 생령들은 잠을 자지 않는다고 한다. 저자의 생령이신 자미인황님을 예로 들었는데 독자 여러분의 생령들도 다르지 않다. 여러분은 인간으로 태어나서 단 한 번도 찾아주지 않은 자신의 생령들이 육신들을 얼마나 원망하며 저주하고 있을지 생각해 보았는가?

육신들은 생령이 자신의 몸 안에서 떠나면 죽음 그 자체이다. 고위공직자나 재벌들과 정치인들이 검찰에 소환되어 구속되는 것이 바로 각자 자신들의 생령들이 떠나 있다는 것을 보여주는 것이며 인간육신을 굴복시키는 과정이다.

지금 비리폭로가 사회 전반으로 확산되고 있는데 아직도 진실을 몰라보고 있다. 자고 나면 대형 부정비리 사건이 터지는데 왜 그런 것일까? 최근 들어 비리폭로가 상당히 많아졌다는 사실을 독자 여러분도 잘 알고 있을 것이다.

자신의 생령들이 하늘께 구원받기 위해서 몸부림치는 모습이다. 인간육신들은 고통받지 않으면 절대로 어느 누구에게도 쉽게 굴복하지 않기 때문이다.

이 세상에 비밀은 존재하지 않는다. 속담에 벽에도 귀가 있고, 낮말은 새가 듣고 밤말은 쥐가 듣는다고 했지만 자신들의 생령들이 실시간으로 지켜보며 듣고 있다가 인간육신의 부정비리를 폭로하는 것이다. 인간육신들은 고통스럽겠지만 생령들은 인간의 고집을 꺾기 위해서는 불가피한 선택이다.

상대가 자신들의 부정비리를 사회에 폭로하는 것이 무슨 뜻인지 잘 모를 것이다. 자신의 생령들이 인간육신을 굴복시키기 위해서 상대방의 몸에 들어가서 자신들이 저지른 부정비리를 검찰에 고발하고 있는 것인데 인간육신들이 이런 생령들의 진실을 어찌 알 것이며 어찌 이해하고 받아들일지 모르겠다.

각자의 생령들은 이판사판으로 인간육신들을 굴복시켜야 하늘께 구원받아 윤회의 고리에 종지부를 끊고 천상천궁으로 입궁할 수 있다. 앞으로 날이 가면 갈수록 각자들이 저지른 부정비리가 자신들의 생령들에 의해서 세상에 밝혀질 것이다.

뇌물 받은 고위공직자, 정치인, 기업임직원, 탈세 부정비리, 청탁비리, 이권개입 비리, 인허가 부정비리, 바람피우는 사생활 비리에 이르기까지 자신들이 저지른 비리는 자신들의 생령들이 가장 잘 알고 있을 테니 아무리 숨기려 하여도 숨길 곳이 없을 것이다.

자신들이 저지른 부정비리가 몇 년의 세월이 흘렀는데도 폭로되고 있는데 비리폭로를 막을 수 있는 유일한 길은 하늘께 의뢰해서 자신 생령의 입을 닫게 하는 길 하나뿐이다.

여러분이 저지른 부정비리는 자신의 생령이 모두 알고 있기에 하루라도 빨리 굴복해야 남은 여생을 망신당하지 아니하고 살아갈 수 있다. 비리를 폭로하는 상대방을 원망할 필요 없다. 자신의 생령이 상대방의 몸으로 들어가서 비리를 고발하게 해서 인간육신에게 고통을 주어 굴복시키기 위한 생령들의 몸부림이다.

개인 비리는 물론 기업들과 정치인, 고위공직자들의 모든 금품수수 부정비리도 차례대로 고발당한다.

기업들의 거대한 비자금 조성을 위한 분식회계와 리베이트, 업체 간의 담합 비리에 대해서도 적나라하게 자신들의 생령들이 제3자를 통해서 세상에 모두 고발할 것이다. 인간육신들의 눈은 속여도 자신의 생령을 속일 방법은 세상 그 어디에도 없다.

그동안 자신 생령의 존재를 무시하고 몰라본 대가를 이 나라의 모든 인간육신들이 실시간으로 치르게 되므로 하루속히 자신의 생령이 원하고 바라는 소원을 들어주어야 한다. 생령과는 싸워서 이길 수도 없고, 차일피일 미루면 더 혹독한 대가를 치르게 된다.

자신들이 행하는 모든 행동과 말을 자신의 생령들이 실시간으로 지켜보며 듣고 있으니 어찌하려는가? 생령의 소원을 들어주고 마음 편히 살아갈 것인가 아니면 자신의 모든 비리가 폭로되어 망신당하고 검찰에 구속되어 고통의 세월을 살아가겠는가?

자신들의 비리가 아직 터지지 않았으면 머뭇거리지 말고 하늘의 중재하에 자신의 생령과 화해하여야 한다.

하늘의 천권과 천력을 받아 인간이 이 땅에 태어난 이후 최초로 생령과 사령의 존재를 밝혀내고 이들이 전생에 지은 죄를 밝혀내어 빌게 해서 하늘께 구원받게 해준다.

자신을 사랑하라는 말이 있지만 그 진실을 잘 알지 못하고 세상을 살아가고 있다. 자신, 즉 생령을 사랑하라는 말이다. 왜 자신의 생령을 사랑하라고 하는 것일까?

자신의 생령이 이 세상에서 가장 고맙고도 무서운 존재이기 때문이다. 자기 인생의 부정비리를 고발할 때는 가장 무섭고, 복을 받아 줄 때는 가장 고맙기 때문이다. 생령이 가장 무서운 또 다른 점은 피하고 싶어도 숨을 곳이 없다는 점이다.

나쁜 사람이나 깡패 같으면 안 보이는 곳으로 멀리 도망가거나 피하면 되지만 자신들의 생령들은 24시간 인간육신과 거의 함께하고 있기 때문에 피신 자체가 안 되므로 잔꾀 부리지 말고 자신의 생령에게 하루빨리 굴복하여야 한다.

이런 말은 난생처음 들어볼 것이다.

각자의 생령과 인간육신들이 출세하고 성공한 것은 하늘의 덕분이고, 인간육신을 성공하고 출세시킨 것도 하늘께서 어딘가에 중요하게 사용할 곳이 있기 때문인데 생령과 인간육신들은 상상조차도 못하며 살아가고 있을 것이다.

생령들이 하늘의 명을 받을 때 중요하게 쓰기 위한 성공과 출세란 진실을 인간들이 어찌 알 수 있으랴? 자신의 사후세계를 좀 더 화려하게 준비하기 위한 생령들의 출세와 성공이다.

아무튼 자신의 생령들을 직접 만나보면 자신이 모르는 생령의 비밀과 진실이 낱낱이 밝혀진다. 이 땅에 왜 태어났는지, 무엇을 하려고 열심히 살아가고 있는지, 육신이 죽기 전에 이 세상에서 어떤 일을 행하고 세상을 떠나야 하는지 알 수 있다.

인간, 신, 생령, 사령들의 구원이 인류 최초로 자미국에서 이루어진다.

## 天 생령과 만남으로 새로운 미래가

자신의 생령과 최초 만남은 신비함을 넘어 놀라움 그 자체이다!

생과 사, 생령의 비밀이 담긴 경이로운 신서!

생령과 사령이 찾아와서 말을 하는 놀라운 일이 일어나고 있다. 자신의 생령을 불러내면 나는 누구인지, 왜 태어났는지 알 수 있고, 전생에 비밀이 처음으로 밝혀진다.

왜 병에 걸렸는지, 인간의 모든 질병과 비명횡사, 길흉화복, 생로병사, 흥망성쇠의 비밀을 하늘과 생령을 통해서 알 수 있기에 죽기 전에 자신의 생령을 하루속히 만나봐야 한다.

생령들은 죄를 빌어 사면받아야 운명이 바뀐다. 죽어서 죄를 심판받으면 지옥세계 문이 열리고, 육신이 살아서 하늘로부터 죄를 미리 심판받으면 천상천궁의 문이 열린다.

각자의 생령들에게는 억겁의 전생이 있기에 그 당시에 지은 죄가 있다면 현생에서 받을 수밖에 없다. 각자 뿌리고 행한 대로 받고 살아가는 것인데 불가에서는 업장이라고 한다. 수많은 전생이 있지만 현생에 영향력을 가장 크게 미치는 앞의 생애에 대한 비밀을 알 수 있는 존재가 바로 자신의 생령들이다.

전생에 생령의 비밀을 풀어야 현생의 비밀이 풀린다. 과연 전생에는 어느 시대에 어떤 인물로 태어나서 어떤 죄를 짓고, 어떤 공덕을 쌓았는지 밝혀내야 한다. 현생의 고통과 불행은 생령들의 전생에 대한 인과응보이고 이것을 하늘께 죄를 빌어서 풀고 세상을 떠나야 다음 생에 고통의 지옥세계에 떨어지지 않는다.

인생사의 비명횡사, 길흉화복, 생로병사, 흥망성쇠의 모든 비밀이 자신의 생령에게 있고, 이번 생의 삶이 끝나고 내생에 어찌 태어날 것인지에 대해서 생령은 두렵고 불안 초조하다.

다음 생을 편안하게 보장받기 위해서는 하늘의 사랑을 받아 천인으로 태어나야 하는데 인간육신들은 이런 진실을 모르기 때문에 어찌해야 하는지 당황스럽다.

자신의 생령들이 편안해야 인간육신의 삶이 고통과 불행을 당하지 않고 살아간다. 생령들은 다음 생을 준비해야 하는데 인간육신이 생령들의 소원을 무시하고 육신의 삶만 잘살려고 추구하는 이기주의적인 행동을 한다면 인생 자체가 고통의 지옥바다처럼 바뀐다.

생령들이 가장 두려워하는 것은 다음 생에 무엇으로 어떻게 태어날 것인가이다. 가장 좋은 최상의 다음 생은 하늘의 사랑을 받아 천인(天人)으로 태어나 천상천궁에 올라가서 윤회하지 않고 영생하며 근심 걱정 없이 부귀영화 누리는 삶이다.

천상이 아닌 아수라계, 아귀계로 태어나는 것을 꺼리고 그 다음이 축생계인 가축, 동물, 조류, 어류, 곤충, 파충류로 태어나는 것을 두려워한다. 그리고 가장 두려워하는 다음 생은 지옥세계로 떨어질까 봐 가장 무서워하며 노심초사한다.

생령들이 원하고 바라는 천상천궁에 다시 태어나게 해주는 것이 인간육신으로 태어나서 가장 잘한 공덕이다. 자신의 생령이 원하고 바라는 소원을 이루어준 사람들이다.

각자 육신들이 생령들에게 행하고 뿌린 대로 육신의 인생사가 결정되어진다. 그 이유는 각자의 몸 안에 있는 생령의 생사여탈권을 행사하시는 분이 하늘이시기 때문이다.

자기 생령들의 뜻을 무시하고 사는 사람들은 하늘의 창조를 무시하는 것과 같기에 육신의 삶이 힘들고 고달프다. 생령들의 부모님이신 위대하신 하늘을 무시하고 인간만 잘살겠다는 육신들은 상상을 초월하는 고통을 당하고 있다.

생령들은 자신을 창조하여 이 땅에 보내주신 하늘의 사랑을 받아 다음 생을 아수라계, 축생계, 아귀계, 지옥계가 아닌 33천의 하늘 중에서도 가장 높은 태초의 하늘 자미천황님의 천상천궁에 다시 태어나기를 가장 원하고 바란다.

인간육신과 생령들이 서로 화합하여야 구원받는다. 자신의 생령들을 무시하는 사람들은 곧 하늘의 뜻을 무시하는 결과가 되어 인생사의 삶을 고통스럽게 살아갈 수밖에 없다.

하늘의 영적 손자손녀들인 생령들의 뜻을 누가 잘 따르는가 여부에 따라서 인생사의 길흉화복, 생로병사, 흥망성쇠가 결정되어진다. 생령들에 대한 태초의 진실을 아는 영적 지도자도 이 땅에 없었기에 세상에 전해 줄 수가 없었다.

독자 여러분도 이 책을 통해 생령의 진실에 대하여 난생처음으로 알게 되었을 것이다. 생령의 존재 또한 생소한 이름이지만 처음으로 세상에 진실을 전하게 되었다.

인간육신들은 생령과 상부상조하면서 만물의 영장인 인간으로 태어난 사명을 생령과 함께 완수하여야 하늘께서 저자 인황을 통해서 내려주시는 천지기운을 받으며 살 수 있다.

육신이 너무 잘난 척하기에 미워서 가족이나 주위 사람들 몸으로 피신해 있는 경우가 대부분인데 이렇게 되면 인생사의 운이 막혀 현실이 너무 힘들게 된다.

육신이 생령을 무시하면 가족이나 주위 사람들 몸 안으로 들어가 저주하고 증오하며 충돌을 일으켜 고통스럽게 만든다. 어떤 일이 성사 일보 직전에 무산되는 사건이 계속해서 반복되기도 하고 자식이나 아랫사람이 대들거나 욕설을 한다.

자신의 생령이 육신을 떠나가면 인생의 삶은 지옥 그 자체이고, 인간들은 하늘이 천복을 내려주시어도 어떻게 받는지 방법을 모르기에 각자의 생령들을 보물 다루듯이 잘 지켜야 하는데 어떻게 하는 것이 잘 지키는 것인지 모른다.

인간육신들은 자신들의 생령이 몸 안에 함께하고 있는지 없는지 알 수 없다. 생령이 인간육신이 미워서 도망갔는지, 아주 떠나갔는지, 잠시만 피신하여 있는지 알 수 없다.

어떤 잡귀들에게 쫓겨났는지 전혀 모르기에 이들 생령을 창조하여 인간 몸으로 보내준 영의 부모님이신 하늘께 자신의 생령이 지금 어디에 가 있는지 찾아서 인간 육신과 영원히 함께하게 해달라고 의식할 때 진심으로 빌어야 한다.

가장 고집 센 존재가 바로 인간육신들이다.

하늘도 이겨 먹으려 하고, 자신의 조상님도 이겨 먹으려 하고, 자신의 생령까지도 이겨 먹으려 자만 · 교만 · 거만으로 가득 찬 고집을 있는 대로 피우는데 결과는 완패이다.

겉으로 성공하고 출세한 것처럼 보이는 대다수 사람들의 뒤안길에는 남모를 아픔과 슬픔을 숨기고 사는 사람들이 많다. 인간육신들은 천령, 사령, 생령들과 대적하고 싸워봐야 이겨낼 방법이 없다. 인간 눈에 보이지 않는 영들이기에 싸움 자체가 안 된다.

그러므로 구원받기 바라거든 천령(하늘), 사령(조상님), 생령(신, 자아, 영혼)들에게 아무 조건 없이 승복하고 도움을 청해야 한다. 자신의 생령들이 원하는 것은 들어주려 하지 않고 인간의 부귀영화만 갈구하는 사람들이 비명횡사 당하고 불행하다.

대표적인 사람들이 가정에 실패한 인생, 사업에 실패한 인생, 교도소에 수감되는 인생, 사기 배신당하는 아픈 인생, 비명횡사 당하는 인생, 질병으로 단명하는 인생, 심장마비나 심근경색으로 급살 맞아 죽는 인생, 우울증에 걸려 자살하는 사람들이다.

이제부터 자신의 생령들을 만나서 그동안 생령의 존재를 몰라보고 살아온 지난날을 용서 빌고 서로 상생하고 화합하는 결정을 내리고 살아가야 한다.

자신들의 몸 안에 있는 생령의 존재도 찾아주지 않고 몰라보고 무시하면서 더 높은 하늘이신 영의 부모님을 어찌 받들겠다고 종교세계에서 허송세월을 보내고 있는지 이해가 안 된다.

하늘 자미천황님께서 창조하시어 각자의 몸으로 보내주신 생령들의 존재도 찾지 않고 몰라보면서 더 높은 하늘을 받든다고 하는 것이 바로 하늘께 아부하는 짓이다.

천상에서 죄를 짓고 인간세계로 쫓겨난 생령들을 인간 육신들이 구원하여 천상으로 올라갈 수 있는 천상의 문(천인합체의식)을 열어주는 것이 생령들에게 공덕을 쌓는 유일한 길이다. 생령을 구원한 인간들에게는 하늘께서 선물을 내려주신다.

하늘을 몰라보고 사령과 생령에게 대적하며 싸워봐야 승산이 없고 진짜인가 가짜인가 영들의 세계에 대하여 반신반의하며 머뭇거리는 동안 각자의 인생길은 끝없는 지옥의 낭떠러지로 떨어지게 되니 생령의 소원을 먼저 들어주어야 한다.

# 天 이름에 대한 하늘의 비밀

이름에 대한 태초의 비밀을 하늘께서 말씀해 주시었다.

누구나 좋은 이름을 지어서 운명을 바꾸고 싶어 하기에 수많은 사람들이 이름을 개명했다. 이름 풀이가 좋지 않다는 말만 듣고 너도나도 개명해서 운명을 바꾸어보려고 명함을 새기고 도장을 새로 파서 열심히 찍고 있을 것이다.

개명에 대한 태초의 비밀은 과연 무엇일까? 운명은 인간이 아닌 하늘께서나 바꾸어주실 수 있다. 이름 작명과 개명으로 운명을 바꾸어보려는 사람들이 엄청나게 많고, 실제로 철학관이나 작명소의 역술인에게 가서 수많은 사람들이 작명과 개명을 하였다.

여기에는 우리 인간들이 모르는 하늘의 엄청난 비밀이 숨어 있었다.

2012년 7월 29일 천인합체의식 때 하늘께서 가르쳐주시어서 난생처음으로 알게 되었다. 엄청난 하늘의 비밀에 대해서는 너무나 경이롭고 대단하기에 여기서 진실을 공개할 수 없다.

이름을 작명, 개명하려고 생각 중인 사람들은 하늘께서 처음으로 가르쳐주신 작명과 개명에 대한 비밀을 알고 나서 작명과 개명 여부를 결정해도 늦지 않다.

작명과 개명에 대한 경천동지할 하늘의 태초 비밀이란 무엇일까? 인류가 모르는 작명과 개명에 대한 태초의 비밀을 하늘께서 밝히셨다. 지금까지 철학관이나 작명, 개명하는 역술인들이 감히 상상조차도 못하고 알 수도 없었던 하늘의 비밀.

하늘의 비밀은 방문한 독자들에게만 공개한다. 너무나 대단한 인류 최초의 특급비밀이라 함부로 공개할 수 없다. 하늘의 비밀을 알고 나면 기쁠 것이다. 천복만복을 받고 살아갈 수 있는 가장 좋은 이름 짓는 방법은 무엇일까? 그것이 알고 싶을 것이다.

## 제6부

# 하늘과 땅

인류의 수도 / 재물과 권력의 주인
인류의 종착역 / 천공을 올려야
영의 대통령 / 임명장을 받으면
천지대업 / 생년별 전생에 진 빚
인류의 수도 건립 사명자 / 전생의 빚과 죗값
하늘과 땅에 감사해야 / 천공(天貢)
처음이자 마지막 경고 메시지
천지기운을 몸과 마음으로 느끼려면

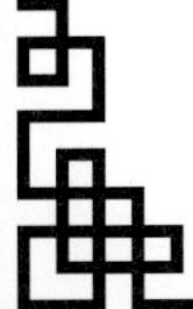
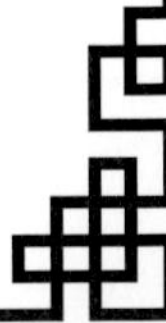

인류 최초로 하늘과 땅이 함께하고, 산 자와 죽은 자가 함께하는 인류의 수도 자미국! 자미국을 세우는 분은 저자 인황 육신과 저자의 반쪽이시고 생령이시고 신명이신 '자미인황님'이신데 이분은 과거 · 현재 · 미래에 대하여 모르시는 것이 하나도 없으시다.

산 자(생령)의 마음, 죽은 자(사령)의 마음 그리고 이 땅에 왔다간 예수, 석가, 상제, 성모의 마음까지 모두를 알고 계신 대단하신 분이신데 나이는 가늠하기조차 힘들다. 조와 경(1만 조) 단위를 넘어서 억 조 해(1해는 경의 만 배)를 초월한 나이로 추정된다.

천상 자미천궁에서 태초의 인간 몸으로 오셨던 분이시다. 그러니까 위대하신 하늘 태상천존 자미천황님의 화신, 분신으로 이 땅에 저자 인황의 몸에서 최초로 존재를 밝히고 계신다. 한마디로 불가능이 없으신 대단하신 분이시다.

진짜 하늘의 존재를 가르쳐주시는 하늘 자미천황님의 화신, 분신이시니 이 땅에 인간으로 왔다간 성자들과는 감히 비교할 수 없는 능력을 갖고 오신 분이시다.

자미국은 세계 200여 개 국가를 하나로 통합하여 다스리고 영도할 인류의 수도이다. 하늘 자미천황님의 말씀을 전하고 인류를 구원하러 오신 분은 신명님이신 천상선감님, 하나님이신 천상도감님, 미륵님이신 천상도감님이시다.

자미국은 지구 상에서 유일하게 하늘의 기운이 흐르는 곳이고, 하늘의 말씀을 들을 수 있는 곳이다. 남북통일, 고구려 영토수복, 세계통일을 현실로 이루어주실 위대하신 하늘 자미천황님의 천권과 천력은 무소불위 그 자체이시다.

이 나라 국민 모두가 자미국을 청와대 자리에 인류의 수도로 세워야 하는 이유가 하늘을 인류의 구심점으로 옹립해 드려서 이 나라 민족의 최대 숙원사업을 하늘의 천권과 천력으로 이루어 세계인류의 수도가 되게 하고자 함이다.

그러므로 국민들뿐만이 아니라 국가 차원에서도 자미국의 뜻에 적극 참여하고 협조하는 것이 이 나라가 가장 잘 사는 지름길이다. 저자는 하늘의 대단하신 능력을 수없이 체험하여 온 당사자이기에 이 나라 민족의 숙원사업을 이룰 수 있으리라 확신한다.

개인경제, 기업경제, 나라경제가 살아나고 초강대국으로 부상하는 일들은 인간들의 노력만으로 되는 것이 아니라 위대하신 하늘 자미천황님과 신명님이신 천상선감님, 하나님이신 천상도감님, 미륵님이신 천상도감님 그리고 자미인황님의 신묘한 절대 능력 없이는 감히 이룰 수 없는 영역임을 저자 인황은 너무나 잘 알고 있다.

청와대 자리는 조만간 이전할 것이며 자미국이 그 자리에 들어서야 이 나라가 자미국과 함께 잘사는 길이다. 하늘의 무소불위하신 기운은 저자 인황을 통하여 인류 최초로 이 땅에 내려지고 있다고 자미인황님께서 가르쳐주시었다.

이는 독자들뿐만이 아니라 세계인류 모두가 참으로 경천동지할 일이다. 상상 세계로만 생각되었던 하늘의 자미천황님의 세상이 수도 서울 자미국에서 현실로 이루어지고 있다.

인황을 통해서 하늘의 기운을 받고, 사감을 통해서 하늘의 말씀을 들을 수 있는 전 세계 유일한 곳이다.

비록 천상세계에서 죄를 짓거나 도망친 죄인이 인간들이지만 이 땅에 사명자로 태어난 독자 여러분은 자미국에서 발행한 책을 읽는 자체만으로도 하늘의 행운아, 땅의 행운아이다. 인황이 전하는 이 책의 내용은 그 어디에서도 들어볼 수 없었을 것이고, 난생처음 들어보는 내용들이라 진짜인가 가짜인가 나름대로 망설일 수도 있다.

꿈만 같고 가상세계처럼 여겨지는 자미국의 천지대업에 참여하여 또 다른 행복의 세계를 느껴보기 바란다. 돈과 권력으로도 살 수 없는 자미국 세계는 수많은 인류가 찾고자 했던 세계이다.

3천 년의 종교세계를 통해서도 이루지 못했던 인간과 조상, 신과 영에 대한 구원의 진실은 자미국에 있다. 하늘세계는 당연히 저 높고 높은 천상세계에 있지만 하늘의 기운이 똑같이 흐르는 곳이 자미국이니 더 이상 종교 안에서 허송세월 보낼 필요가 없어졌다.

정말 꿈만 같은 일들이 이 땅에서 일어나고 있다. 전 세계 200여 개 국가들이 머리를 조아리게 될 하늘이 자미천황님이시고, 장차 전 세계가 감사의 천공을 하늘에 올려야 할 대단한 자미국이다.

독자들은 아직 자미국이 표면상으로 드러나지 않고 책을 통해서만 진실을 전하다 보니 실감이 나지 않을 것이지만 자미국은 조만간 공식적으로 인류의 수도로서 모습을 위대하게 드러낼 것이다.

나라의 국격과 위상이 높아지는 기적 같은 신비한 일들이 자미국 개국 이후 무수히 일어나고 있는데 그 모두가 무소불위하신 하늘의 대단한 기운이 인황을 통해서 이 땅으로 내리고 있기 때문이지만 국민들은 이런 진실을 까마득히 모르고 있다.

12년 사이에 나라의 국격과 위상이 급속도로 높아진 일들이 우연히 일어난 것이 아니라는 것을 알아야 한다. 유엔사무총장, 세계은행총재, 김연아 선수, 골프선수, 축구선수, 가수, 배우, 싸이의 강남 스타일 등이 국위를 선양하고 있다.

세계에서 선두를 달리고 있는 자동차, 스마트폰, TV, 핸드폰, 금전등록기, 조선, 세탁기, 냉장고, 전자정부, 한국기계, 해양석유가스, 인천공항, 소녀시대, LG TL시네마, 삼성병원 등이 나라의 국격과 위상을 급격히 끌어올리고 있다.

이는 하늘 자미천황님과 신명님이신 천상선감님, 하나님이신 천상도감님, 미륵님이신 천상도감님 그리고 자미인황님의 신묘한 천지조화 기운이 저자 인황과 사감을 통해서 이 나라에 내려지고 있기 때문이지만 국민들은 알아볼 수가 없었다.

위풍당당하게 자미국이 급부상하게 되고 세계의 모든 시선이 자미국으로 집중될 것이다. 한도 끝도 없이 이어지는 사후세계를 유일하게 살아서 보장받을 수 있는 세계 속의 자미국!

인류의 모든 시선이 자미국으로 집중되어 명실상부한 세계인류의 수도로 부상한다.

33개 하늘의 대표 자미천황님

신의 대표 천상선감님

영의 대표 천상천감님

도의 대표 천상도감님

인의 대표 자미인황님과 하늘의 기운을 전하는 인황과 하늘의 말씀을 전하는 사감이 함께하고 있으니 세계인류의 수도로서 손색이 전혀 없을 것이다. 여기서 인류라 함은 인간, 신, 영, 조상님을 말하니 이 모든 분들의 수도라는 뜻이다.

이제 하늘과 땅의 모든 준비는 끝났으니 인류가 머물 인류의 궁전을 건립하여 세계인류의 수도로서 위풍당당한 면모를 갖추는 일만 남았다. 이 나라에 인류의 수도를 세우는 것이 전 세계로 막강한 영향력을 행사하는 유일한 길이고 자미국과 대한민국이 함께 초강대국으로 재탄생하는 기쁜 일이다.

## 재물과 권력의 주인

2012년 9월 28일, 부산에서 올라온 73세 남자의 조상님 천상벼슬입궁의식을 행하는 날이다.

1천 년 동안 불교를 믿으면서 부처에게 빌었는데도 구원받지 못한 조상님이 하늘께 대표로 뽑혀 여자 천인의 몸으로 함께하시었다. 대표 조상님의 혼령을 청배해서 주인공 자손과 상봉시켜 주는 시간이다. 조상님이 여자 천인의 몸으로 함께하는 것도 하늘께서 윤허해 주시어야 가능하다고 위대한 진실을 밝혀주신다.

정말 이해하지 못할 내용은 대표 조상님이 불교를 열심히 믿으며 1천 년을 빌고 있었는데도 어째서 극락세계로 오르지 못하고 있었는지 그것이 궁금하다.

이틀 전 조상님 천상입궁의식 때 교회에 80년 다닌 주인공의 어머니가 구원받지 못한 것은 감히 명함도 못 내밀게 되었으니 말이다.

사후세계의 진실을 인간들의 눈으로는 볼 수 없으니 인류 모두는 눈뜬장님이다.

80년, 1000년을 열심히 믿어도 구원받지 못하는 것이 종교의 실상이라면 인류는 왜 미쳐서 광신도가 되어가고 있는가? 자신들이 믿고 있는 곳만이 진짜라고 생각되나 보다.

여러 종교를 다녀보다가 조선일보, 중앙일보, 동아일보, 기타 일간지 광고에 실린 책을 구입하여 읽고 감동하여 자미국에 들어와 구원받은 수많은 천인과 백성들이 있다.

물론 자미국에는 아무나 들어올 수 없는 것은 사실이다. 이들 천인과 백성들이 종교이론을 받아들이면서 얻은 것 보다는 잃은 것이 너무나도 많았다는 진실도 알게 되었다.

조상님 혼령을 청배할 때 저자가 능력이 있고 법문을 잘한다 해서 조상님들이 여자 천인의 몸으로 실리는 것이 아니라, 영의 부모님이신 하늘 자미천황님께서 윤허해 주시어야 조상님과 상봉할 수 있다고 자세히 말씀해 주신다.

하늘의 허락 없이 조상님의 혼령을 신의 제자 몸으로 싣는 것은 진짜가 아닌 가짜 조상님을 싣는 것이라고 하신다.

지금까지 무속에서 행하고 있는 모든 의식에 조상님을 싣는 것은 하늘의 허락이 없기 때문에 진짜 조상님이 실릴 수 없다고 하시며 이것이 바로 가짜 조상님을 만들어 싣는다는 것이다. 9번 굿을 하면 9번 뒤집어지는 것이 굿이라 하신다.

그러시면서 또 하나의 진실을 가르쳐주신다.

출세와 성공으로 큰돈을 벌은 대기업 재벌총수와 중소기업 사주와 개인부자 그리고 고위직에 오른 사람들에 대한 경천동지할 진실도 처음 밝혀주시었다.

일반인들은 이들 모두가 열심히 노력해서 이룬 성공과 출세로 알고 있을 터인데 하늘이 전해 주시는 진실은 그것이 아니었다. 자신들의 노력이 아닌 하늘과 땅, 신명님, 하나님, 미륵님, 자미인황님께서 그리되도록 만들어주시었다고 최초로 밝히시었다.

그런데 사람들은 이런 진실을 전혀 모르고 자신들이 잘나서 노력하고 운이 맞아 크게 출세하고 성공한 것인 줄 착각하고 있다. 하늘이 해주시지 않으면 만사가 불성인데 인류 모두는 이런 위대한 진실을 그 어디에서도 들을 수 없었다.

하늘이 도와주신 것을 인정하고 하늘의 덕분이라고 공덕을 돌리고 자미국을 통하여 천공을 올려야 자신의 성공과 출세, 재물과 권력을 오래도록 지킬 수 있다 하신다. 현실의 부귀공명만 믿으며 나 잘났다고 자만, 교만, 거만하게 행동하면 풀잎에 맺힌 이슬이 해가 뜨면 사라지는 것처럼 모든 부귀영화가 일시에 사라진다.

재산을 상속시켜 주고 세상을 떠나면 자손들은 부모의 덕으로만 알지 하늘이 주신 부귀공명이란 진실을 알지도 못하고 인정도 하지 않기에 아무리 큰 재산을 물려주어도 지킬 수 없다.

지금까지 이런 하늘의 진실을 몰라서 성공과 출세, 재물과 권력이 자신들의 노력 덕분이고, 운이 좋아서라고 말하는 모든 사람들에게 경종을 울리는 말씀이다.

그리고 이렇게 큰 성공과 출세, 많은 재물과 높은 권력을 주심은 어딘가에 보람되게 쓸 곳이 있어서이다.

대학교, 대학병원, 복지단체에 기부하라고 주신 재물이 아니라 하늘과 땅이 함께 세우는 자미국의 천지대업에 참여하여 보람되고 뜻깊게 쓰라고 주신 것이라 하신다.

하늘의 진실말씀을 있는 그대로 여러분에게 전해 주는 것이니 참여할 자 참여하고 무시할 자 무시하면 된다. 성공과 출세, 재물과 권력을 가진 모든 사람들에게 자미국의 천지대업에 억지로 참여하라고 애걸할 생각은 추호도 없다. 아쉬운 쪽은 자미국 저자가 아니라 모든 것을 누리고 있는 여러분 당사자들이다.

하늘과 자미국의 뜻에 따르지 않으면 당장은 자신들이 모든 부귀영화를 지키고 있다 생각할 수 있지만 결국 그 모든 것을 지키지 못하고 다 흩어진 뒤에 땅을 치고 통곡하게 될 것이니 말이다.

자신들이 지키지 못하건 물려받은 자손이나 후손이 지키지 못하건 시차만 차이가 있을 뿐이다. 사회적으로 아주 잘 나가는 기업인들과 고위관료들이 검찰에 불려 가고 구속 수감되고, 갑자기 급살맞아 세상을 떠나고 있음이 이를 현실로 잘 보여주고 있는 것이다.

대단하신 하늘께서 천지조화를 부릴 수 있는 신비 능력을 인황에게 주신 것이니 잘났다고 자랑하지 마라 하신다. 그러니 자만, 교만, 거만 모두 내려놓고 자세를 낮추고 나약한 자의 모습을 보이라고 가르쳐주시며 더 높은 진실을 알려주시었다.

모든 것을 다 가졌다고 자만, 교만, 거만을 떨다가는 저자나 여러분 모두 하늘의 천벌을 받아 모든 것을 잃게 된다고 한다. 한 치의 오차도 없는 대단하신 하늘이시니 받아들이고 안 받아들이고는 여러분 각자의 마음에 달려 있다.

하늘께 받은 것이 있으면 일정 부분 하늘께 돌려드리는 것이 받은 자의 진정한 도리일 것이다. 다시 말하지만 여러분이 누리고 있는 성공과 출세, 재물과 권력의 진짜 주인은 독자 여러분이 아니라 성공과 출세, 재물과 권력을 만들어주신 하늘이심을 싫든 좋든 인정하고 사는 것이 자신들의 것을 영원히 지키는 길이다. 모두를 지키려다가는 모두를 잃게 되는 자충수를 두게 될 것이다.

돈의 주인, 권력의 주인, 명예의 주인, 목숨의 주인, 건강의 주인, 행복의 주인, 성공의 주인, 출세의 주인, 육신의 주인, 신의 주인, 영의 주인, 주택의 주인, 지구(땅)의 주인, 인류의 주인이 하늘 태상천존 자미천황님이시다.

성공과 출세, 재물과 권력의 진짜 주인이 자미천황님이시라는 진실을 인정하지 않고 자미국의 천지대업에 참여하지 않으면 자신들의 귀중한 모든 것을 어느 날 일순간에 반납할 수 있다.

# 인류의 종착역

자미국은 무엇이고 자미천궁은 무엇인가?

자미국은 그 어떤 힘으로도 할 수 없는 불가능한 구원의 천지대업을 행하는 곳이다. 하늘과 땅이 함께하고, 산 자와 죽은 자가 함께하고, 너와 내가 함께하는 인류의 종착역이다.

쉽게 말하면 전 세계에 수많은 종교들이 난무하지만 그들의 힘으로 안 되는 것을 해낼 수 있는 대단한 곳이고, 하늘의 천지기운이 땅으로 내린 곳이라 보면 이해가 쉬울 것이다.

천상천궁의 문을 열 수 있는 유일한 곳이 자미국이다.

세상이 하도 불신이 깊고 사이비가 난무하는 세상이 되어 독자들은 어디가 진짜이고 가짜인지 도무지 구분할 수가 없다. 저자가 아무리 외쳐봐야 당사자들이 직접 체험해 보지 않으면 알 수 없다.

주위 사람들의 말을 통해서 자미국의 실체를 알려 하는 사람들은 아예 포기할 것을 권유한다.

책을 읽어보고도 믿지 못하겠다며 남을 통하여 확인하려는 사람들, 좀 더 확인하고 검증해 보겠다고 하는 사람들은 이미 구원대상에서 제외된 사람들이므로 다른 사람들에게 묻지도 말기 바란다.

자미국은 인간 저자를 믿고 들어오는 곳이 아니라 진짜 하늘을 믿고 들어오는 곳이고, 자미천황님, 신명님, 하나님, 미륵님, 자미인황님의 핏줄로서 선택받아야 들어올 수 있는 곳이다.

책을 읽으면서 감동하고 자미국의 뜻에 참여하고 싶은 마음이 일어나는 것도 기운을 내려주시는 것이다.

다시 말하면 특별한 인간, 신, 생령, 조상님들이 선택받아야만 자미국 입국이 가능해진다. 자신들이 들어오고 싶다고 마음대로 들어올 수 있는 곳이 아니다.

인간, 신, 생령, 조상님들이 종교 안에서 1천 년을 빌어도 구원받을 수 없었지만 자미국에서는 단 하루에 구원을 받아서 천상천궁으로 올라갈 수 있는 특별한 곳이다. 천상천궁의 문을 유일하게 열 수 있는 전 세계 하나뿐인 땅에 있는 하늘이 자미국이다.

인간, 신, 생령, 조상님들은 주위에 어떤 유혹과 현혹이 있더라도 그 모두를 이겨내고 자미국에 들어와 죄를 빌어서 구원받아야 행복의 문이 활짝 열린다.

자미천궁이란 무엇인가?

천상세계의 수도란 뜻이고, 이곳에 천지만물을 창조하신 태초의 하늘 태상천존 자미천황님께서 거처하시고 33개의 천상세계 하나님(천주님)들을 직접 지휘통치하시고 다스리신다.

이곳에는 신명님이신 교화자 천상선감님, 하나님이신 찬양자 천상천감님, 미륵부처님이신 인도자 천상도감님께서 함께 천상지상공무를 집행하시는 곳이다.

자미국을 통하여 우리 인간, 신, 생령, 조상님들에게 죄를 빌게 해서 구원해 주시는 감사한 분들이시다. 천상천궁 자미천궁은 신, 생령, 조상님들이 이 땅에 오기 전에 살았던 고향이기에 다시 올라가야 하는 곳인데 자미국의 존재를 무시하거나 부정하면 갈 수 없다.

신, 생령, 조상님들을 창조한 영의 부모님이 위대하신 태상천존 자미천황님이신데 이런 진실을 몰라보고 엉뚱한 곳에서 구원받으려 세월을 낭비하고 있는 것이다.

천상 자미천궁은 황금으로 지어진 호화로운 궁궐로써 신, 생령, 조상님이 영생할 수 있는 곳이고 추위와 더위, 배고픔이 없는 자미천황님의 세상이다.

수천 년 세월을 통해서도 찾을 수 없었던 천상 자미천궁.

도교 단체에 45년 동안 다니면서 집 한 채를 기부하고 돌아가신 부친께서 얼마 전 73세 된 딸의 꿈에 나타나시어 하시는 말씀이다.

**아버지** 내가 살아생전 45년 동안 도교에서 찾고자 헤매었던 곳을 너는 어떻게 알고 찾았니?
덕분에 천상천궁 자미천궁에 올라오게 되어서 너무나 좋구나. 참~ 잘했다. 꿈만 같은 세상이 천상세계에 정말로 있다니 너무 나도 기쁘단다. 천상천궁이 정말로 있었단다.

**73세 딸** 자미국에서 낸 신문광고 보고 책 속에서 찾았지요. 아버지, 천상 자미천궁이 그렇게 좋고 마음에 드세요? 살아생전 못 이룬 꿈을 이루시어 천만다행입니다. 아버지, 편안하게 잘 지내시고 이 딸 많이 도와주세요. 저도 천인합체하여 천인이 되었으니 죽으면 천상천궁에 올라가서 아버지를 만날 수 있을 거예요.

꿈에 나타난 아버지의 모습은 환한 얼굴에 깔끔하고 멋쟁이셨다고 했다. 45년 동안 도를 닦으며 도통을 꿈꾸다가 돌아가신 아버지를 자미국에서 천상입궁의식을 행하여 천상천궁 자미천궁으로 보내드렸고 딸은 천인합체를 행하여 천인으로 탄생하였었다.

73세 할머니인데 50대 초반의 모습으로 변했고 성격도 아주 활달하고 펄펄 날아다닐 정도의 힘이 넘쳐나고 있다. 자미국을 통하여 인생이 천지개벽했다고 좋아서 어쩔 줄을 모르며 자청해서 주위 사람들에게 홍보하느라 신이 나 있다.

저자가 시키지도 않았는데 자신의 인생이 개벽했다고 너무나 좋아하며 홍보를 자청해서 하고 있는데 사람들이 너무나 몰라준다고 가슴을 치며 안타까워하고 있다.

73세 할머니 역시 돌아가신 아버지를 따라서 어려서부터 도교에 50년 동안 몸담았던 분이신데 책을 읽어보고 자미국에 들어오게 되었다. 천상입궁의식을 행하여 자미국 백성이 되고, 하늘의 윤허를 받아 천인합체의식을 행하여 ○○천인으로 재탄생하였다.

45년 동안 도를 닦았지만 아버지는 뜻을 이루지 못하고 돌아가시었고, 73세 할머니 역시 50년을 같은 도교에 다녔지만 도통을 이루지 못하고 자미국에 들어와서 도통의 뜻(천인 탄생)을 이루었다.

도를 닦는다고 도통하는 것이 아니라 하늘의 윤허를 받아서 천인합체의식을 행해야만 도통하는 천인으로 탄생할 수 있는 것이다. 도통신명님이 천지만물을 창조하신 태초의 하늘 태상천존 자미천황님이심을 세상 사람(도인)들은 몰랐던 것이다.

구원해 주시는 분도, 도통해 주시는 분도, 영생을 누리게 해주시는 분도 위대하신 자미천황님이시다. 육신이 살아있을 때는 자미국이 최고이고 육신이 죽어서는 천상 자미천궁이 최고이다.

지금 어떤 곳을 믿고 있는 독자라면 자신들이 믿고 있는 곳을 다시 생각해 봐야 한다. 철석같이 열심히 믿고 있는 그곳이 진실이 아닐 수 있으니 말이다. 수많은 곳을 오랫동안 다녀본 사람들이 오히려 자미국을 더 좋아한다.

자미국과 자미천궁은 이들 모두에게 영원한 꿈과 희망을 주는 인류의 횃불이다. 자미국을 몰라보고 이미 죽어서 세상을 떠난 사람들은 너무나 억울할 것인데 산 자손들이 천상입궁의식을 행하면 조상님들은 자미천궁에 오를 수 있으니 불행 중 다행이다.

육신이 죽어서 천상입궁의식을 행하면 신분이 천손이고 살아서 천인합체의식을 행하여 천인이 된 다음에 죽으면 천상 자미천궁에서도 신분이 천인이다. 천손과 천인의 신분 차이는 육군 대장과 이등병 정도의 상하서열처럼 크다.

그러므로 죽어서 천상입궁의식을 행하여 천상 자미천궁에서 천손이 되는 것보다 내일 죽더라도 오늘 천인합체의식을 행하여 천인으로 탄생되고 나서 죽어야 원과 한이 없다.

죽음이란 모두에게 언제 어떻게 찾아올지 모르기 때문에 이 책을 읽는 구독자들은 한번 크게 속는 셈 치고 묻지도 말고, 따지지도 말고, 아무 조건도 달지 말고, 무조건 자신들의 조상님 천상입궁의식과 본인들 천인합체의식부터 행할 것을 권유한다.

이것이 인간으로 태어나 영원히 후회하지 않는 진짜 성공과 출세하는 유일한 방법이다. 인간, 신, 생령, 조상님들의 종착역이 인류의 수도 자미국 자미천궁이기 때문에 자신들의 경제 능력 범위 내에서 천공을 최대한 많이 올려놓고 세상을 떠나야 한다.

천공으로 올리는 공덕금전이 죽어서 끝없이 펼쳐지는 사후세계의 양식이자 기운이기 때문이다. 육신이 죽어서는 천상 자미천궁으로 단 한 푼도 가져갈 수 없다.

육신이 살아있을 때 자미국 계좌를 통해서 올려야 죽어서 천상 자미천궁에 올라가 올린 만큼의 양식(기운)을 받는다. 하늘과 땅이 함께하는 자미국 자미천궁이기에 천공을 계좌로 보내면 입금내역이 천상장부에 실시간으로 기록된다.

자미국 계좌로 천공을 올린 금액만큼 전생의 빚과 전생의 죄가 탕감되고 천상 자미천궁에 올라간 신과 영들에게는 신분과 서열이 높아지는 특혜를 누린다. 살아생전 각자가 행하고 뿌린 대로 전생의 빚이 갚아지고 죄가 가벼워져서 자리가 높아진다.

# 천공을 올려야

인류는 지구(행성, 별)에서 지금까지 수십억 년 동안 공짜로 먹고 살아왔다. 먹는 음식과 물이 모두 땅에서 나왔고, 살고 있는 주택들의 건축자재, 입고 다니는 의복, 타고 다니는 자동차, 석유, 가스, 보석도 땅에서 나왔다. 지구의 모든 아파트, 빌딩, 건축물들이 땅 위에 지어져 있고 땅을 밟고 다니고 있다.

지금까지 주인의 허락도 없이 공짜로 땅 위에 건축물을 짓고 사는 것과 땅속에서 나오는 모든 지하자원의 유전, 가스, 광물, 귀금속, 농산물, 수산물, 동식물, 음식과 물, 공중, 해상, 전파를 사용한 하늘과 땅에 대한 감사 대가(지구천공)를 올려야 도리이다.

해, 달, 비, 바람, 공기, 산소를 주신 하늘. 음식과 물은 며칠 안 먹어도 생존이 가능하지만 산소(공기) 없이 단 1분도 살아있을 수 없다. 이런 감사함을 갖고 살아가는 사람 또한 없지만 이제는 행동으로 감사함을 올려야 하리라 본다.

지구천공은 매월 소득의 10%, 불로소득은 30%를 납부해야 하며 지금까지 지구에서 공짜로 먹고살았던 천공은 여러분 마음에 따라서 스스로 올려야 한다. 하늘과 땅에 대한 천공은 근본 도리 차원에서 공감하고 감사하면 자율적으로 올리라는 뜻이지 강요는 아니다.

그러나 천공을 올릴 수 있는 기회를 주신 하늘 자미천황님께 모두 감사해야 한다. 이제까지 공식적으로 하늘에 천공을 올릴 기회가 없었으나 자미국을 통하여 인류 최초로 올릴 수 있게 되었고, 천공은 인류의 수도 자미국 궁전을 건립하는 데 쓰인다.

지구천공 올리는 것을 황당하게 생각할 수 있어 자율에 맡긴다고 했지만 이 땅에 아직 살고 있다면 당연히 의무적으로 올리는 것이 도리 같다. 하늘과 땅의 천지대업에 인류 최초로 참여하는 보람되고 기쁜 일이고, 이 땅에 살게 해주심에 대한 진정한 감사함이다.

천공을 올리지 않았을 경우 평소와 다르게 상상을 초월한 이상한 일(우울증, 불면증, 사고, 기타 등등)들이 일어날 수 있다. 이럴 경우에는 천공을 올리라는 메시지로 받아들이면 된다.

1,000원짜리 장난감도 각자 주인이 있는데 거대한 지구의 주인이 없겠는가? 다만 지구의 주인이 누구인지 몰랐을 뿐이고 아무도 찾으려 하지 않았고 지금까지 하늘과 땅에 대한 감사함을 모르고 살아왔지만 이제부터 감명받은 독자들은 매달 올리면 된다.

세상에 공짜가 없듯이 천공을 올리면 기쁨과 행운이 있다. 받았으면 일정 부분 돌려주는 것이 천지의 근본 도리이듯 천공을 올리면 여러분은 하늘의 좋은 기운을 인황을 통해서 받게 될 것이다. 이미 하늘의 천지기운은 인황을 통해서 세상에 전해진다고 하시었기 때문인데 상상을 초월하는 기쁨과 행운이 따를 것이다.

신비한 조화가 현실로 일어나는 것은 하늘과 땅, 신, 영, 조상님, 신명님, 하나님, 미륵님, 자미인황님께서 실시간으로 천공 올리는 것을 지켜보고 계신다는 것이 입증되는 일이다. 천공은 저자 인황이 받아 인류의 수도를 건설하는 데 쓰이지만 여러분이 천공을 올리면 전생의 빚과 죄가 올린 만큼 탕감된다.

지구를 창조해 인류를 이 땅에 살게 해주심에 대한 감사함.

지구 자전으로 밤과 낮이 생겨난 것에 대한 감사함.

밝은 태양을 비추어 천지를 생동케 해주심에 대한 감사함.

지구 공전으로 4계절이 생겨난 것에 대한 감사함.

비를 주시어 인간과 동식물이 생존케 하심에 대한 감사함.

산소와 공기를 주시어서 인간이 숨을 쉬며 생존케 하심에 대한 감사함.

바람을 주시어 인간과 동식물이 생존케 하심에 대한 감사함.

하늘의 주인이 자미천황님이심을 밝혀주심에 대한 감사함.

하늘의 문과 땅의 문.

천상세계의 문, 지상세계, 지하세계의 문이 있는데 육신이 살아있을 때 천상세계의 문을 열어야 하고 언젠가 갑자기 열리게 될 지하세계의 문을 미리 준비하고 살아가야 한다.

천상에서 온 신과 영들은 천상으로 가야 하고, 땅에서 온 인간육신은 땅으로 돌아가는 것이 천지이치이다. 신과 영들의 천상세계 문은 자미천궁이고 인간육신들의 지상세계 문은 자미국이다.

인간육신들은 지상세계에 있는 자미국의 문을 열어야 하고 신과 영들은 인간육신과 함께 천상세계에 있는 자미천궁의 문을 열어야 불확실한 미래에 대한 공포와 불안에서 벗어날 수 있다.

인간으로 태어난 사명자들은 어떠한 난관이 있어도 극복하고 하늘의 문을 열 수 있는 땅의 자미국 문을 열어야 한다. 이 책은 땅의 문 자미국을 여는 열쇠 역할이고 자미국은 곧 천상세계 하늘의 문 자미천궁을 여는 열쇠이다.

하늘과 땅의 문이 열리는 자미국 자미천궁이다.

인류가 하늘과 땅에 대한 진정한 감사함을 몰라보며 올리지도 않고 살아왔지만 이제는 행으로 감사함을 올려야 할 때가 다가왔기에 책을 통하여 하늘과 땅에 대한 진실을 최초로 전한다.

천지자연의 이치라고 생각되어 세상 그 어느 누구도 하늘과 땅에 대한 감사함을 몰라보고 살아왔다. 영장이라고 하는 인간 역시 동식물과 함께 자연의 일부분이다.

자신들의 땅이라고 주장하는 세계 200여 개 각 나라들과 수많은 사람들이 소유하고 있는 땅의 태초 주인이 하늘 자미천황님이시니 세계 각 나라들도 자미국으로 천공을 순차적으로 올려야 한다.

우주에 수많은 크고 작은 별(행성)들과 해와 달, 화성, 수성, 목성, 금성, 토성 그리고 인간이 살고 있는 아름다운 별(지구)을 창조하신 조물주 역시 하늘이신 자미천황님이시니 하늘과 땅에 대한 천공을 올려드리는 것이 근본 도리이자 의무일 것이다.

**대통령 선거**

천상과 지상의 모든 신들로부터 도움을 받을 수 있는 길이 있다. 그것은 자미국에 들어와서 천인이 되어 하늘 자미천황님께 고하여 영의 대통령으로 미리 임명장을 수여받는 방법이다.

어차피 앞으로의 세상은 하늘의 기운을 받은 인간들이 천인합체의식으로 하늘과 하나 되어 함께 펼치는 자미국 세상이 본격적으로 열릴 것이기에 당선 가능성이 가장 높다.

인간육신을 가진 사람들의 눈에는 높고 높은 하늘 자미천황님이 안 보이기 때문에 인황의 뜻을 받들어서 하늘의 기운과 하늘의 마음을 얻는 대선 후보자의 당선이 확실시된다.

앞으로 대통령이 되려는 후보는 미리미리 자미국에 들어와서 위대한 하늘이신 자미천황님 앞에 승복해야 한다.

하늘의 사랑을 받아 천인의 신분이 되면 실시간으로 보호해 주시기에 어느 날 갑자기 사건사고를 당하여 죽거나 심장마비, 뇌졸중, 중풍, 급살, 암에 걸려서 사망하는 불상사는 일어나지 않는다.

어느 후보가 영의 대통령으로 임명장을 받으면 능히 조화가 일어날 것을 알기 때문이다. 천상과 지상의 모든 신들의 도움을 받을 수 있는 유일한 방법이다. 결과는 두고 봐야 알겠지만 영의 대통령으로 임명장을 받은 후보가 당선이 유력하다.

세계 200여 개 국가의 '영의 대통령'으로 임명장을 수여받고 싶은 희망자는 아래 서류를 준비하여 응모할 수 있다.

명함판 사진 첨부한 이력서, 자기소개서, 독후감 A4 용지 2~3장 제출.

서류전형과 면접을 통하여 합격자를 선별해서 영의 대통령으로 임명장을 수여하는 절차를 개별적으로 진행할 예정이다. 서류는 직접 방문하여 제출하고 특별한 경우가 발생하지 않는 이상 당일 면접을 실시한다.

**응모대상과 자격**

대상은 영의 대통령이기에 나이와 남녀 제한을 두지 않는다.

자격은 자미국 자미천궁의 천지대업에 절대 공감하는 전국의 남녀(해외교포 포함)이다.

영의 대통령으로 임명받으려면 자신의 조상님을 구원하는 천상입궁의식을 행하여 자미국의 '백성' 신분을 우선 취득한 뒤에 영의 부모님이신 하늘 자미천황님의 사랑을 받아 천인합체의식을 행하여 '천인'으로 탄생해야 한다.

**응모기간**

1차 응모자 2012년 11월 30일

2차 응모자 2012년 12월 31일

3차 응모자 2013년 01월 01일

4차 응모자 2013년 02월 28일

5차 응모자 2013년 03월 31일

1차 응모자가 200명을 초과할 경우 2차 응모자는 받지 않는다.

200여 국가에 영의 대통령 중에서 특정 국가 응모자가 많아 경합할 경우 의욕과 기여도를 최종 선발 기준으로 한다.

영의 대통령 임명기한은 최소 5년부터

10년에서 15, 20, 25, 30, 35, 40, 45, 50, 60, 70, 80, 90, 100, 150, 200, 300, 500, 600, 700, 800, 900, 1000, 1500, 2000, 2500, 3000, 3500, 4000, 4500, 5000, 6000, 7000, 8000, 9000, 10000년, 영구임명

까지 다양하다.

사후세계는 수억만 년의 세월이 존재하기에 임기연장을 원한다면 임명장을 다시 받아야 한다.

인류 역사상 최초로 영의 대통령으로 임명장을 수여하는 천지대업이기에 독자들이 하늘세계, 신의 세계, 천상세계, 사후세계, 영의 세계를 이해하지 못하여 황당하게 받아들일 수 있으나 영의 세계에서는 가상이 아닌 현실세계로 이루어진다.

자신의 아이를 미래의 대통령으로 만들려는 부모라면 어려서부터 영의 대통령으로 임명장을 받게 해주면 하늘과 땅의 천지신명님들로부터 많은 도움을 받게 되어 육신의 대통령이 되는 꿈이 현실로 이루어질 가능성이 상당히 높아진다.

옛날부터 대통령은 하늘이 낸다는 말이 전해져 내려온다. 그러면 하늘자미천황님께 영의 대통령으로 미리 허락을 받는다면 어찌 될까? 우선순위가 되는 것은 당연지사일 것이다. 인간육신들은 자기 생령의 영향을 받고 살아간다.

자미국은 하늘과 땅의 뜻을 받아 인류를 구원해서 그동안 아무도 알아주지 않았던 대단하신 하늘과 천상지상의 신들이 함께하는 자미국 세상을 세우는 것이 목표이다.

인간의 눈에 보이지 않아서 인간들로부터 무시당하며 인정받지 못하고 말 못하는 하늘과 천상지상의 여러 신들의 소원을 이루어주어 영과 육신이 함께 구원받아 행복해질 수 있는 자미천황님의 세상을 현실로 세우고자 한다.

하늘과 땅, 인간, 신, 영들과 모든 천지신명님이 함께하는 자미국 자미천궁이 창대한 인류의 천지대업을 이루게 된다. 인간들만의 능력으로서는 억만년의 세월이 흘러가도 이룰 수 없는 천지대업을 당대에 현실로 이루어내고자 천지신명님의 신비 기운과 수많은 메시지를 수시로 받아서 자미국을 세우고 있다.

대단하신 하늘과 인간, 신과 영들이 서로 공존공생하며 환호하는 자미국 자미천궁이 출범하는 태초 이래 최초의 경사스런 일이다.

이제까지의 모든 인생의 고통과 불행, 슬픔과 괴로움이 영의 부모님이신 하늘의 뜻을 받은 천상지상의 신들과 함께하면 어느 날 소리도 없이 자취를 감추게 된다.

수많은 의식과 산천기도, 천지신명합의공사, 천상의식, 신과 대화를 통하여 천지신명님의 무소불위하신 대능력을 가장 많이 체험하고 보아온 당사자이기 때문에 한 치의 오차도 없이 자미국 세상이 현실로 이루어지리라는 것을 잘 알고 있다.

천상세계의 진실을 잘 모르고 이해하지 못하는 수많은 독자 여러분에게는 상상의 세계, 허황된 세계, 꿈의 세계이겠지만 반드시 현실로 이루어질 자미천황님의 세계이다.

세계인류의 구심점이신 자미천황님.

70억 인간들에게 무시당한 하늘과 땅에 원과 한을 풀어주고자 자미국 자미천궁을 건립하는 것이다.

인류를 구원해 주시고 통치하시는 분은 하늘 자미천황님이시고 하늘의 뜻을 받아 세상에 전하는 저자는 인류 최초의 천지대업을 하늘과 땅의 도움을 받아 현실로 이루어낼 것이다.

전 세계의 재벌과 왕, 대통령들도 자미국을 통해서 하늘과 땅의 뜻을 받들어야 현생과 사후세상을 하늘과 땅으로부터 사랑과 보호를 받으며 살아갈 수 있다.

인간들만의 뜻을 일방적으로 펼치는 것도 안 되고, 하늘과 신들의 뜻만 일방적으로 펼치는 것도 안 된다. 하늘과 땅, 신과 영, 인간들이 모두 하나되어 펼칠 때 현실로 이루어진다.

전 세계의 중심으로 부상하게 될 자미국 자미천궁 건립이 공식적으로 선포되었다. 그것이 바로 세계 각 나라의 영적인 대통령으로 임명장을 수여받는 길이다.

영의 대통령으로 임명받으면 인간육신들이 처음에는 무시하고 거부하며 인정하지 않겠지만 시간이 지남에 따라 인간육신들도 영들에게 스스로 굴복하게 된다. 하늘과 땅의 신들이 영의 대통령에게 기운을 내려 도와주시기 때문이다.

## 天 임명장을 받으면

태초의 자미국 자미천궁은 조직 규모도 방대하게 구성되고 각자들에게 신분과 계급을 부여한다. 비록 무보수의 명예직일지라도 하늘세계, 천상세계, 신의 세계, 영혼세계, 사후세계에서는 실제로 신분과 위상이 통하는 신비함이 있다.

현재 대한민국 대통령이 있다 할지라도 그것은 육신적인 대통령이고 영적인 대통령은 아니기 때문에 자격심사에 통과한 사람은 대한민국의 영적인 대통령도 될 수 있다.

독자들 중에서도 대통령, 총리, 부총리, 장관, 차관, 국회의원, 시도지사, 시군구청장을 하고 싶은 사람은 자미국에서 그 신분으로 영적인 신분으로 임명장을 받을 수 있다.

정치인들도 육적인 대통령을 하고자 하면 명예직이지만 영적인 대통령으로 먼저 임명받으면 육적인 대통령 자리에 오를 수 있는 기회가 남보다 먼저 주어질 수 있다.

자신들이 바라고 원하는 위치의 대통령, 국회의원, 국무위원, 시도지사 등 어떤 자리에 오르고자 하거든 영적으로 먼저 임명을 받아야 현실로 이루어질 기회가 빨리 올 수 있다.

하늘에서 영적으로 이루어진 일들이 땅에서도 이루어지는 것처럼 현재 육신적으로 당장 이루기 어려운 일이 있다면 저자를 통하여 영적으로 미리 임명장을 받고 살다 보면 그날이 현실로 빨리 다가올 수 있는 천지기운을 받는다.

태초의 하늘께서 말씀을 내려주시어 천상에서 먼저 이루어졌으니 이제 땅에서도 하늘이 내려주신 말씀 그대로 자미국의 국격과 위상이 급격히 높아지는 일만 남았다. 지구에 살고 있는 인류 모두가 자미국으로 천공을 바치는 그날이 현실로 다가올 것이다.

장차 이 나라의 대통령은 물론 전 세계의 대통령들도 언젠가는 자미국에 들어와서 하늘께 보호를 받아야 육적인 대통령들의 임기 중 사망, 하야, 저격, 비리연루 사임, 사고, 심장마비 등의 불행한 일이 하늘과 땅의 보호를 받아서 막아진다.

현직 고위공직자들은 자미국 자미천궁에 들어와서 영적으로 먼저 임명을 받아야 하늘과 땅에 천지신명님의 보호를 받아서 임기를 무사히 채울 수 있다.

세계 각 나라를 대표할 200명의 영의 대통령 임명.

이것이 영적으로 먼저 세계 각 나라를 영도하고 다스리는 신묘한 천지도법이다. 각자의 신명 그릇 크기대로 먼저 영의 대통령 신분으로 임명받아 세계인류를 다스려야 한다.

영의 대통령이지만 천상지상의 천지기운이 임명장을 받음과 동시에 내려진다.

지금까지 대선 후보에 출마했다가 낙마한 수많은 후보자들의 생령이 보내는 메시지를 받았다. '이 나라의 육신적 대통령이 아니라도 좋으니 하루빨리 영적인 대통령으로 임명장을 받고 싶습니다'라는 메시지를 수없이 전해 온다.

전 세계 각 나라에 영의 대통령으로 임명받고 싶다는 뜻이다. 육신들이 선출한 것은 보이는 인간을 대통령으로 선출한 것이지 세계 각 나라 영들의 대통령으로 선출한 것은 아니므로 자미국에서 임명장을 받으면 각자의 영(생령)들은 세계 각 나라의 국민들 몸 안에 있는 영들의 대통령이 되는 것이다.

영의 대통령이 되어도 인간육신은 직접 권한을 행사하지 못하지만 각자의 생령들은 환호한다. 영의 대통령 임명장을 받은 각자의 생령들은 각 나라 국민의 영들에 대해서 실질적인 대통령으로서 권한을 행사할 수 있기 때문이다.

육신 따로 영 따로의 대통령들이 세계 각 나라의 대통령들 모습이다. 독자 여러분도 지금 인간 따로 영혼 따로의 인생을 살고 있지 않은가? 그래서 인생이 불행한 것이다.

육신과 영이 함께 대통령이 되어야지 육신만의 대통령은 하늘과 땅의 천지신명님들에게 보호받지 못하기 때문에 재임 중이든 퇴임 후든 여러 가지 고통과 불행이 따른다.

육신의 대통령에 당선되었다 하더라도 영의 대통령으로 임명을 받아야 중도퇴임, 급살, 단명, 뇌졸중, 저격, 피살, 망신살, 부정비리에 연루되지 않고 대통령 임기를 무사히 마치도록 하늘과 땅의 천지신명님들로부터 보호받을 수 있다.

대통령 후보로 출마를 선언했다가 포기한 여러 후보자의 생령들과 낙마한 대통령 입후보자들의 생령들도 하나같이 대통령 자리에 오르고 싶어 원과 한이 맺혀 있고 대통령의 뜻을 이루지 못해서 분노하며 안절부절못하고 있다.

영적으로 대통령을 하고 싶은 나라 선호도는 1위 영국여왕, 2위는 일본천왕, 3위는 미국대통령, 4위는 중국주석, 5위는 러시아대통령, 6위는 사우디국왕, 7위 독일대통령, 8위는 캐나다총리, 9위 호주총리, 10위 프랑스대통령, 11위 한국대통령, 12위 북한 국방위원장 등등이다.

영적인 대통령으로 임명하더라도 1개 국가에 1명만 임명장 수여가 가능하다. 육신이 대통령의 뜻을 못 이루었으면 자신의 영들이라도 세계 각 나라의 대통령으로 임명장을 받도록 인간육신 각자들이 함께 협조해 주어야 언젠가 소원이 현실이 된다.

육신을 가진 세계 각 나라의 대통령들은 그 나라의 국민들이 선출하지만 영들의 대통령은 자미국의 인황이 하늘 태상천존 자미천황님께 천고를 올리고 임명하면 영의 대통령(왕)이 될 수 있는데 대통령이 된 각자의 생령들은 그 나라 국민의 생령들을 다스리고 나중에는 육신들도 다스릴 수 있다.

영들의 대통령은 결국 해당 국가들의 인간육신까지 다스려 자미국 자미천궁의 천지대업에 적극적으로 참여하게 만들어 자미국을 세계인류의 수도로 부상시키는 데 기여하게 된다.

임명장을 받은 뒤에 명함을 판다면 '대한민국 靈 대통령 홍길동', '영국 靈 여왕 홍길순', '일본 靈 천왕 이길동', '중국 靈 주석 김길동', '러시아 靈 대통령 박길동', '사우디 靈 국왕 정길동', '독일 靈 대통령 최길동', '캐나다 靈 총리 오길동', '호주 靈 총리 한길동', '조선인민공화국 靈 국방위원장 강길동'으로 한다.

인간육신들이 자신의 영들에게 살아서 해줄 수 있는 가장 귀하고 큰 선물일 것이다. 각자의 생령들이 임명장을 받으면 그때부터 막강한 영적 기운을 받게 된다. 자미국에서 영적으로 먼저 이루어진 것이 현실에서 육적으로 반드시 이루어진다.

세계인류의 구심점이신 자미천황님의 존재를 만 세상에 알리는 자미국 자미천궁의 출범.

대다수의 공감하는 독자들과 일반 직장인, 가정주부, 정치인, 공직자, 기업총수, 대표이사, 임직원들은 자미국 자미천궁 건립에 참여해서 인류 최초의 천지대업을 성사시켜야 한다.

이 땅에 태어난 인간으로서는 최고의 보람된 일이고 독자들의 인생에 획기적인 전환점을 마련하는 경사스런 일이다. 위풍당당한 하늘과 땅의 백성으로서 살아가는 최선의 길이 자미국 자미천궁 건립에 기쁘게 참여하는 길이다.

전 세계 각 나라 중에서도 특별히 이 땅에 태어나게 된 숨은 큰 신들이 있다. 자미국 자미천궁 건립은 하늘, 신, 조상님, 생령들로부터 뜻을 받은 사람들이 세워야 한다.

이 책을 읽어보고 공감하며 감동하는 독자들이 하늘과 땅의 사명을 받은 당사자들이다. 저자는 하늘, 신, 조상님, 생령들의 진실을 최초로 전하는 역할이고 인류의 수도 자미국 자미천궁을 건립하는 역할은 독자 여러분 각자에게 주어져 있다.

하늘과 땅의 영적인 인류의 구심점은 높고 높으신 태초 하늘이시지만 하늘은 하늘대로 역할이 있으시고 저자는 저자의 역할이 있고 여러분은 각자의 역할이 각각 따로 있다.

왜 수많은 사람들이 자미국에 참여해야 하는가? 전생과 현생의 빚과 죄를 갚는 가장 빠른 길이기 때문이다. 인간으로 태어난 사명을 완수하는 지름길이다.

하늘, 신, 조상님, 생령들에게 이 땅에 태어나 살게 해주심에 근본 도리와 의무를 이행하려거든 이론과 모든 고정관념에서 해방되어 자미국 자미천궁 건립에 참여해야 한다.

자미국의 '국'은 나라 '國'이다. 천상세계, 신의 세계, 영혼세계, 사후세계, 인간세계가 함께하여 인류의 수도 자미국 자미천궁을 최초로 세우는 데 적극 참여하는 것이 하늘을 찾지 않고 몰라보고 무시한 원초적인 죄를 비는 길이다.

인류 최초의 어마어마한 천지대업을 이 땅에 세우려 함은 하늘과 천상의 모든 신들이 자미국에서 추구하는 목표와 이념이 하늘의 뜻과 같기에 도와주신다고 하신다.

천상의 대표이자 하늘이신 자미천황님

신명님이신 교화자 천상선감님

하나님이신 찬양자 천상천감님

미륵님이신 인도자 천상도감님

인간의 대표이신 자미인황님

천상지상의 신께서 함께해 주시기에 가능한 일이다.

하늘과 땅, 신과 영, 조상님과 인간이 함께 세우는 인류의 수도 자미국!

전 세계를 하나로 통합하고 다스리며 영도할 수 있는 나라는 전 세계에서 자미국이 가장 유력하다. 무력이나 종교로는 세계를 통합하고 다스릴 수 없고 오직 무소불위의 자미천황님께서 내리시는 천지조화 기운이라야 가능하다.

천지만물과 인류 모두를 창조하시고 인류의 주인이시자 태초의 하늘 자미천황님께서만이 민족과 인류의 위대한 천지대업을 현실로 이루어주실 수 있다.

인간들의 눈에는 자미천황님께서 행하시는 천지조화가 안 보이니까 인황을 통해서 기운을 내려주시고 어마어마한 인류의 천지대업을 이루어주시는 것이다.

인황으로부터 나오는 천지조화 능력은 하늘 자미천황님께서 내려주신 것이다. 하늘께서 저자에게 천권과 천력의 대능력을 주시지 않으면 불가능한 일이다.

세계를 통합하여 다스리고 영도한다는 것은 현실적으로 말도 안 되는 허무맹랑한 이야기이고 가상세계, 공상소설에 불과할 뿐이지만 하늘의 무소불위하신 능력은 상상을 초월하신다.

하늘과 땅이 함께 세우는 인류 최초의 자미국이 대한민국 국민들에게 무한한 희망과 보람을 안겨주게 될 것이다. 만년 약소국가의 치욕에서 벗어나는 유일한 길이니 국민 한 사람이라도 더 많이 참여하여 천손민족의 자존심을 보여주어야 한다.

자미국이 아닌 대한민국 자체만으로는 세계인류의 수도로 부상할 수 없고 세계인류를 다스리고 영도할 수도 없다. 하늘 자미천황님께서 이 땅에 처음이자 마지막으로 주신 기회이다.

자미국의 천지대업에 참여하라고 천지기운으로 여러분에게 메시지를 전할 것인데 기운을 받고도 참여하지 못하는 사람들이 가장 불행한 사람이 될 것이다.

이 책의 내용들은 분명 저자 인황이 집필했기에 저자가 펼치고자 하는 세계의 뜻도 포함되어 있지만 하늘이신 자미천황님, 신명님이신 천상선감님, 하나님이신 천상천감님, 미륵님이신 천상도감님, 태초 인간이신 자미인황님, 천상과 지상의 많은 천지신명님의 뜻과 같기에 자미국을 이 땅에 세우는 것이다.

## 天 생년별 전생에 진 빚

각자 전생(천상세계)에서 빚을 진 금전이다. 살아서 다 갚을 수가 없는 너무나 큰 금전인데 전생의 빚을 갚지 못하거나 전생의 죄를 용서받지 못하면 꿈에도 그리던 천상 자미천궁에 오를 수 없는 천상세계 법도가 있다.

하지만 조상님을 구하는 천상입궁의식을 행하는 사람들에게는 하늘에서 특별사면 기회를 부여해 주시는데 그것이 천인합체라는 의식이고 이는 아무나 행할 수 없고 하늘의 허락이 있는 사람들만 올릴 수 있는 아주 특별한 천상의식이다.

용서받을 죄가 있고 용서받지 못할 죄가 있기 때문이다. 자미국에서 의식을 행하면 행한 금전만큼 전생의 빚이 탕감된다.

**생년 빚진 돈 환산 금액**(1관 4백만 원 기준)

**쥐(子)띠에 태어난 사람**

갑자생 5만 3천 관 2,120억
병자생 7만 5천 관 3,000억
무자생 6만 3천 관 2,520억
경자생 11만 관 4,400억
임자생 7만 관 2,800억

**소(丑)띠에 태어난 사람**

을축생 28만 관 11,200억
정축생 4만 3천 관 1,720억
기축생 8만 관 3,200억

신축생 11만 관 4,400억
계축생 2만 7천 관 1,080억

**범(寅)띠에 태어난 사람**

병인생 8만 관 3,200억
무인생 6만 관 2,400억
경인생 5만 1천 관 2,040억
임인생 9만 6천 관 3,840억
갑인생 3만 3천 관 1,320억

**토끼(卯)띠에 태어난 사람**

정묘생 2만 3천 관 920억
기묘생 8만 관 3,200억
신묘생 8만 관 3,200억
계묘생 1만 2천 관 480억
을묘생 8만 관 3,200억

**용(辰)띠에 태어난 사람**

무진생 5만 2천 관 2,080억
경진생 5만 7천 관 2,280억
임진생 4만 5천 관 1,800억
갑진생 2만 9천 관 1,160억
병진생 3만 2천 관 1,280억

**뱀(巳)띠에 태어난 사람**

기사생 7만 2천 관 2,880억
신사생 5만 7천 관 2,280억
계사생 3만 9천 관 1,560억

을사생 9만 관 3,600억
정사생 7만 관 2,800억

**말(午)띠에 태어난 사람**

경오생 6만 2천 관 3,200억
임오생 7만 관 3,200억
갑오생 4만 관 3,200억
병오생 3만 3천 관 3,200억
무오생 9만 관 3,200억

**양(未)띠에 태어난 사람**

신미생 1만 3천 관 3,200억
계미생 5만 2천 관 3,200억
을미생 4만 관 3,200억
정미생 9만 1천 관 3,200억
기미생 4만 3천 관 3,200억

**원숭이(申)띠에 태어난 사람**

임신생 4만 2천 관 1,680억
갑신생 7만 관 2,800억
병신생 3만 3천 관 1,320억
무신생 8만 관 3,200억
경신생 6만 1천 관 2,440억

**닭(酉)띠에 태어난 사람**

계유생 5만 관 2,000억
을유생 4만 관 1,600억
정유생 17만 관 6,800억

기유생 9만 관 3,600억
신유생 3만 7천 관 1,480억

**개(戌)띠에 태어난 사람**

갑술생 2만 5천 관 1,000억
병술생 8만 관 3,200억
무술생 4만 2천 관 1,680억
경술생 11만 관 4,400억
임술생 7만 3천 관 2,920억

**돼지(亥)띠에 태어난 사람**

을해생 4만 8천 관 1,920억
정해생 3만 9천 관 1,560억
기해생 7만 2천 관 2,880억
신해생 10만 1천 관 4,040억
계해생 7만 5천 관 3,000억

수많은 사람들이 전생에 빚을 지고 이 땅에 태어났는데 스스로 갚기는 거의 불가능하다. 어마어마한 빚을 천상의식을 행하여 하늘이신 자미천황님의 사랑을 받으면 받을 때마다 일정 부분씩 소멸된다.

살아서 전생에 지고 온 빚을 다 갚아야 지옥세계에 떨어지는 것을 면할 수 있고 축생계로 태어나는 윤회의 굴레에서 벗어나 꿈에도 그리던 천상궁전에 태어나 영생을 누릴 수 있다.

윤회하여 축생계로 떨어지면 동물로 태어나고 코끼리, 사자, 낙타, 소, 돼지, 개, 닭, 올빼미, 바퀴벌레, 개미, 파리, 지렁이, 땅강아지, 쥐, 지네, 뱀 등등 세상에 존재하는 모든 동물, 미물, 곤충으로 다시 태어나서 끝없는 고통을 겪게 된다.

기업인들이나 부자들이 아니라면 평범한 일반인들이 전생의 빚을 다 갚는 것은 사실상 불가능한 일이다. 자신들의 경제 능력 범위 내에서 얼마씩 갚아나가야 한다.

세상을 떠나기 전 아무 곳에나 헛되이 기부하지 말고 인류의 수도 자미국 자미천궁에 천공을 올려서 자신이 전생에 진 빚을 갚고 떠나는 것이 현명한 일이다.

독자 여러분은 이 내용이 진실인지 아닌지 전혀 알 수 없기에 의심할 수밖에 없을 텐데 수천 번에 이르는 천상의식을 행하여 들은 하늘의 진실 말씀과 똑같다.

현재 육신이 살아있든 이미 죽어서 귀신이 되었든 인류 모두가 하늘 자미천황님 전에 죄인들이니 살아서는 물론 죽어서도 끊임없이 빌라고 가르쳐주시었다.

천상에서 친히 해주시니 경천동지할 일이고, 금전으로 환산할 수 없는 대단한 의식이다. 돈만 있다면 전생의 빚을 한 번에 올려도 될 정도의 대단한 감동의 의식이다. 천상의식이 얼마나 대단하면 전 재산을 몽땅 올려도 아깝지 않다고 했을까? 하늘 자미천황님의 기운과 말씀을 이 땅에 최초로 전하게 된 동기이다.

첫째 하늘이 자미천황님이심을 알리고 경찬하기 위함이다.

둘째 하늘이 내리시는 기운과 말씀을 전하기 위함이다.

셋째 인간육신이 살아있을 때 지은 죄를 빌게 하기 위함이다.

넷째 영(생령과 사령)이 전생과 현생에 지은 죄를 빌게 하기 위함이다.

다섯째 인간과 생령, 사령들을 종교의 굴레에서 해방시켜 주기 위함이다.

여섯째 인간과 생령, 사령들을 구하여 죄인의 신분을 벗겨 주기 위함이다.

하늘 자미천황님께서는 인류의 구원자이시고 저자는 인류가 지은 죄를 대신 빌게 하는 역할이다. 동시에 하늘께 구원받을 자와 구원받지 못할 자를 선별한다.

하늘께 구원받는다는 것은 쉬운 일도 아니고 아무나 구원해 주시지도 않는다. 전생과 현생에 지은 죄를 하늘께 진정으로 용서 빌 준비자세가 된 인간, 생령, 신, 조상님들을 구원한다.

하늘의 진실을 몰라보고 의식 행하는 사람에게 죄를 빌게 하지 않아서 겪은 고초와 피해는 말로 다 표현하지 못할 정도로 수없이 많다. 독자 여러분의 몸 안에는 자신들이 알지 못하는 무서운 잡귀들이 무수히 많이 숨어 있다.

하늘의 귀한 사랑을 받으려는 독자들의 몸 안에 숨어 있는 하늘을 찾지 않고 몰라보며 무시해서 독자의 인생과 가정을 불행하게 만들고 있는 하늘의 역천자들을 몰아내야 한다.

하늘이 내리시는 구원(자신, 조상님, 가족)의 사명을 육신이 살아있을 때 거역하고 무시하여서 조상님과 자신의 신과 생령을 구하지 않으면 이생에 빚이 되고 이번 생에 빚은 죽어서 전생의 빚이 되며 대대로 가문과 자손들이 이어가게 된다.

죄를 사면받으려면 방문해서 정식으로 천상의식을 행하여 하늘께 죄를 빌어서 감면을 받는 것이 정석이다. 죄의 무서움을 모르거나 여러 문제로 인하여 방문하기 어려우면 전생의 빚을 은행계좌로 송금하여 갚는 방법도 있다.

계좌로 송금하여도 전생의 빚이 탕감되는 이유는 하늘과 땅이 함께하는 곳이기 때문이며 계좌로 송금된 모든 금전은 인류의 수도 자미국 자미천궁을 세우는 데 공덕금으로 쓰인다.

많은 죄를 짓고 그 죄가 크면 죗값을 많이 올려야 하고 돈이 많고 벼슬이 높을수록 그 죄가 클 것이며 종류 또한 더 많을 것인데 당사자들이 잘 알고 있을 것이다.

재벌과 권력자들이 지은 죄가 가장 크다. 주식 작전해서 번 돈, 부정한 방법으로 벌어들인 돈, 사기횡령해서 벌어들인 돈, 남의 가슴 아프게 해서 번 돈, 세금탈세해서 벌어들인 돈, 가짜 계산서로 비자금 조성한 돈, 쓰지도 않은 계산서로 회사 자금을 타낸 돈, 공천청탁 뇌물로 받은 돈, 인사 대가로 받은 돈, 인허가 조건으로 받은 돈, 투기해서 번 돈, 권력을 이용해서 번 돈, 불로소득으로 번 돈은 하늘과 땅, 신, 영들이 모두 알고 있기 때문에 온전히 지킬 수가 없다.

이렇게 벌어들인 돈은 일정 부분 전생의 빚을 갚고 자신의 죗값으로 올려야 남은 돈이라도 지킬 수 있다. 자신들이 지은 죄는 인간의 눈은 속여서 감출 수 있지만 하늘의 눈, 신의 눈, 생령의 눈은 속일 수가 없기에 결국 들통 나서 망신당한다.

또한 현재 모은 돈과 재산을 지키고 있다 할지라도 천상장부에는 모든 내용이 자세히 기록되어 있기에 살아서는 물론 죽어서도 심판받을 때 그 죄목의 진실이 모두 밝혀진다. 한 치의 오차도 없이 실시간으로 지켜보시는 분들이라 속일 수가 없다.

또한 남을 속인 죄, 이간질한 죄, 형제간 불화한 죄, 남을 욕한 죄, 모함한 죄, 남을 괴롭힌 죄, 공덕을 쌓지 않은 죄, 부모에게 효도하지 않은 죄, 가정에 화목하지 못하고 어른을 존경하지 않고 불충한 죄, 사람을 구해 내지 않은 죄, 부모조상님께 불손한 죄, 화목을 깨뜨린 죄, 어른을 학대한 죄, 하늘을 찾지 않고 몰라본 죄, 조상님을 구원하지 않은 죄, 신과 생령을 구원하지 않은 죄, 거짓말한 죄, 살인죄, 역적죄, 강도죄, 고문한 죄, 도둑질한 죄, 남을 속여 잇속을 챙긴 죄, 사기행각을 벌인 죄, 눈속임을 행한 죄, 남을 등친 죄, 부정한 방법으로 재산을 모은 죄인들은 현생의 죄에 대한 죗값을 올려야 올린 만큼 천상장부에서 죗값이 탕감된다.

여러분 각자가 죗값을 치를 수 있는 처음이자 마지막 기회가 될 것이다.

## 天 인류의 수도 건립 사명자

인류의 수도가 될 자미국 궁전 건립천공(건축성금)은 하늘의 뜻을 받아 이 땅에 인류의 수도 건립 사명자로 태어난 사람들이다.

하늘 자미천황님의 핏줄, 천상감찰신명님의 핏줄, 하나님의 핏줄, 미륵부처님의 핏줄, 자미인황님의 핏줄을 받고 태어난 사람들 중에는 궁전을 건립하기 위해서 이 땅에 인간의 몸으로 태어난 하늘의 사명자(신과 영)들인지도 모르고 살아가면서 다른 곳에 거액을 기부하고 세상을 떠나가고 있다.

거액을 벌어놓고 어디다가 써야 하는지 몰라서 다른 곳에 기부하는 사람들이 많은데 사명자들은 이제부터 자미국으로 하늘천공, 지구천공, 건립천공, 전생천공, 사죄천공, 자기천공으로 올려야 한다.

사명자들은 사명을 속속 완수해야 하고 인류의 구심점으로 하늘을 옹립하고 하늘의 말씀과 뜻을 전하는 위대한 궁전을 최초로 세우는 인류의 천지대업에 적극 참여하여 영국의 왕실, 일본의 왕실, 로마교황청을 능가하는 웅장하고도 화려한 세계 최대의 거대한 인류의 수도 자미국 자미천궁을 이 땅에 건립해야 한다.

하늘의 뜻을 받아 사명자로 태어나서 거대한 금전을 벌어놓았으면 하늘의 뜻을 속히 이행해야 한다. 세계 최대의 자미국 궁전은 인류의 수도로 부상할 것이다.

자미국은 세계인류를 영도할 인류의 수도이다.

자미국 자미천궁 궁전은 세계인류가 아쉬워서 세워야 한다고 말씀하신다. 인류가 존귀하신 하늘의 뜻을 받들어 모시는 근본 도리로 건립해야 한다는 말씀이시다.

궁전을 건립하는 데 있어서 아쉬운 쪽은 하늘께 궁전건립의 사명을 받고

이 땅에 사명자로 태어난 사명자들이고, 구원받아야 할 인간, 신, 생령, 조상님들이지 결코 하늘이 아니시라는 뜻이다.

궁전건립 사명을 완수해야 할 인간, 신, 생령, 조상님에 대한 구원의 사명을 완수해야 할 독자들이 건립해야 한다. 인간이 태어난 이래 태초의 천지대업에 참여하는 것은 그 자체가 자신과 가문에 영광이고 참여한 만큼 죄가 탕감된다.

세계 최대의 궁전을 거대하게 건립하는 일은 저자가 해야 할 사명이 아니라 하늘의 뜻을 받고 궁전건립 사명을 완수하고자 인간 몸으로 태어난 사명자(인간, 신, 영, 조상님)들이다.

궁전건립은 인황이 전하는 뜻을 받은 기업인들과 정부 당국자, 공직자, 정치인과 일반 국민들이 함께 참여해서 세워야 할 인류 탄생 이후 최대의 숙원사업이다.

자미국이 인류의 희망이며 바로 예언서에 등장하는 세계의 지도국가이기 때문에 사명자들은 하늘의 뜻을 세우는 인황의 천지대업에 솔선수범해서 참여해야 한다. 하늘과 땅, 인간이 함께해서 세우는 제2의 위대한 천지창조가 시작되었다.

인간으로 태어나서 선행을 하고 떠나는 사람들이 많은데 나름대로 자기만족을 위해서 기부하는 사람들도 있고, 진정으로 어려운 사람들을 위해서 거액의 재산을 사회에 기부하는 손 큰 사람들이 가끔 언론방송에 보도되고 있다.

대학교, 복지단체, 고아원, 양로원, 대학병원 등에 기부하는 것이 일반적인 관례이다. 하늘의 뜻을 받고 사명자로 이 땅에 태어난 인간과 신, 생령들이라면 잘못 기부한 것이다. 하늘의 핏줄인데 다른 곳에 기부를 했거나 앞으로 해야 할 생각이라면 자기 신과 영의 부모님이신 하늘께서 얼마나 안타까워하실까?

인류가 탄생한 이래 최초로 하늘의 뜻을 전하고 세우는 자미국에 기부해야 한다. 외형상으로 알려진 곳에 기부하는 것이 세상에 이름나고 보람된 기부처럼 보일 수도 있겠지만 살아서나 죽어서나 여러분을 영원히 보호해 주실 분은 영의 부모님이신 하늘뿐이시다.

아무리 사랑하는 배우자, 자식, 부모, 형제들이라 할지라도 자신들이 위급할 때 즉각 보호해 줄 수 없다. 더구나 육신이 죽어서는 말할 나위도 없이 속수무책이다. 하지만 대단하신 태초의 하늘께서는 독자 여러분이 살아 있을 때는 물론 죽어서도 사랑으로 보호해 주실 수 있는 대단한 무소불위의 능력이 있으시다.

인생은 길어봐야 100년 미만의 짧은 인생을 살지만 육신이 죽은 이후의 사후세상은 억만 겁이라는 장구한 세월을 살아가야 하기에 영들의 생사여탈권을 행사하시는 하늘의 절대적인 보호를 받아야 한다.

세상에 기독교, 천주교, 불교, 도교의 대형 건물들이 화려하고 웅장하게 세워져 있듯이 사명자들이 위대하신 하늘을 전하고 뜻을 펼칠 수 있도록 거대한 인류의 수도 자미국 궁전을 건립해야 한다.

지금까지 영의 부모님이 누구인지, 진짜 하늘이 누구인지 알지도 못하며 살아왔고 알려주는 영적 지도자도 없었다. 참으로 서글픈 일 같지만 이 또한 하늘께서 내려주신 특별한 사랑이시다. 아무도 이런 진실을 아는 사람이 지금까지 없었기에 인류 최초로 인황이 하늘의 진실을 전할 수 있게 되었으니 말이다.

이제까지 다른 곳에 내던 기부성금을 자신 영들의 부모님 뜻을 세상에 펼치는 궁전을 건립하는 데 아낌없이 기부해야 한다. 물론 판단은 각자 인간육신과 신과 생령들이 하겠지만 이 땅에 태어나서 참으로 가장 보람 있고 잘한 일이 될 것이다.

기부한 성금은 하늘의 천상장부에도 실시간으로 기록되기 때문에 각자 자신들의 죗값으로 탕감되거나 공덕으로 쌓이고, 현생은 물론 죽은 후 사후세계에 돌아가서도 살아서 행한 공덕금만큼 하늘께 보호와 사랑을 받게 된다.

인류 최초로 이 땅 위에 세워지는 궁전건립은 인간으로 태어나게 해주심에 대한 감사한 마음을 올리는 것이다.

자신의 현생과 내생을 영의 부모님이신 하늘께 보호받고 싶다면 궁전

건립에 참여해야 한다. 이는 자신들이 살아갈 사후세계 궁전을 살아서 건립하는 것과 같다.

하늘께 바치는 공덕이 현생과 내생의 양식(기운)이다. 돈이 여러분의 피와 땀이고 마음의 크기를 표시하는 잣대이다. 건립천공을 올리면 마음이 한량없이 기쁘고 뜰 뜨며 인생이 행복에 도취되는 신비함을 느끼게 될 것이다.

건립천공을 보내면 보낼수록 공덕이 많이 쌓여서 신비한 이적과 기적이 일상생활로 나타난다. 인생사에 있어 매사 일이 잘 풀리는 사람, 질병에 차도를 보이는 삶, 아픈 통증이 사라지는 사람, 목숨을 구하는 사람, 생명이 연장되는 사람, 장수하는 사람, 자식이 잘되는 사람 등등의 이변이 일어날 수 있다.

지금까지 여러 곳에 크고 작은 기부성금을 내보았겠지만 그 모든 것은 헛수고였다. 하늘의 뜻과 전혀 다른 곳에 올린 기부성금은 천상장부에 선행이나 공덕으로 기록되지 않는다.

천상장부에 선행과 공덕으로 기록되고 공 줄이 쌓일 수 있는 진정한 기부성금은 자미국에 올리는 천공뿐이다.

천공에는 하늘천공, 지구천공, 건립천공, 사죄천공, 전생천공, 자기천공이 있다. 모든 천공은 직접 방문 또는 자미국 은행계좌로 보내고 자신의 일상생활에서 마음이 얼마나 기분 좋고 편안하게 변하는지 어떤 기운이 내려오는지 느낄 수 있다.

천공을 보내면 몸이 갑자기 움찔하거나, 몸에 전기가 흐르는 것처럼 신비 기운이 느껴지고, 손이나 팔다리 눈꺼풀이 떨리고, 졸리지도 않는데 하품하고, 마음이 괜히 들뜨는 등 사람에 따라 다르지만 분명 신비한 여러 가지 변화가 몸으로 일어난다.

응답 메시지를 잘 받는 사람은 예민한 사람들이고 둔해서 못 받는 사람들도 있지만 대신 생활 속에서 기쁘고 즐거운 일들이 일어날 것이며 이런 기운을 느끼고 안 느끼고를 떠나서 자미국 자미천궁의 천지대업에 천공을 보내고 참여하는 사람들은 수억만 경의 1에 해당하는 행운을 쥔 영광의 주인공들이다.

천공(기부금)을 올릴 수 있는 자체만으로도 기쁜 일이고 행운아이다. 그 이유는 하늘과 땅이 창조되고 처음으로 자미국에서 천공을 공식적으로 받기 때문이다.

지금까지는 자미국의 천인과 백성들이 천공을 수없이 올려도 올리지 말라고 막아왔었다. 그래서 올린 천공을 다시 돌려주는 진풍경도 수없이 벌어졌었다.

그러나 이제는 인류의 수도 자미국 자미천궁 궁전을 건립해야 하기에 공식적으로 천공을 받게 되었음을 모두에게 알린다.

궁전건립은 인류 최초의 대단한 천지대업이기에 감명받은 독자들 중에서는 전 재산을 몽땅 올릴 사람도 나올 것이고, 기업을 통째로 바칠 기업인도 나올 것이다.

## 天 전생의 빚과 죗값

전생의 빚 그리고 전생, 현생의 죗값을 이번 생에 얼마라도 갚을 수 있는 곳이 있다면 이것은 기적이다. 죄와 빚을 갚을 수 있는 유일한 길이 사죄천공을 올리는 것이다. 전생과 현생의 빚과 죄를 갚고자 하는 사람들이 올리는 금전이다.

하늘의 지엄한 말씀을 받아서 자신의 조상님 구원, 자신의 생령구원, 가족 생령구원의 사명을 받고 태어난 사람들이 가장 많은 사죄천공을 올릴 것으로 보인다.

축생이나 미물이 아닌 영장인 인간으로 탄생시켜 주시어 이 땅에서 살게 해주신 천상의 위대하신 하늘 자미천황님께 진정한 감사함을 올리고 살아가는 사람들이 없다. 인간으로 태어나게 해주신 하늘께 감사함은커녕 존재 자체도 부정하고 몰라보는 세상이다.

인간으로 살다가 하늘께 죄를 빌지 않아 윤회하여 태어난 존재들이 동물과 가축인 소, 돼지, 말, 닭, 양, 토끼, 개와 미물, 뱀, 곤충들이다.

하늘께 죄를 지은 죄인인 줄 몰라보고 나 잘났다며 하늘을 향해 고개 쳐들고 자만, 교만, 거만하게 살았던 사람들이 가장 죄가 크기에 다음 생에서 뱀으로 태어나서 땅에 납작 엎드려 목숨 다하는 날까지 땅을 기어 다닌다.

뱀으로 환생했던 영들은 저승세계 심판절차를 생략하고 지옥세계로 직행한다. 생전에 부귀영화에 도취되어 자만, 교만, 거만으로 하늘을 몰라보고 부정하며 찾지 않았기에 땅을 납작 기어 다니며 전생(인간)의 죄를 빌고 살아가는 것이 뱀이다.

하늘께 바치는 공덕금을 천공(天貢)이라 한다.

자신이 인간으로 탄생함에 감사함을 하늘과 땅에 올리고 싶은 독자들은 천공을 올릴 수 있는데 정식으로 감사의식을 행해서 올리는 방법과 은행계좌로 송금하는 두 가지 방법이 있다.

천공을 올리면 또 다른 감사할 일들이 생긴다. 천공은 자신들의 공덕으로 쌓여서 자신들이 살아생전 받게 되고 육신이 죽어서도 받는다. 또한 독자 여러분이 올린 천공의 공덕은 자손대대로 세세생생 복과 운으로 이어져 내려간다.

공덕을 행한 대로, 공덕을 쌓은 만큼 독자 여러분이나 자손들이 받게 된다. 하늘천공, 지구천공, 건립천공, 사죄천공, 전생천공, 자기천공을 올리면 공덕이 하늘과 땅에 쌓인다.

각자들이 바치는 천공은 뜻깊은 것이며 자미국 은행계좌로 입금과 동시에 천상장부에 실시간으로 기록된다. 독자들이 천공을 올리면 인생을 살아가면서 하늘의 보호와 사랑을 받을 수 있고 죽어서도 하늘의 보호와 사랑을 받게 된다.

육신이 죽은 다음에 천인이 되어 천상 자미천궁에 올라가면 자신들이 이 땅에서 올린 공덕금(천공)만큼 높은 자리에 오르게 되어 하늘의 보호와 사랑을 받게 된다. 인간으로 태어나게 선택해 주심에 감사하고 거대한 재물을 벌어주신 하늘과 땅에 감사함을 올려야 한다.

하늘과 땅은 여러분의 일거수일투족을 모두 실시간으로 지켜보시고 마음을 자유롭게 움직이시는 대단한 능력을 갖고 계시는데 독자들은 이해가 잘 안 갈 것이다.

정말 한 치의 오차도 없으신 무소불위한 하늘이시다.

자미국으로 천공을 일정액 이상 송금한 독자들에게는 하늘의 백성이나 예비백성으로 임명한다.

비영리 사단법인이기에 은행계좌로 송금된 천공(기부금)에 대해서는 세금공제 혜택을 받을 수 있도록 영수증을 발급해 준다.

## 天 하늘과 땅에 감사해야

독자들은 육신이 살아서 하늘의 기운을 받고, 하늘의 말씀을 듣는 것이 얼마나 대단한 행운인지 실감이 나지 않을 것이다. 조상님들이 하늘의 선택을 받고자 끝없이 죄를 빌고 있다는 진실을 알고 있는가? 하늘의 선택을 받아야만 윤회의 고리에서 영원히 벗어난다.

하늘의 기운을 받고 하늘의 말씀을 들을 수 있고 하늘을 통할 수 있는 곳은 오직 하늘과 땅이 함께하고 산 자와 죽은 자가 함께하는 자미국뿐이다. 하늘을 배신하고 하늘을 몰라보고 살아가면 여러분의 조상님들이 허공중천 구천세계를 떠날 수 있는 길이 없다.

하늘을 통하는 길은 유일하게 지구 상에서 이곳뿐이다. 이런 진실을 몰라보고 수많은 인간들과 조상님들이 종교를 헤매고 있는데 자미국에 들어오지 않으면 하늘의 기운을 받을 수 없고 하늘의 말씀을 들을 수 없기에 윤회의 고리를 끊을 수 없다.

지구에 있는 인간, 동물, 식물과 땅과 바다에도 주인이 계시는데 인류는 지금까지 자연을 공짜로 사용하여 왔고 아무런 감사함을 공식적으로 올리지 않았다.

공기(산소)를 흡입하여 숨을 쉬고 물을 마시며 사는 70억 인간들은 당연히 산소와 물에 대한 감사함을 알지 못했다. 공기 없이는 전 세계인류가 단 1분도 버티지 못하고 쓰러져 죽는다.

하늘과 땅이 우리 인류에게 내려주시는 감사함이 무궁무진하게 많지만 아무도 감사함의 대가를 지불하지 않았고 인간 탄생 이래 지금까지 모든 것을 공짜로 사용해 왔다.

지구에 살면서 이런 감사함을 하늘과 땅에 올리며 살고 있는 사람들은 없었다. 사람들은 아직까지 자신을 살아있게 해주신 것에 대한 감사함도 모른다. 그저 자신들이 잘나서 잘 살고 있는 줄 착각하고 있으나 모두가 하늘과 땅의 보살핌 덕분이다.

그래서 인류는 모두가 위대하신 하늘께 나약한 존재이고 하늘을 몰라본 죄인이며 패배자들인데 이런 진실 자체를 인정하려 하지도 않고 감사함도 올리지 않고 살아간다. 그러나 이제는 공식적으로 자미국을 통하여 천공을 올릴 수 있는 길이 열렸다.

지구에서 갑자기 공기가 사라지거나 지구가 다른 별(행성)과 충돌한다면 인류의 운명이 어찌 되겠는가? 천체에 수억만 개에 이르는 행성(별)들에 대한 운행을 하늘이 주관하고 계시는데 아차 하면 지구에 사는 인류는 흔적도 없이 사라질 수 있다.

수많은 행성들과 충돌하지 않도록 운행해 주시고 지켜주심에 감사함으로 하늘 자미천황님께 천공을 올려드려야 한다.

# 천공(天貢)

바치는 것을 공(바칠 貢)이라 하고 하늘과 땅에 바치는 금전을 천공이라 한다.

하늘께 감사해서 바치는 공덕금전을 하늘천공

땅에 대한 감사함을 바치는 공덕금전을 지구천공

자미국 궁전 건립을 위해 기부하는 공덕금전을 건립천공

전생과 현생의 죄를 빌기 위하여 올리는 공덕금전을 사죄천공

전생에 졌던 빚을 갚기 위하여 기부하는 공덕금전을 전생천공

자신의 신과 생령에게 바치는 공덕금전을 자기천공이라고 부른다.

하늘천공은 태양을 창조해 주시어 밝고 따듯한 햇빛으로 만물을 성장하게 해주심, 비를 주시어 생명체가 살 수 있도록 해주심, 바람을 주시어 만물이 자랄 수 있게 해주심, 공기(산소)를 주시어 인류가 숨을 쉬며 살아갈 수 있게 해주심, 전생의 죄를 빌어 구원받을 수 있는 인간으로 탄생시켜 주심, 성공 출세한 인생을 살게 해주심, 육신 건강하게 해주심에 대한 감사함 차원에서 하늘에 올리는 금전이다.

사죄천공은 전생과 현생에 하늘을 몰라보고 무시한 죄, 하늘을 찾지 않은 죄, 하늘을 알려 하지 않은 죄, 하늘에서 도망쳐 나온 죄, 하늘의 말씀을 거역하고 역천한 죄, 조상님을 박대하고 구원하지 않은 죄, 자신의 생령을 몰라본 죄, 알고도 지은 죄, 모르고도 지은 죄, 행으로 지은 죄, 말로 지은 죄, 생각으로 지은 죄, 인생사를 살아가면서 모든 죄를 용서 빌기 위해 하늘 자미천황님께 올리는 금전이다.

건립천공은 세계 최대의 궁전인 인류의 수도 자미국 자미천궁을 세우는 뜻에 참여하여 자발적으로 건립성금을 내는 금전이다.

지구천공은 지구를 창조하신 하늘에 감사해서 바치는 금전이다. 인간이

생존하며 먹고 살아갈 수 있는 것은 땅(지구)으로부터이다.

모든 의식주를 해결할 수 있는 지구(땅)가 멸망하지 않고 살아서 숨 쉬고 있기 때문이며 이로 인하여 수많은 동물과 식물들이 생존할 수 있는 것이다.

지금까지 지구에서 인류가 살아온 것에 대한 감사함을 올릴 줄 모르고 살아왔다. 인류가 지구(땅)에 건물과 주택을 짓고 동물, 식물, 농수산물을 먹고 생존할 수 있음에 대한 감사함을 하늘 자미천황님께 올리는 금전이 지구천공이다.

전생천공은 각자들이 전생에 지고 온 빚을 갚는 금전이다. 전생의 빚을 갚지 못하면 육신이 죽은 뒤에 하늘의 선택을 받지 못하는 이상 천상 자미천궁에 오를 수 없다.

자기천공은 자신의 신과 생령들에게 올리는 금전이다. 현생에서는 하늘이 내리시는 천기를 받을 수 있고 육신이 죽은 사후세계에서는 하늘의 보호와 사랑을 받는 양식(에너지)이 된다.

천공을 올리는 것은 자신들의 전생과 현생의 죄를 빌고 전생의 빚을 갚는 의무이며 천공을 올린 만큼 빚이 줄어들고 죄가 한꺼풀씩 벗겨져 밝은 삶을 살아갈 수 있다.

천공은 많이 올리면 올릴수록 전생의 빚과 죄가 올린 만큼 상쇄되어 소멸되고 복의 기운으로 변환된다. 하늘께 감사해서 올려야 할 천공의 종류는 수없이 많지만 예를 들면 아래와 같다.

생일, 결혼, 출산, 백일, 돌, 회갑, 칠순, 팔순, 주택구입, 토지구입, 매매성사, 임대성사, 합격, 취직, 승진, 영전, 당선, 불로소득, 개업, 투자성공 등등이다.

교회에는 헌금의 종류가 90여 종류가 넘는다고 하는데 여러분이 자미천황님께 받은 은혜에 감사할 일이 있으면 위의 명목 이외에도 자율적으로 올리면 된다.

인간육신들의 눈에는 하늘세계, 신의 세계, 천상세계, 사후세계, 영의 세계가 인간육신의 눈에는 전혀 보이지 않기에 믿기 어렵고 너무 꿈만 같이 들릴 수 있다.

하지만 천상과 지상의 모든 신님들이 함께하는 인류의 수도 자미국 자미천궁이기에 믿고 천공을 올리는 사람들이 죄가 벗겨져 잘 풀리는 쪽으로 바뀔 것이다.

인간육신의 삶은 길어봐야 100년 미만이지만 죽음 이후 사후세계는 상상을 초월할 만큼 길고도 길기에 하늘과 땅의 말씀을 믿고 따르는 것이 훨씬 더 좋을 것이다.

천상세계에는 하늘 자미천황님을 비롯해서 높은 천상신명님이 계시고 수억만 경에 이르는 신들이 계신다.

천상과 지상에 천지신명님과 나라 개국시조님들, 신, 생령, 조상님 모두가 하늘 자미천황님의 지휘통솔을 받고 있다. 천상지상의 모든 신들은 나약한 인간들의 힘으로 할 수 없는 신비 능력을 갖고 계신다.

자미국 자미천궁은 천지의 신님들이 함께 참여하여 세우는 천지대업이기에 여러분도 즐겁고 기쁜 마음으로 참여하는 것이 남은 여생을 살아가면서 좋은 추억이 될 것이다.

만물의 영장인 인간으로 이 땅에 태어나 정말 보람된 업적을 이 땅에 남기고 세상을 떠나고 싶은 사람들이라면 자미국의 천지대업에 기쁜 마음으로 참여하는 것이 살아서도 죽어서도 후회하지 않는 가장 훌륭한 일이라고 생각한다.

세계인류의 명물로 길이길이 이 땅에 남게 될 인류의 수도 자미국 자미천궁을 세우는 천지대업에 천공을 올리고 참여하는 사람들은 살아서도 죽어서도 커다란 보람을 느끼게 될 것이고 기부금만큼 전생의 빚과 죄가 탕감될 것이다.

## 처음이자 마지막 경고 메시지

어마어마한 하늘과 땅, 조상님, 신, 생령의 말씀을 전해 주었는데도 대단하신 분들께 진정한 천공을 올리지도 않으며 공감하고 감동하기는커녕 자미국을 맹렬히 비난하고 부정하며 책 내용을 무시하는 독자들도 분명 있을 것이다.

책 내용이 자신의 뜻과 다르면 나와는 안 맞는 곳이구나, 하고 책을 덮으면 아무런 일이 없을 것이지만 맹렬히 부정하고 비판하면 거기에 따르는 대가를 지불하게 될 것이다. 이런 부정적인 생각을 가진 사람들에게 해당되는 내용이다.

하늘과 땅이 함께하고, 산 자와 죽은 자가 함께하는 자미국의 천지대업의 뜻에 적극적으로 참여하지 않고 하늘과 땅, 조상님, 신, 생령의 감사함도 몰라보고 무시하며 자미국에 방문하지 않고 자신의 인생만을 추구하는 이기주의자들에게 일어날 일들이다.

대단하신 하늘과 땅, 자신들의 조상님, 신, 생령 이 모든 분들이 처음이자 마지막으로 전하는 최후의 경고 메시지이다. 이 경고 메시지는 부정하고 비판하는 자의 삶에서 현실로 즉각 일어날 일들이다.

저자는 이분들의 말씀이 얼마나 무섭고 한 치의 오차도 없이 현실로 일어나게 하시는 대단한 능력자분들이신지 수없이 실제로 체험하고 있는 당사자이기에 천지대업에 참여하지 않을 독자들에게 참고하라고 전해 주는 것이다.

말씀을 무시하고는 편히 살아갈 수 없다는 진실을 여러분은 뼈를 깎을 정도로 체험하게 될 것이다. 더 이상 불행한 인생을 살지 말라고 충고해 주는 것이니 받아들이고 안 받아들이고는 각자의 자유이겠으나 너무나도 삶이 아프고 고통스럽게 급변할 것이다.

부귀영화 누리며 가진 것 모두를 일순간에 잃어버리는 정신적 충격, 돌이킬 수 없는 마음의 상처, 회복불능의 의욕상실로 인하여 지옥세계가 따로 없을 것이다.

여러분이 감사함을 몰라보고 무시하면 평생 동안 쌓아올린 성공과 출세, 부귀영화를 한순간에 물거품으로 만드는데 그 역할을 하는 무서운 존재가 있다. 투자실패, 사기 배신, 부정비리를 폭로하기도 하고 자살 충동도 일으킨다.

이들은 하늘의 말씀을 무시하고 거역하는 자들을 찾아가서 성공과 출세, 평생 모은 재산을 몽땅 빼앗아 간다. 재산이 많으면 많은 대로 적으면 적은 대로 몽땅 쓸어간다.

이 책을 읽어보고도 공감하지 않고 감사하지 않아 자미국의 뜻에 참여하지 않는 독자들과 하늘을 찾지 않으려는 사람들, 끝까지 하늘을 무시하며 몰라보고, 내가 누군데 하며 나 잘났다가 극에 달해 있는 사람들이 가장 큰 불행을 당할 사람들이다.

이 책 내용을 부정하는 순간 악신들이 독자 여러분들을 찾아가서 여러분이 평생 피땀 흘려 이룬 성공과 출세, 거대한 재산을 송두리째 빼앗아 갈 것이니 참고하기 바란다.

악신들은 하늘의 뜻에 따르며 즉시즉시 순응하는 사람들은 찾아가지 않는다. 조상님은 여러분의 인생으로 깨달을 정도의 메시지(인생의 작은 고통)는 주지만 모든 것을 몽땅 빼앗아 가지는 않는다.

감사함의 천공을 매월 올리지 않는 사람들도 하늘과 땅, 조상님, 신, 생령을 몰라보고 무시하는 것이기에 악신들의 공무집행 대상자들이다. 재물과 성공, 출세만 빼앗아 가는 것이 아니라 본인은 물론 가족의 목숨까지도 빼앗아 간다.

악신들을 피할 수 있는 유일한 길은 하늘과 땅, 조상님, 신, 생령의 뜻에 따르는 길 하나밖에 없다. 기도나 부적으로 하늘의 사명자 역할을 하는 악신들을 절대 물리칠 수 없다.

뜻을 따르지 않는 사람들의 가족 모두를 식구들마다 찾아다니며 박살내는 것이 악신(천신)들의 특징이다. 하늘에 순천하는 사람은 놔두고 역천하는 자는 불행을 준다.

찾지 않고 몰라보며 말씀을 무시하고는 살아있어도 살아있는 것이 아닌 고통의 삶이고 매사 되는 일도 없고 자손대대로 단명과 고통, 불행을 물려주게 된다.

수명이 짧아지고 비명횡사로 단명하여 축생으로 태어나거나 지옥세계로 떨어지는 것을 면할 수 없다. 여러분 모두가 천상세계에서 죄를 짓고 인간세계로 쫓겨난 죄인과 하늘의 도망자라는 신분을 한시라도 망각하고 살면 안 된다.

지금 현재는 수많은 거액의 돈을 갖고 부동산, 재물, 권력, 명예, 건강, 가족, 화목, 행복으로 부귀영화 누리며 아무런 근심 걱정 없이 잘 살고 있는 사람들이라도 이 모두를 지킬 수 없는 돌발 상황이 발생하여 지옥 같은 인생으로 급변해서 불행한 삶을 살아가게 된다.

하늘을 찾지 않고 몰라보며 말씀을 무시하고 거역하면 지금 누리고 있는 돈, 부동산, 재물, 권력, 명예, 건강, 가족, 화목, 행복이 악신들로 인하여 어느 날 갑자기 물거품이 될 것이다.

인간 육신과 모든 재물과 권력, 부귀영화는 이분들이 내려주신 것이지 독자 여러분이 이룬 것이 아니라는 점도 명심해야 한다.

자미국을 비난하고 부정하여 세세생생 가족 모두가 불행한 인생을 살지 말고 하늘과 땅의 말씀에 순응하여 살아서 기쁨과 행복 누리고 죽어서는 축생계나 지옥세계가 아닌 천상궁전 자미천궁으로 올라가서 자미천황님의 품 안에서 영원한 행복을 누리며 살아가기를 바란다.

## 天 천지기운을 몸과 마음으로 느끼려면

세상이 너무 어지러워서 하늘과 땅의 진실을 전해 주어도 거짓으로 받아들일 수 있어서 비결을 전한다.

존호가 너무나 대단하시어 천인이 아닌 자는 함부로 부르지도 말라고 하시었지만 거짓이 판치는 불신의 세상이라 태초의 하늘이 진짜로 계시다는 진실과 믿음을 여러분 몸과 마음으로 심어주려고 천상의 비밀을 최초로 밝힌다.

자미국에 들어올 수 있는 사명자는 가족들 중에 단 한 명이니 배우자나 자녀에게 절대로 발설하지도 말고 혼자서 주문을 외우라. 가족이 아닌 주위의 지인들에게 말하고 책을 권유하는 것은 상관없다.

신비한 천지기운을 느꼈다고 하더라도 가족에게 말하면 안 된다. 그것은 가족 간에 싸움의 소지가 있고 잡귀들이 결사적으로 방해하기 때문에 영원히 비밀에 부쳐야 한다.

주문 외우는 방법은 집 안에 가족이 없을 때 거실이나 방, 또는 혼자 있는 회사 사무실에서 자미국이 있는 서울 강동구 성내동 방향으로 자리를 잡고 양반자세로 앉은 다음에 허리를 꼿꼿이 펴고 양손을 가지런히 모아서 손끝은 턱 높이에 맞추고 몸과는 주먹 하나 들어갈 정도로 사이를 띄고 아래의 존호를 불러보라.

처음에는 존호를 외우지 못할 것이니 눈을 뜬 채로 읽고 존호를 다 외운 다음에는 눈을 감은 채로 정신을 집중하며 존호를 불러보면 온몸으로 신비한 천지기운이 내려질 것이다. 자신의 의지와는 상관없이 합장하고 있는 손이 파르르 떨리면서 진동이 시작되고 나중에는 요동치듯 강한 진동이 일어나게 될 것이다.

시간은 10분 정도씩 외우고 1일에서 7일 정도 하면 천지기운이 느껴진다. 시간은 낮에도 상관없으나 가장 강한 기운을 크게 느끼고 싶다면 밤 11:30~12:30분이 좋다. 첫날에 느끼는 사람도 있고 며칠 지나야 느끼는 사람이 있는데 7일을 외워도 아무 기운을 느끼지 못하면 중단하고 자미국에 속히 방문해야 한다.

천지기운이 느껴지는 것은 이 책의 내용이 맞는다는 뜻이고 하늘과 땅의 천지신명님이 실제로 존재하고 계심을 여러분 몸과 마음을 통하여 기운으로 보여주고 들려주는 것이다.

존호를 외울 때 적당한 목소리의 크기로,

○○시 ○○구 ○○동 ○○번지 ○○아파트 ○○동 ○○호에 살고 있는

○○년 ○○월 ○○일에 태어난 [본관] ○○입니다. (음력 생년월일)

'이 책의 내용과 자미국이 진짜인지 가짜인지 하늘과 땅의 천지신명님 기운으로 몸과 마음을 통하여 느낄 수 있도록 도와주세요.

제가 조상님을 구하고, 신과 영을 구원하는 하늘의 뜻을 받들고 인류의 수도 자미국 궁전건립의 천지대업에 참여해야 할 사명자라면 천지기운을 강하게 느낄 수 있도록 도와주시옵소서'라고 고한다.

이때 느껴지는 증상이다.

합장한 손이 파르르 하며 미세한 진동 또는 강렬하게 떨리는 사람, 눈물이 나오는 사람, 대성통곡하는 사람, 콧물이 범벅될 정도로 우는 사람, 하품을 계속하는 사람, 눈꺼풀이 떨리는 사람, 머리에 전기가 흐르듯 어떤 기운이 내려오는 것을 느끼는 사람,

머릿속에 가려움증이나 뭐가 기어가는 듯한 기운을 느끼는 사람, 등이 뜨거워지는 사람, 손바닥이나 발바닥이 바늘로 찌르듯 따끔거리는 사람, 양반자세로 앉은 다리가 심하게 떨리는 사람, 어떤 형상이 보이는 사람, 마음으로 어떤 메시지가 반복해서 전해지는 사람 등등 천차만별이다.

존귀하신 존호이다.

태초의 하늘이신 태상천존 자미천황님
신명님이신 천상선감님
하나님이신 천상천감님
미륵님이신 천상도감님
태초의 인간이신 자미인황님

존호를 10분 정도 계속 외워서 어떤 기운이 강렬하게 느껴지면 일어나서 5배의 큰절을 정중하게 올리고 "천지기운을 느끼게 해주시어서 감사합니다"라는 말씀을 올려야 한다.

국내는 물론 해외 어디에서 존호를 외우든 여러분이 하는 말을 모두 실시간으로 듣고 계신다. 천지기운을 느끼면 자미국에 방문하고 싶은 생각이 강하게 일어날 것이니 미루지 말고 예약을 하라.

귀하게 선택받은 사명자들이라는 뜻이니 즉시 자미국에 전화로 예약한 후에 방문해서 뜻을 받들어야 한다. 개중에는 아무런 기운도 느끼지 못하는 사람들도 있는데 이들은 자미국에서 의식을 행하면 느낄 수 있다.

수많은 세월 하늘과 땅의 천지신명님들이 전하는 메시지를 받으면서 느낀 것은 어떤 목적이 이루어진다 하더라도 각자의 그릇 크기대로 뜻이 이루어진다는 점이었다.

그리고 이분들의 뜻을 무시하고 도움을 받지 않으면 그 어떤 일들도 이룰 수 없다는 뼈아픈 참 진리의 교훈을 비싼 대가를 치르고 얻었다. 하늘과 땅의 천지신명님들은 항상 찾아주고 알아주는 자의 편에 서시고 도와주신다는 진실도 알게 되었다.

고통과 불행의 굴레에서 벗어나 근심 걱정 없이 하늘과 땅의 천지신명님들의 도움을 받아 인생의 기쁨과 행복을 누리며 편하게 살고 싶은 독자들은 저자의 뜻에 적극 참여하여 자미천황님 세상, 자미국 세상을 마음껏 누리기 바란다.

대한민국이 연예인이나 스포츠 선수들을 통하여 국격과 위상이 급부상하며 떠오르고 있는데 그 이유가 무엇인지 궁금할 것이다. 자미국이 이 땅에 세워지고부터 기이하고 신비한 일들이 계속하여 일어나고 있는데 이 모두가 하늘과 땅의 천지조화이다.

싸이 같은 가수가 왜 세계적으로 갑자기 부상하고 있는지 그 원인을 모를 것이다. 지금 세계인들은 자미국의 존재를 모르고 있지만 대한민국에 세계의 시선이 집중되어 있다는 점이다.

하늘과 땅이 먼저 대한민국을 전 세계에 알려서 국격과 위상을 높여주시고 나서 장차 전 세계의 중심국이 될 인류의 수도 자미국을 급부상시키기 위한 천상지상 공무집행이라는 점이다.

지금은 자미국을 알려봐야 국내는 물론 세계인들이 알아보지 못하기 때문이다. 하지만 자미국은 싸이의 강남 스타일 인기를 넘어서 세계 최고의 유명한 자미국으로 급격히 부상하게 될 것이다.

태초 이래 처음이자 마지막으로 하늘과 땅이 내리시는 말씀에 따르는 사람들은 살아가는 동안 행복이 함께한다. 하늘과 땅의 뜻을 받들지 않으면 질병, 우환, 사고, 비명횡사, 사업실패를 당하여도 하늘과 땅이 지켜줄 아무런 의무가 없다.

갑자기 일어나는 모든 불행은 하늘과 땅을 무시하거나 인정하지 않기에 일어난다는 것을 뼈저리게 체험하였다. 아직까지 하늘과 땅의 존재를 잘 몰라서 지금 이 순간도 앉아서 불행을 당하고 있는 사람들이 수없이 많기에 그 원인이 어디에 있는지 알리어 하루빨리 불행에서 벗어나는 지름길을 가르쳐주고자 한다.

하늘과 땅을 찾고 깨닫기 전에는 하늘과 땅의 위력이 대단한 줄 전혀 알지도 못했고 인정도 하지 않았으며 내 마음대로 지금껏 살아왔었다. 하늘과 땅의 말씀에 따르면 불행은 소멸되고 행복한 삶이 펼쳐진다는 진실을 모든 부귀영화가 덧없이 된 다음에야 그 뜻을 알게 되었다.

"네가 갈 길은 오직 하늘과 땅의 뜻을 받드는 길밖에 없다"라는 마음의 소리를 들었다.

이곳은 여러분이 말로 가슴으로 수백 년 아니 어쩌면 수천만 년 갈망하던 자미천황님의 세계이다. 책을 읽는 도중 여러 가지 신비조화 현상을 하늘과 땅이 직접 보여주시고 느끼게 해주실 것이다.

페이지마다 단원마다 줄마다 글자마다 하늘과 땅, 조상님의 말씀과 각자의 신과 영이 전하는 말을 기록한 신서로써 하늘과 땅의 신명정기가 무궁무진하게 내린다.

하늘의 기운이 흐르는 자미국이고, 책을 구독하면서 하늘의 기운이 느껴지는 책은 일찍이 이 땅에 없었으니 경천동지할 일이 아닌가? 지금까지 전 세계에서 수천억 권의 책이 출간되었다 해도 이렇게 하늘의 기운을 책에서 직접 느낄 수 있었던 책은 인류 탄생 이후 그 어디에서도 찾아볼 수 없었을 것이다.

사람마다 각기 다르지만 상상을 초월하는 일들이 몸에서 또는 일상생활에서 일어난다. 그 모든 것이 하늘과 땅의 말씀이 전달되는 메시지라고 생각하면 된다. 조화가 일어나는 현상으로는 사람마다 형태가 다를 것이며 강하고 약함도 다를 것이다.

피곤하지도 않은데 하품이 계속 나온다. 이는 졸려서 나오는 하품과 달라서 본인 스스로가 알 수 있다.

**천상의 기운이 내림**

몸에서 갑자기 열이 나거나(기운 내림) 몸 전체가 떨리는 사람과 손에 크고 작은 진동(환희), 머리에 가려움증이나 뭐가 기어가는 듯한 느낌(신이 언어전달 시도), 환청이나 환영(신에서 보여주고 들려줌), 마음이 들뜨고 밝고 명랑해지거나(몸에 영이 알아들음) 이상한 꿈(신들이 보여주는 현상)을 꾸거나 몸이 가벼워짐(천지신명조화)을 느끼고, 슬프게 대성통곡하며 울거나 흐느끼게 될 것이지만 놀랠 필요 없고 이때부터 어떤 메시지를 받기도 한다.

머리가 아프거나 가슴이 답답하고 어깨가 눌리거나 몸이 아파 오는 것은 신과 조상님들이 몸 안에 있다는 표시이다. 이런 변화가 일어난 독자들은 하늘로부터 존귀하게 선택받은 경우이며 천지신명님의 기운을 받고 있는 것이다.

그동안 몸 안에 숨겨져 있던 신과 영들이 반응을 나타내고 있는 것이니 하늘의 뜻을 받들도록 하여야 한다.

천인조화가 일어나면 귀신들은 모두 교화되어 사람 자체가 천인(신선)이 된다. 살아서도 죽어서도 천상 자미천궁에 가고 싶은 것이 모든 신과 영들의 간절한 소원이다.

하늘의 천령정기 기운을 많이 받을수록 영생의 길에 한 발 더 가까이 다가가는 것이다. 하늘의 백성과 천인이 되어 천지기운의 조화를 스스로 느껴보면 알게 될 것이다.

이곳은 하늘 본체이니 생전이나 사후에 천상에 오르려거든 지금부터 숨겨져 있던 본인들의 신과 생령을 찾아서 천인합체의식을 하루빨리 행하여야 한다.

수행을 통해서 이루는 곳이 아닌 하늘과 땅의 천지조화에 의해 의식을 통하여 천인을 배출하는 곳이다. 도교에서 아직 천인합체를 이루지 못함은 수행하여도 도통에 이룰 수 없다는 진실을 보여준 것이다.

각자의 신과 생령이 원하고 바라는 것을 자신이 먼저 행하지 않으면 부귀영화와 행복을 이루지 못한다. 33년간에 걸친 뼈저린 고행 속에서 얻은 참 진리는 신과 영들이 바라고 있는 천상입궁의식, 천인합체의식을 자신들이 먼저 행하는 것이었다.

이 순간에도 하늘과 땅의 말씀은 어김없이 오늘도 내려지고 있건만 그 말씀은 보이지도 들리지도 않기에 헤아릴 길이 없다.

하늘과 땅이 내린 말씀은 존귀하고 장엄하나 음성이 없어 알아듣는 이가 없고, 알면서도 행하지 않으면 하늘과 땅으로부터 자신이 받을 수 있는 것은 아무것도 없다.

하늘과 땅, 조상님을 몰라보고 무시하며, 조상님을 구원하지 않고 자신의 신과 생령을 몰라보고 구하지 않으면 만사가 불통이다.

인류 최초로 밝혀지는 생령의 존재!

각자의 생령들은 육신이 죽으면 사령, 즉 귀신이 되어 허공중천 구천세계를 떠돌거나 가족들의 몸 안으로 들어가서 구해 달라며 온갖 고통과 불행을 주는데 산 사람들은 귀신들이 왔는지 갔는지 알 수가 없어 속수무책이다.

자신들의 생령들을 구하려면 육신이 살아있을 때 하늘의 선택을 받으면 육신이 죽어도 축생계로 윤회하지 않는다. 또한 지옥세계나 가족들의 몸으로 들어가지 않고 천상 자미천궁으로 올라가서 기쁨과 행복한 영생을 누리게 된다.

언제 어느 날 갑자기 소리 없이 열릴지 모르는 죽음 이후의 사후세계를 대비하고 살아가야 한다. 여러분이 죽어야 할 날은 벌써 정해져 있고 그날이 언제인가만 남아 있다. 100년도 못 살고 떠날 인간들의 집만 호화스럽게 잘 지을 것이 아니라 이미 세상을 떠난 조상님들에게도 좋은 집(천궁)을 마련해 드려야 한다.

또한 자신들의 몸 안에 있는 신과 생령들이 살아갈 영원한 집도 잘 지어주어야 인간육신들이 고통과 불행에서 벗어난다. 조상님들에게 좋은 집이란 산소가 아니라 천상궁전 자미천궁에서 올라가서 영원히 살아갈 조상님의 궁전을 지어주라는 말이다. 조상님들께 천상에서 살아갈 궁전을 지어드리는 의식이 천상입궁의식이다.

신과 영들에게는 천상에서 살아갈 궁전을 지어주는 의식이 천인합체의식이다. 하늘의 뜻을 받아 수많은 천인과 백성들이 함께 머물 지상궁전을 짓는 것이 인류의 수도 자미국 궁전건립이다.

책을 다 읽은 독자 여러분의 입장에서는 저자 인황이 대단한 인물로 느껴질 수 있으나 위대하신 하늘 자미천황님 앞에서는 개미와 같은 아주 나약한 존재이다.

하늘의 무소불위하신 천지조화 능력과 대단하신 위상을 가장 많이 체험한 인황조차도 두려움으로 존경하는 하늘이시니 독자들은 인황의 뜻에 따라 조건 없이 하늘에 승복하는 것이 살아서나 죽어서나 하늘과 땅의 행운과 천복이 따를 것이다.

# 행사 의식 종류

**조상님 죄를 비는 천상입궁의식**

- 천상입궁의식은 특단의식, 상단의식, 중단의식, 하단의식 중 선택
- 자손은 조상님께 지은 죄를 빌고, 조상님은 하늘을 몰라본 죄를 용서 빌어 천상 자미천궁으로 구원하는 의식

1. 천상입궁의식 (하단~상단의식)

- 하늘께서 천상궁전 자미천궁으로 입궁을 윤허(허락)하신 조상님들에 한해서 입궁의식을 행할 수 있다. 하늘의 백성으로 탄생할 수 있는 매우 존귀한 입궁의식이며, 조상님으로 인한 모든 풍파가 소멸된다. (하단~상단백성 지위 부여)

2. 천상벼슬 입궁의식 (특단의식)

- 하늘의 윤허 아래 천상세계의 높은 벼슬을 하사받아 천상궁전 자미천궁으로 입궁해 드리는 고급의식이다.(특단백성 지위 부여)

**인간과 생령의 죄를 비는 천인합체의식**

- 천인합체의식은 하늘의 허락이 있는 사람만 행할 수 있다.
- 인간과 영들은 하늘께 지은 죄를 빌고 천상의 신과 하나로 합체하여 구원하는 의식

1. 천인합체의식

- 하늘과 합체의식!

이것은 하늘에서 인류에게 내린 이 세상 최고로 존귀하고 보배로운 하늘의 선물이다. 인간의 힘으로는 도저히 성사시킬 수 없는 불가능의 한계를 넘어 최상의 신령스런 의식이다.

하늘과 땅과 인간의 모든 원과 한 그리고 인류의 구원을 자미천황님께서 들어주시는 가장 값진 선물이다.

하늘의 사랑을 받아 천상의 신님과 결합하여 반신반인의 신(천인)으로 탄생하면 살아서 인간이기에 겪을 수밖에 없었던 불행에서 벗어나는 신비스런 의식이다.

천인합체!

이것은 각자가 인간으로 태어난 사명을 완수하는 길이다.

(천인 지위 부여)

**천제의식**

– 사업의 부흥번창을 위해서 기업인들이 올리는 의식

## 예비백성 가입

책을 구독하여 공감하고 감명받아 친견 상담하고, 부모조상님 영혼 영가를 구원하는 의식을 행하고는 싶지만 금전적인 문제로 의식을 행할 수 없는 사람에 한하여 가입할 수 있다.

조상님 구원의식을 행한 사람은 신분이 정식백성이다. 의식을 금전 문제 때문에 바로 행하지 못할 경우 예비백성으로 가입하면 조공(의식비용)이 좀 더 수월하게 구해지는 이변이 일어난다.

그리고 예비백성들에게는 다른 사람들이 행하는 천상입궁의식과 천인합체의식 하는 날 특별 초대되어 참가할 수 있는 자격을 부여하고 날짜와 시간은 문자 메시지로 일괄 발송한다.

회원가입은 본인의 성명과 본관, 주소, 생년월일, 핸드폰을 상담할 때 알려주면 되고, 연 회비를 납부하면 예비백성 자격을 1년간 부여하며 기한이 만료되면 재가입해야 하고 천상입궁의식을 행하면 자미국의 평생회원이 된다.

예비백성으로 가입하면 그날부터 알 수 없는 하늘의 신비스러운 기운을 온몸으로 느끼는 사람들이 많다. 의식을 바로 행하지 못하는 사람들에게 예비백성 가입은 하늘 백성, 천인이 되기 위한 최소한의 자기 마음을 보여주는 것이다.

의식 행할 능력이 없는 사람들은 예비백성 가입이라도 해서 자미국과 인연을 맺어 놓아야 자신의 신과 생령, 조상님들이 희망을 갖고 천상 자미천궁에 올라갈 날을 지루하지 않게 기다릴 수 있다.

## 자미국 은행계좌 안내

하늘 자미천황님께 인간으로 태어나 이 땅에 살게 해주신 감사함과 기쁜 일이 있을 때 올리는 금전으로 말로만 감사함을 올릴 것이 아니라 행(물질)으로 올려야 한다.

말로만 하늘과 땅에 감사하다고 하면 감사할 일이 또다시 생기지 않는다. 각종 천공(기부금)을 수시로 올리면 감사하고 신비한 일들이 계속 생긴다.

세상에 공짜는 없다고 하였듯이 각종 기부금(천공)을 올리는 것은 인간으로 태어난 근본 도리이자 의무이다. 음과 양으로 하늘과 땅의 기운을 받을 수 있는 유일한 길이고 여러분이 전생과 현생에 지은 죄가 탕감되거나 전생의 빚이 갚아지는 기쁜 일이다.

'기부금'을 수시나 정기적으로 올리면 자신의 신과 영이 맑아지고 기뻐함을 현실의 삶과 몸으로 느끼게 될 것이다. 자신들이 천공(기부금)을 올려 전생과 현생의 죄가 가벼워진 만큼 하늘과 땅이 내리시는 복을 자연적으로 받을 수 있다.

하늘께 감사해서 바치는 공덕금전 [하늘천공]
국민은행 580937-01-003573 예금주 자미국

땅에 감사해서 바치는 공덕금전 [지구천공]
우리은행 1005-802-118709 예금주 자미국

자미국 자미천궁 건립 공덕금전 [건립천공]
농 협 301-0111-297051 예금주 자미국

전생과 현생의 죄를 비는 공덕금전 [사죄천공]
기업은행 088-098423-04-010 예금주 자미국

전생에 지고 온 빚을 갚는 공덕금전 [전생천공]
신한은행 140-009-740324 예금주 자미국

자신의 신과 생령에게 바치는 공덕금전 [자기천공]
하나은행 143-910012-21504 예금주 자미국

자미국 계좌에 위 내용으로 입금하는 모든 금전은 세금공제 혜택을 받을 수 있도록 기부금 영수증을 발급(사단법인)한다.

인간, 신, 생령, 조상님들의 종착역이 인류의 수도 자미국 자미천궁이기 때문에 자신들의 경제 능력 범위 내에서 천공을 최대한 많이 올려놓고 세상을 떠나야 한다.

천공으로 올리는 공덕금전이 죽어서 억만 겁(4해 3경 2천조 년) 동안 끝없이 펼쳐지는 사후세계의 양식이자 기운이기 때문이다. 육신이 죽어서는 천상 자미천궁으로 단 한 푼도 가져갈 수 없다.

육신이 살아있을 때 자미국 계좌를 통해서 올려야 죽어서 천상 자미천궁에 올라가 올린 만큼의 양식(기)을 받는다. 하늘과 땅이 함께하는 자미국 자미천궁이기에 천공을 자미국 계좌로 보내면 입금내역이 천상장부에도 실시간으로 기록된다.

자미국 계좌로 천공을 올린 금액만큼 전생의 빚과 죄가 탕감되고 천상 자미천궁에 올라간 신과 영들에게는 신분과 서열이 높아지는 특혜를 누린다. 독자 여러분은 가상세계처럼 들려서 진짜인가 가짜인가 갈등할 수 있겠지만 현실 그대로 천상과 지상에서 일어난다.

이미 하늘 자미천황님께서 저자 인황에게 천지조화를 부릴 수 있는 기운을 내려주시었기 때문이다. 하늘의 기운이 통하는 통로라고 하시었기에 하늘의 기운을 받으려면 저자 인황을 만나야 하고, 하늘의 말씀을 들으려면

사감을 만나야 한다.

살아생전 각자가 행하고 뿌린 대로 전생의 빚이 갚아지고 죄가 가벼워져서 자리가 높아진다. 천공은 살아서 천상 자미천궁 은행에 저축성 예금을 드는 것과 같다.

# 천지회 및 강연회

천지회는 하늘과 땅이 함께하는 기도회이다.

하늘이 실제로 존재하심을 온몸으로 하늘과 땅의 천지기운을 실제로 느낄 수 있는 아주 귀한 시간이다. 어떤 형상을 영안으로 보는 사람도 있고, 어떤 말씀을 듣기도 하는데 각자의 몸으로 신비한 현상이 많이 일어난다.

또한 상상 속으로만 계실 것이라고 생각되었던 하늘의 기운을 인황을 통하여 받을 수 있고, 영의 부모이신 자미천황님의 귀한 말씀을 인류 최초로 사감을 통하여 들을 수 있는 감동의 시간이다.

강연회는 어떻게 사는 것이 잘사는 길인지, 왜 조상님을 구원해야 하는지, 자신의 영과 가족의 영은 왜 구원하여야 하는지 그 이유와 의식 사례 그리고 천상세계, 영혼세계, 사후세계, 지옥세계, 인간세계의 실상과 인류의 수도 자미국 자미천궁의 뜻과 미래 청사진을 강론하는 시간이다.

각자의 고통과 불행은 왜 일어나고 있는지 그 이유와 해결방법을 제시하고 이 땅에 오기 전의 전생과 현생에서 지은 죄를 어떻게 빌어야 하는지 알려준다.

참가자격은 예비백성 신분 이상, 백성, 천인들이며 월 2회 첫째, 셋째 주 일요일 오후 2시이고 1시 30분까지 도착해야 한다. 참가희망자는 미리 신청하여야 한다. 천상입궁의식을 행하지 않은 독자들은 연회비를 내고 예비백성으로 가입해야 참가할 수 있다.

# 행운의 책

이 책을 감명 깊게 구독한 독자들은 자신의 나이 숫자만큼 주위 사람들에게 구독을 권유하면 행운과 천복이 따를 것이다. 독자들이 책을 구입해서 전해 주면 안 되고 상대가 서점이나 자미국을 통해서 직접 구입하게 해서 구독하도록 해야 효과가 있다.

행운의 책을 권유하는 독자들은 행운과 천복이 따르고 행하지 않는 독자들은 반대로 불운과 불복이 따른다. 권유 대상은 지인, 친구, 직장 동료 및 상사이고 문자메시지, e-메일, 전화로 권유하면 되는데 자신의 배우자, 자녀, 부모, 형제자매는 금지대상이라 제외한다. 자미국에서 구입하면 택배비는 무료이다.

천기 12(2012)년 10월 17일
저자 인황(男)

## 天 상담 및 친견 예약 종류

- **천상의식 상담**: 천상입궁의식, 천인합체의식, 천제(자미천제)의식
- **인생문제 상담**: 빙의, 우울증, 불면증, 질병, 이혼, 사업, 기타 고민
- **천공기부 친견**: 하늘천공, 지구천공, 건립천공, 사죄천공, 전생천공 외
- **수도건립 친견**: 인류의 수도 자미국, 천상지상 자미천궁 건립 사명자
- **임명신청 친견**: 영의 대통령 임명장 수여 신청[세계 200개 국가원수]

- **상담 및 친견 시간**: 오전 11시~오후 5시

  목요일을 제외한 월, 화, 수, 금, 토, 일

  1차 상담자: 사감(女)

  2차 상담자: 인황(男), 친견은 1차 상담 생략하고 저자 직접 친견

전화로 날짜와 상담 및 친견시간 예약 후 방문 요망하며 예약 없이 불시 방문은 천상의식과 예약자 상담 및 친견으로 만날 수 없으니 참고 바람.

상담전화 02)3401-7400
자미국

주소: 서울 강동구 성내3동 382-6 삼정빌딩 2층(강동아너스빌 정문 앞)
길상주차장 무료
동서울터미널에서 택시로 10분 거리
지하철 5호선 강동역 3번 출구 직진 120m 강동예식장에서
우회전 100m지점 화로구이 옆 영마트 슈퍼(한방돼지 음식점) 2/2층